刑辩六艺

曾献猛◎著

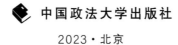

中国政法大学出版社

2023·北京

图书在版编目（ＣＩＰ）数据

刑辩六艺/曾献猛著. —北京：中国政法大学出版社，2023.9
ISBN 978-7-5764-1096-9

Ⅰ.①刑…　Ⅱ.①曾…　Ⅲ.①刑事诉讼－辩护－研究－中国　Ⅳ.①D925.215.04

中国国家版本馆 CIP 数据核字 (2023) 第 174325 号

出 版 者	中国政法大学出版社
地　　址	北京市海淀区西土城路 25 号
邮寄地址	北京 100088 信箱 8034 分箱　邮编 100088
网　　址	http://www.cuplpress.com (网络实名：中国政法大学出版社)
电　　话	010-58908586(编辑部) 58908334(邮购部)
编辑邮箱	zhengfadch@126.com
承　　印	固安华明印业有限公司
开　　本	720mm×960mm　　1/16
印　　张	16.75
字　　数	280 千字
版　　次	2023 年 9 月第 1 版
印　　次	2023 年 9 月第 1 次印刷
定　　价	80.00 元

做一个有故事的好律师

——我和曾献猛律师《刑辩六艺》的渊源

我与曾献猛律师相识于他到厦门高琦机场接我参加悦华刑事论坛时,我们在途中谈到了律师执业中遇到的一些问题。他每谈到一个困惑的刑事法律问题,都会顺口举出一个他曾经代理过的刑事案件作为例证。由此,曾律师对法律研究的深入、钻研精神和他代理各类刑事案件的丰富执业经验给我留下了深刻印象。在途中闲聊还得知,曾献猛主任率领的福建悦华律师事务所是漳州第一家个人发起的律师事务所,并逐步将福建悦华律师事务所转为刑事专业律师事务所,更令我对他刮目相看。

曾献猛律师自称"草根律师"和"四不律师"。"草根律师"是因为他认为自己只是中等师范学校毕业,曾经在农村小学做了 14 年的教师。其间通过自学考取了律师职业资格证,然后从农村到漳州这个三四线的小城市当执业律师。"四不律师"是指"不抽烟、不喝酒、不打牌、不应酬"。这样的律师竟然能够生存,而且还能写出这样一本对律师执业颇有指导意义的书来,让我十分惊讶!不过,听了了解他的律师同行、朋友对他的个人人品、专业能力、执业业绩的评价,再看完这本书,我发现,也只有拥有他这样经历、背景的律师才能写出这样的书,所谓"书如其人"。

这是一本实践性很强的书,尤其对于一线律师很有参考价值。刑事辩护是一套组合拳。曾献猛律师把整个刑事辩护流程划分成六个部分,分别是会见、阅卷、发问、质证、辩论和沟通。每个部分既相互独立,又相互配合。如何通过会见和阅卷了解案情,在充分会见和详细阅卷的基础上,提炼出发问提纲、质证提纲,以及辩论意见。并结合侦查、审查起诉、审批阶段与经办人的沟通，从而实现有效辩护，曾献猛律师结合自己的执业实践作了详尽的阐述。

这是一本总结曾献猛律师近20年执业经验教训的书，对律师，尤其年轻律师尽快成长、少走弯路很有指导意义。近20年，全国法院刑事案件的无罪判决率不足9‰，而在曾献猛律师辩护的刑事案件中，法院作无罪判决或免于刑事处罚、检察院作出不起诉决定和公安机关撤销案件的刑事案件有大约30件，其中法院作出无罪判决的有3件，检察院作出不起诉决定的有3件，公安机关撤案的超过15件，法院判决免予刑事处罚的有6件。如果换算成百分比，无罪率大约是10%。他从事刑事辩护取得了令人瞩目的成绩。当然，这每一起无罪案件的背后，都倾注了他尽全力依法维护当事人合法权益、维护社会公平正义、维护法治的心血，体现了他坚韧不拔、锲而不舍的毅力和耐力。读者在阅读中可以体会到，曾献猛律师无论是对成功辩护案件的经验梳理，还是对辩护没有成功的教训总结，都是年轻律师学习借鉴、少走弯路、尽快成长的宝贵财富。

由于本书侧重刑事辩护的六项技能的实战经验，并以实际案例进行解读，作者对相关理论问题较少阐述，理论性稍显不足，相信作者在以后的著述中会加以弥补。

雄关漫道真如铁，而今迈步从头越。在依法治国的漫漫征程中，我期待曾献猛律师给广大年轻律师送来更多的经验和知识财富。

好友曾献猛告诉我，他把自己多年来在一线办案的心得写出了一本书，要由中国政法大学出版社出版了，我从心底里为他高兴。

是为序。

黄太云

2023年6月

【黄太云，天津大学法学院教授，刑事法律研究中心主任，中央司法体制改革领导小组办公室原副主任，中央政法委政法研究所原所长。】

刑事辩护是一套组合拳

计划写这本书，源于 2018 年出版《律界江湖》一书之后，我一直感觉少了些什么。作为律师，是不是应当写一本关于专业的书。但鉴于自己不是科班出身，没有在法学院里接受法学理论的熏陶，明显缺乏理论基础的支撑。我读过类似王亚林的《精细化辩护》、朱明勇的《无罪辩护》及徐昕的《无罪辩护》等实务类的刑事辩护的书籍，但总感觉那是碎片化的知识。我还从没有见过谁站在辩护律师的角度，将整个辩护过程划分成几个板块，系统地进行分析解读。这也是我写这本书的初衷。

但是，站在辩护律师的视角来看辩护技能，应当将其划分成几个板块呢？这也是我这几年来一直思考的问题。2017 年，我在庭立方参加了第一期高阶班的学习，庭立方将刑事辩护技能分解为阅卷、发问、质证和辩论四个模块进行学习训练。在这四项技能训练中，有个环节是庭审发问之前的庭前辅导，四川大学法学院马静华教授对庭前辅导的教学，让我深受启发。庭前辅导是在会见中完成的，结合我自己的实践经验，在审查批准逮捕期间的会见，辅导犯罪嫌疑人应对检察官提审尤为重要。当公安机关向检察院提请逮捕之后，检察院作出批准逮捕决定之前，审查批捕的检察官要先提审犯罪嫌疑人，律师在这个环节会见，辅导犯罪嫌疑人还原有利于自己的事实真相，结合辩护律师的辩护意见，假如能够说服检察院作出不批准逮捕的决定，就能为案件的有效辩护打下扎实的基础。所以，我将辩护技能分解成五个模块，在原来的阅卷、发问、质证和辩论的基础上，增加一个模块，就是"会见"模块。2018 年初，我举办了一场由卢南南律师作分享的"与办案人员的有效沟通"

主题沙龙，进一步领会了刑事辩护中"沟通"的重要性。在2019年9月开始动手写这本书之前，"沟通篇"成了这本书的最后一块拼图。这本书从辩护律师的视角，将整个刑事辩护流程分解成"会见、沟通、阅卷、发问、质证和辩论"六篇，在各个环节中各有侧重，形成一套刑事辩护的组合拳。其中，会见和沟通贯穿整个刑事案件的所有过程。辩护律师在接受委托之后，最先要做的就是会见犯罪嫌疑人（被告人），与办案单位经办人员进行沟通。所以，在这本书中，我将会见作为第一篇，将沟通作为第二篇。案件到了审查起诉阶段，可以进行阅卷，如何提高阅卷效率、如何在阅卷中找到辩护空间？在法院审理阶段又要经过法庭调查阶段的发问、质证法庭辩论阶段的辩论意见。整个刑事辩护是一套组合拳，不仅包括庭审调查的举证质证、庭审发问和庭审辩论，还包括庭前阅卷和会见，以及跟经办人员进行沟通。会见和阅卷是基础，只有通过充分会见，仔细阅卷，才能对案件有足够的了解，才能寻找到辩护思路和辩护策略。没有详细阅卷和充分会见的辩护，是对案件极不负责任的辩护。而沟通是催化剂和黏合剂，是将会见、阅卷、发问、质证和辩论黏合在一起，并催化有效辩护的重要部分。

刑事案件接受委托，往往是在刑事拘留阶段，这个阶段是看不到卷宗材料的，辩护律师能看到的就是拘留通知书，或者逮捕通知书。当事人委托律师，最迫切期望的就是辩护律师去会见，然后与经办人进行沟通。会见不仅可以了解案情，而且还有另一个功能，就是辅导犯罪嫌疑人（被告人）自我辩护，特别是在检察院批捕之前的提审，结合与检察院的有效沟通，促成检察院作出不批准逮捕决定。在法院审判阶段，庭前会见被告人，辅导被告人在法院庭审调查时，如何还原有利于被告人的事实真相，用具有画面感的语言，打动法官。因为是否实施了犯罪行为，只有他本人最清楚，所以作为辩护律师，需要在庭前会见时，辅导犯罪嫌疑人（被告人）还原所有对自己有利的事实真相，打动法官，自我辩护结合辩护律师的辩护，说服法官作出对被告人最有利的判决。

截至2020年6月30日，我经办的刑事案件超过200起，其中，超过15起公安机关撤案案件，3起检察院作出不起诉决定案件（1起未成年人附条件不起诉案件，2起存疑不起诉案件），3起法院判决无罪案件，6起法院判决免予刑事处罚案件，还有多起有效辩护的成功案例。当然，也有6起刻骨铭心的、自以为是的无效辩护的教训。这本书不仅分享了成功的经验，也总结了失败的教训。希望这本书能给刑辩律师界带来一些感悟，特别是能给初步接触刑事辩护的律师一些引导，让他们少走弯路。对于有些经验，但并没有系统掌握刑事辩护技巧的律师，也能在实务上提供一些参考。

CONTENTS 目录 ◀◀

第三篇　阅卷篇

第六篇　辩论篇

第一篇

会见篇

第一章 01 会见篇概述

一、会见的时机

很多律师都在呼吁："聘请律师越早越好！"而《刑事诉讼法》规定，在犯罪嫌疑人被采取强制措施之后，犯罪嫌疑人或其近亲属均可以为其委托律师作为辩护人。什么时候是会见的最佳时机呢？律师是不是越早会见越好呢？绝不能为了会见而会见，会见一定要选择好时机。根据我多年的办案经验，最重要的会见是捕前会见和庭前会见。捕前会见是在公安机关提请逮捕之后，检察院还没有提审之前。在这个时间节点会见，对犯罪嫌疑人进行捕前辅导，争取不捕。庭前会见是指在法院开庭之前的会见，这次会见要辅导被告人如何应对庭审。

二、会见需要注意风险

关于会见，无论是当事人、家属还是辩护律师本人，对于如何听取犯罪嫌疑人（被告人）的供述也是有技巧的。作为辩护律师，在会见犯罪嫌疑人（被告人）的时候，就要明确问他，对侦查机关是如何供述的。对于没有向侦查机关供述的事实部分，要了解的是对犯罪嫌疑人有利的，比如如何到案（是否构成自首），共同犯罪中的分工（是否构成从犯或者比其他主犯作用更次要），侦查机关在讯问时是否有刑讯逼供或者其他非法取证事实。假如犯罪嫌疑人要供述侦查机关尚未掌握的其他犯罪事实，则应当立即阻止他，没有告诉侦查机关的犯罪事实，不要告诉辩护律师。关于会见的时间点如何掌握，关于会见时要如何辅导犯罪嫌疑人（被告人），在不同阶段，有不同的做法。

三、会见篇的布局

我把会见篇分解成八个部分：第一部分是会见前的准备；第二部分是第一次会见；第三部分是侦查阶段的会见；第四部分是审查起诉阶段的会见；

第五部分是一审阶段的会见；第六部分是一审判决后的会见；第七部分是特殊的会见；第八部分是会见的禁忌。近几年来有不少律师因为没有注意遵守看守所有关会见的规定而被处罚，所以我把会见的禁忌写在会见篇的最后一部分。

第二章 02 会见前的准备

第一节　第一次会见，要做好会见前的准备

无论辩护律师是在哪个阶段介入，首先遇到的问题就是会见。会见前要做哪些准备呢？要做哪些功课呢？对此，我作了总结。

一、在受案时，对当事人的涉案罪名及主要犯罪事实、强制措施等进行了解

可以通过当事人的家属来了解，也可以先到办案单位找办案人员了解。根据《刑事诉讼法》和《公安机关办理刑事案件程序规定》，在侦查阶段，辩护人向办案机关了解案情时，办案机关应当告知辩护人师当事人涉嫌的罪名，已经查明的主要犯罪事实，以及采取的强制措施。

二、充分了解涉案法律法规

针对当事人涉案罪名进行法律法规司法解释以及类似案例的相关检索，对涉案的法律法规司法解释进行充分了解，以便在会见时应对当事人的咨询，更好地服务当事人。某律师的经验之谈，在第一次会见之前，不仅要了解当事人涉案罪名以及主要的犯罪事实，而且要检索该罪名涉及的法律法规司法解释，以及与之相匹配的案例，加上对有关笔录如何核对，制作了一份书面可视化材料。在会见时，除了当面对当事人的咨询作解释，还可将书面材料提供给当事人阅读。结果，在会见之后，当事人看到律师如此用心，如此专业，不仅写信要求家里要委托这位律师辩护，而且介绍同监室的室友委托这位律师。原本收取一次会见的钱，直接转换成全案的委托，并顺带承接了其他案件。所以说，做足第一次会见的准备，会给你带来惊喜。

三、向家属了解当事人生活上的习惯及可能的需求

比如，换季时，衣服的增减更换，比如生活费的需求，比如生活物品，包括眼镜、剃须刀、书籍等。有些当事人喜欢看书消磨时间，有些当事人想看专业的书，以便自我辩护。绝大多数的当事人特别需要心灵的慰藉。在刑事案件中，更多的时候是对当事人进行心理疏导。所以，在生活上给予当事人关心，会让当事人牢牢记住你。都说律师办的案件对于当事人来说是一段人生，在当事人最为落魄的时候，你给予他足够的关心，无论是多么罪恶深重的当事人，都会记住你带给他的温暖。

四、准备会见前的材料

会见介绍信，委托书，执业证复印件，当事人与委托人的亲属关系证明书（户口簿复印件），第一次会见所要询问的问题提纲（包括当事人的身体状况是否适合羁押；当事人是否受到刑讯逼供或者被诱供；是否作了辨认笔录、指认现场笔录，有哪些人在场；搜查时是否签收搜查证，是否有见证人在场，是侦查人员带过去指认现场的，还是带侦查人员去指认现场的；侦查人员在侦查活动中，是否存在非法收集证据的情形等），家属在生活上的嘱托。

五、事先了解看守所相关情况

事先了解当事人被关押的看守所的位置。行程如何安排，看守所可不可以停车，会见室是否充足，需不需要提前预约会见，需不需要提前排队会见，会见笔录需要的纸笔等。

第二节　第一次会见的最佳时机

第一次会见的最佳时机，是在提请批准逮捕之前。我在《律界江湖》一书中，写过关于黄金 37 天的文章，写的就是犯罪嫌疑人在 37 天内委托律师辩护，是最佳时间。但是，对于不是结伙、多次、流窜作案的案件来说，提请逮捕的时间最长的是 7 天，然后检察院审查批捕的时间也有 7 天。就算是流窜、结伙、多次作案的案件，公安机关也不一定会用完 30 天侦查期限，检察院也往往不会用完 7 天的审查批准逮捕期限，所以，无论是黄金 37 天，还

是黄金 14 天，委托律师最佳时间应该是在 7 天之内，或者 20 天之内，越早越好。因为到了检察院审查批捕阶段律师才介入的话，已经很难扭转局面。所以，第一次会见，最好是在侦查机关提请批准逮捕之前。鉴于公安机关立案之后，将犯罪嫌疑人拘留了，他们往往不会主动为当事人办理取保候审措施，除非是轻罪，而且在犯罪嫌疑人认罪，并获得被害人的谅解，或者是怀孕的女犯罪嫌疑人，患有重大疾病、传染病等不宜羁押的犯罪嫌疑人等情况下，才会主动为犯罪嫌疑人办理取保候审的强制措施。其他的案件，基本上公安机关都会提请逮捕。

我用两个不同的案例解读在检察院审查逮捕阶段，检察官提审之前第一次会见的重要性。

案例 1-1　某故意伤害罪案件

犯罪嫌疑人家属在公安机关提请批准逮捕之前咨询，我了解案情后，发现事实不清，证据不足。但是假如被批准逮捕，要作无罪辩护，几乎就是不可能的任务。就算要申请羁押必要性审查也非常难。但是，家属回去之后，一直没有确定委托，而是等到犯罪嫌疑人被批准逮捕之后才过来办委托。原本可能存在事实不清，证据不足的情形，因为没有委托辩护律师与检察院及时沟通，导致检察院批准逮捕。

案例 1-2　郑某某滥伐林木罪案

2019 年 9 月 25 日上午，郑某（郑某某之父）向我咨询，对于案情，郑某说不清楚，只是说他儿子涉嫌滥伐林木，涉案数额刚超过立案追诉标准，自动投案，已经被拘留二十几天，还未被批准逮捕。我问他办案部门是哪个，他说不出来。我很敏感，告诉当事人，假如尚未委托辩护律师，要尽快委托。按照这样的数额，早就应该取保。拘留二十几天没取保没批捕，很快就要到检察院审查批捕，如果来得及，应该可以争取不批准逮捕。当事人听了分析，当即办理委托，我也拟定了与办案机关沟通案情的时间和会见的时间。次日刚到上班时间，我立刻联系办案机关，希望能赶在报捕之前争取取保候审，按正常思维，公安机关估计会在 30 日内报捕。我几通电话找到办案人员，办案人员说，已经提请逮捕。出乎意料，这样的案件根本没有逮捕的必要，为何要提请逮捕？为何不是 7 日内提请逮捕，也不是 30 日内才提请逮捕？我赶快按照初步了解的案情，整理了一份简单的不予批准逮捕法律意见书，并带上给检察院的律师函，赶在下午上班时间赶到检察院。案管中心的人员很客气，当即帮我联系了侦查监督科的经办人员。经办人员也很有礼貌，短短十几分钟沟通，经办人员认同我的观点，当即向领导提交不予批准逮捕的意见。我马上去会见嫌疑人，告诉他再安心等几天。

由于当事人及时请律师，能及时与检察官沟通，从而能顺利取保候审。而有些案件，一旦被批捕，想再取保候审，难度就大大增加。

所以，委托律师第一次会见，最好是在批准逮捕之前的检察官提审之前，会见之后，一定要将不予批准逮捕的法律意见赶在检察官提审犯罪嫌疑人之前提交，并最好与审查批准逮捕的经办人作好沟通。否则，一旦被批捕，要想挽回就太难了。

第一节　对被羁押的当事人进行心理疏导

　　每一个涉嫌犯罪的当事人，在看守所里的时间，都是他最为黑暗的一段日子。而这段日子里，他们看到律师就像看到亲人一样。某职务犯罪案件的当事人，每次看到我的时候，总是激动得语无伦次。除了沟通案情，还愿意沟通他对家人的思念，对自己行为的悔恨。在那几个月的时间内，我会见他不下十次，跟他沟通人生态度、亲情的时间不比沟通案情的时间少。终审判决后，我去会见他，他说他相信我还会再去看他一次，他永远将我当作朋友，无论是待在监狱的时候，还是今后出狱，都会记住我这样的一个用心为他辩护，又像朋友一样看待他的律师。某个涉恶犯罪集团的案件，当事人被作为该犯罪集团的组织者、领导者被移送起诉至检察院，检察院向法院提起诉讼时，当事人被降档为普通参与者。这期间，当事人见到我跟我聊案情、聊人生的时候，几乎每次都会流泪。无论是倾听当事人的倾诉，还是对当事人进行安慰，或者是节假日的时候，到看守所去问候他，都属于心理疏导。

　　其实，对于绝大多数的当事人而言，他们渴望的是家属的关怀。所以，第一次会见，千万不要忘记带去当事人家属的关怀。对于关心当事人的家属来说，他们除了关心当事人的案情，也关心当事人在看守所里的情况，身体怎样了，有没有被欺负，伙食习惯不习惯，里面的工作量大不大，衣服够不够，是否可以寄生活用品等。有的当事人还特意要求寄一些他喜欢看的书。某个当事人是惯窃，还未成家。他父母带口信给他，让他好好认罪好好改造，争取早日出来，结婚生子，他们已经年老，房子什么的都会留给他，并会帮他找份正当的工作，或者帮他做一点小生意。当我将这些话带给当事人时，当事人当场落泪，表示一定会改过自新，回家后好好孝敬父母，洗心革面，不再犯错，不再让父母为他担忧。

第一次会见还要给当事人带去家里的信息，除了家人关心着他，委托律师帮他之外，家里的一切都安好，让当事人不要挂怀。比如，某当事人家里有一双不到3周岁的子女，他最想知道的是子女的情况；或者已经上学的孩子的成绩如何；参加高考的孩子，选择填报什么志愿等等。又比如，当事人是做生意的，他进看守所之后，挂念的是生意如何继续，会不会受到影响；有当事人会有几张信用卡，什么时候需要还款，到底会不会因为逾期被加入黑名单。这些生活上、经济上的细节也都需要带信息给他，让他不至于为生活上、经济上的事烦心。

所以，我一直认为，第一次会见，除了对案情的了解外，要将家属的关怀带给当事人，这是对当事人的心理疏导，也是当事人内心的期盼。

第二节　对案情进行深入了解

一、关于对案情的了解，首先是了解当事人向办案机关供述的案情

这案情与客观真实也许一致，也许不够详尽，也许与客观真相背道而驰。作为律师，一定要充分了解当事人在讯问笔录里所陈述的事实。某监委办理的一件职务犯罪，当事人在第一次会见时，告诉我监委讯问到虚开购买办公茶叶的发票，三年来套取办公费用9万余元的事实。按照这一事实，当事人的行为已经构成贪污罪，而且数额足以达到立案追诉标准。然后他说，他在笔录里供述的是，这些套取出来的钱是用于私人支出。但实际上是，这些假借办公茶叶费用虚开的发票，是用于公事。针对当事人在会见时陈述的事实，从法律上进行分析：是否构成犯罪，是否具有罪轻、从轻、减轻或免除刑事责任的情节，是否需要申请调取新证据。第一次会见，要在会见中了解对犯罪嫌疑人有利的案情。

二、除了了解案件事实，还应当了解侦查机关在收集证据时，程序上是否存在非法收集证据的情形

2018年11月25日，某涉黑案件当事人被带走之后第三天，家属来委托我。家属说，当事人于2018年11月22日上午8时被警察从家中带走，然后警察又到店里搜查，带走店里的电脑、当事人的手机、账本等。家属说，收到拘留通知书当日就过来委托我。我稍作思索，发现程序上存在几个问题：

（1）22日被带走，最迟23日拘留，最迟24日通知家属。但是，25日才通知家属，而且，拘留通知书上载明的拘留时间是23日19时。当事人是22日上午8时许被带走的，传唤时间超过24小时，通知家属的时间也超过24小时。

（2）22日当日带走当事人，当日到店里搜查，那么是否有搜查证呢？带着这两个问题，我于当日下午到看守所会见当事人，并向当事人了解案情。关于拘留时间和被带走的时间，他说，他是从家中被带走的，家里有监控可以查看。民警到家里来没有出示警官证，而且从胸牌可以看到有一个是辅警。拘留时间是23日晚上送看守所之前，民警给他签的。被带走之后，民警又带他到店里去，搬走电脑、账本，还扣押了他的手机，但是没有对手机进行封存，没有搜查证给他签名，没有给他扣押清单。这个案件后来检察院作出不予批准逮捕的决定，再后来，公安机关撤案，当事人彻底无罪。

三、向当事人了解有没有被带出去指认现场或者辨认现场、辨认同案犯，侦查人员是如何让他们辨认的

某盗窃案（当事人后来被作出不起诉决定）当事人告诉我，说他主动投案说明情况，但被带到办案点，中午的时候，侦查人员一边吃饭一边告诉他，你这样的大老板，肯定吃不下我们的饭，所以你就看着我们吃吧。当事人从早上被带到办案点，直至晚上被送进看守所之后才吃上看守所的饭，其间办案侦查人员不让他吃饭。不仅如此，他吃完晚饭后，又被带到特审室，晚上温度只有十几度，侦查人员不让他穿外套，还让他整个晚上坐在审讯椅子上。第二天，他被带上一辆警车，一辆白色本田CRV私家车在前面引路，将他送到作案现场指认。他根本就不知道这个地方，一路上就是那辆白色CRV带路，途经好几个地方都有摄像头。这哪里是指认现场，是被带过去指认现场。事后，经查证，该白色本田CRV竟然是经办民警的私家车。这个案件当中，许多侦查程序都存在严重的问题，很明显是冤假错案。第一次会见了解到了程序上和事实上存在严重瑕疵，我当即整理书面的法律意见，并及时向公安机关提出，但公安机关仍旧向检察院提请批准逮捕。于是我又向检察院提交书面的不予批准逮捕法律意见书，检察院作出不予批准逮捕决定。但是，公安机关仍旧继续向检察院移送起诉。我再次向检察院提交不起诉的法律意见书。最终，检察院作了存疑不起诉的决定。尽管当事人很不服气，这个案件应该是无犯罪行为的绝对不起诉决定，不是犯罪行为存疑的相对不起诉决定。

四、结合家属了解到的案情，拟定辩护策略

某故意伤害案件，第一次会见之前，我通过家属了解到，当事人的家属在案发后一起去投案，就在经办民警的办公室，由协警在电脑上记笔录，民警在泡茶，和当事人及家属聊天。所以，第一次会见当事人的时候，我就跟当事人核实这一事实，结果发现，当时不仅当事人和家属在场，而且还有其他证人在场。第一份笔录不是在讯问室，而是直接在办案民警的办公室，并且由协警制作笔录。根据最高人民法院《关于适用〈中华人民共和国刑事诉讼法〉的解释》第 89 条第 1 项规定，询问证人没有个别进行的，证人证言不得作为定案根据。这个案件案发地点是在 KTV，不仅仅在作笔录这个环节存在严重瑕疵，十分钟的车程，办案民警却在接警之后超过 24 小时才到达现场制作现场勘查笔录，导致作案工具被工作人员清理掉。甚至整个案件没有对 KTV 的工作人员制作笔录，没有调取 KTV 的监控。由于当事人自始至终对自己的行为供认不讳，所以尽管本案存在严重瑕疵，但最终还是作出有罪判决，只是在量刑时给予了一定的从轻。

第三节　申请变更强制措施，或者申请取保候审事宜

当事人家属在办理委托的时候，总是喜欢问一句，能不能取保候审？无论是案情严重不严重，无论是本地的还是外地的，都想着能不能取保候审。根据这几年的法治实践，取保候审的比例越来越大，特别是轻罪又认罪的，获得被害人谅解的。在共同犯罪中，如果是从犯，也是很有可能取保的。所以，在第一次会见的时候，一定要深入了解案情，充分了解取保候审的可能性。对于事实不清、证据不足的案件，想在侦查阶段取保候审，几乎比登天还难。加上办案人员担心犯罪嫌疑人串证串供，所以办案人员对于取保候审极为反对，他们尽可能让检察院在批准逮捕环节进行审查。

在轻罪认罪的案件当中，申请取保候审问题不大。一定要在第一次会见时，跟当事人沟通好如何申请取保候审。包括担保人的身份，或者采用保证金的方式。现在取保候审的担保，采用的多为保证人担保的形式。

2015 年，某组织妇女卖淫罪案件，当事人是在水疗会所做保洁，即便知道这个水疗会所提供妇女卖淫，也没有参与。但是，由于现场抓获一些嫖客

和一些卖淫女，保洁员也被当成共犯抓获。律师第一次会见之后，当即向公安机关提交取保候审申请书，主张保洁员在组织妇女卖淫的违法犯罪行为当中，并未提供帮助，仅仅是为了领取一份工资，受雇于老板，从事保洁工作。办案机关经过审查律师的法律意见之后，同意了辩护律师的申请，对保洁员变更了强制措施。让保洁员在第一时间获得自由。

　　总之，第一次会见，首先是对当事人进行心理疏导，包括替家人报平安，替家人关怀当事人。其次是了解案情，初步拟定辩护思路。再次是寻找侦查机关程序上的瑕疵。最后是申请取保候审。

第四节　第一次会见需要问哪些问题

　　第一次会见通常要问的几个问题是：

　　1. 核实当事人名字，委托人与当事人的关系，介绍律师的身份还可以说明介绍人，增加当事人对律师的信任感。

　　2. 了解当事人何时被拘留，何时被逮捕，是如何到案的。是否存在非法限制人身自由，是否存在自动投案的情节。

　　3. 了解公安机关讯问的问题，以及当事人在笔录中如何供述。这些问题，是要分析判断定性以及各种与定罪量刑有关的情节，判断公安的意图，预测案件走向，并拟定几个辩护方案备选。了解是否具有立功或是自首情节，是否有前科劣迹。

　　4. 了解被扣押的物品，是否有扣押清单，制作扣押笔录，是否有搜查，如果有搜查是否有搜查证。

　　5. 了解当事人的身体健康情况，在看守所里有没有受欺负，公安机关讯问时有没有刑讯逼供，有没有提供休息时间等。分析是否存在不适合羁押，以及是否存在非法收集证据的情形。

　　6. 生活上有什么需要，生活费等。是否对家人有所交代（与案情无关的，除非涉及退赃、罚金和赔偿部分）。

　　7. 留下联系方式，告知当事人如果有需要，可以通过写信或者请求管教干部打电话的方式联系律师。

　　当然，每个案件案情不尽相同，要根据个案拟定一些问题。还有一些无法预测的问题，具体在会见时再作调整。

第四章 04 侦查阶段的会见

会见，按照案件的不同阶段，我把它分成侦查阶段的会见，审查起诉阶段的会见，一审期间的会见，二审期间的会见。第一次会见，基本上是在侦查阶段的逮捕之前。就我自己的经验来说，侦查阶段的会见，如果是在批捕之前第一次会见，就按照前面的方法努力争取不予批准逮捕。批捕之前的会见，我个人的经验是，至少三次会见，三次沟通。

第一节　侦查阶段批捕之前的会见

侦查阶段批捕之前，接受委托之后，应当第一时间去会见，全面了解案情，并带去家属的关怀。然后到办案部门与办案人员沟通，了解涉嫌罪名和主要犯罪事实。结合从两边了解到的信息，特别要归纳出共同点和差异点。共同点证明是否有罪，是否有法定从轻、减轻情节。从差异点分析，是否存在非法证据，是否存在当事人对辩护律师的虚假陈述。无论是共同点还是差异点，都要进一步与当事人进行核实，才能形成有效的法律意见。所以，在与办案人员第一次沟通后，应当尽快安排第二次会见，尽快与当事人核实案件事实。之后，形成初步的法律意见书：是变更强制措施法律意见书；还是收集、调取新证据法律意见书；或者是以事实不清、证据不足为由，建议撤销案件，将当事人释放的法律意见书。然后将法律意见提交给侦查机关的办案人员，并与办案人员沟通，变更强制措施、撤案，或者收集对当事人有利的新证据。如果办案人员坚持提请逮捕，则应当根据了解到的信息，第三次会见当事人，告知当事人侦查机关提请逮捕的决定，结合了解到的事实，辅导当事人在检察院办案人员提审时，如何通过讲故事的方式，而不是以结论性语言，将案件事实描述清楚。会见之后，形成不予批准逮捕法律意见书，在公安机关提请逮捕之后马上向检察院提交法律意见书，争取检察院不予批准逮捕。

拘留之后至提请逮捕期间，至少要会见三次，并与办案机关沟通三次（公安机关两次，检察院一次）。尽最大努力，让当事人得以取保候审。特别是捕前会见，辅导犯罪嫌疑人应对检察院审查批准逮捕期间的提审，争取检察院作出不批准逮捕的决定。捕前会见尤为重要。

这里讲一个案例，这是一起极其成功的案例。

朱某某非法买卖枪支案。2017年4月24日，朱某某涉嫌非法买卖枪支罪被刑事拘留，家属在其被拘留之后第三天委托我，在第一次会见之前，我跟办案人员先见面了解案情。办案人员说，当事人是在网上贩卖枪支，数量达到一百多支。按照这样的情况，无期徒刑是避免不了的。我进一步了解，有没有作鉴定。办案人员说，因为没有实物，只是按照网上介绍的功能进行鉴定。我对这个非法买卖枪支罪的罪名产生一丝丝怀疑。于是在会见时，我仔细询问当事人，到底怎么贩卖枪支的。当事人说，他在QQ上看到有人贩卖弓弩（鉴定为枪支），感觉很有前途，于是就在淘宝上申请了一个账号，把弓弩的图片发到网上去，有人要购买的话，让他先付款，付完款项之后，我再把他拉黑。这一百多支弓弩，实际上一支也没有卖，都是采用这样的形式，客户付款之后，我就把他拉黑。我自己都没有看到弓弩，哪里知道弓弩是什么样的？了解到这个案情，我认为，这根本就不是非法买卖枪支罪，这只是假借贩卖弓弩为由实施诈骗的行为，当事人的目的在于骗钱，不在于贩卖弓弩。

于是，我向公安机关提交了法律意见，认为当事人的行为不构成非法买卖枪支罪，而是涉嫌诈骗罪。同时，我与办案人员第二次见面，第二次沟通，并达到了良好的效果。结果，公安机关在提请批准逮捕的时候，改变了拘留时的定性，将非法买卖枪支罪改为诈骗罪。我在公安机关提请批准逮捕前一天，第二次会见当事人，并与其仔细沟通案情，辅导当事人以讲故事的形式，在检察官提审时，将案件如何假借贩卖弓弩为借口，对被害人实施诈骗行为的过程，向提审他的检察官如实供述。之后，在公安机关提请批准逮捕后的第一天，我就带着我的书面法律意见前往检察院，与经办的检察官沟通，并提交了不予批准逮捕法律意见书。由于这个案件改变了定性，根据涉案金额大约可判3年，加上当事人认罪，并愿意缴保证金。所以，这个案件在第37天因为没有被批准逮捕，而变更强制措施为取保候审。一年之后，当事人被判决有期徒刑2年，缓刑3年。

关于侦查阶段批捕之前会见的重要性，我再举一个案例，也是我经办的案例。

2012年，有个强奸罪案件，委托是在当事人被拘留后第二天，由于当时我出差在外，我让其他律师先过去会见。律师会见完告诉我说，当事人说在笔录里承认与被害人发生性关系，但被害人是自愿的。被害人是一名高中生，当事人是已婚男人。当天，当事人约了被害人到酒店去，在酒店发生了性关系。被害人的父母知道后，逼迫被害人到公安局报案。我又问被害人是在发生关系之后马上报案的吗？那个律师告诉我说，听说是过了一个星期才报的案。律师说，这个应该是自愿发生关系的，并不违背妇女的性意愿。但是，办过十几个强奸罪案件的我清楚，假如用这个辩护思路，估计"死路一条"。截至今日，我办理过的强奸案件不下15起，只有2起是因为事实不清、证据不足在侦查阶段撤案的，而这个案件就是其中的一起。这两起案件如出一辙。第二天我出差回来之后马上会见当事人，并仔细向当事人进行核实。第一个事实是，当事人如何向公安民警供述的，当事人说，他确实供述了跟被害人发生性关系。但是实际上那天并没有发生性关系，因为心情不好，所以两个人约出来在酒店里谈心，拥抱亲吻，就是没有发生关系，更不要说强奸。我问，那为何要对公安民警供述有发生性关系呢？当事人说，公安民警说，如果没有发生性关系，干吗要约到酒店去呢？所以就承认了。我再问，被害人什么时候报案的？当事人说，一个星期以后才报的案。我又问，有没有提取你的精液、精斑、DNA进行物证鉴定呢？当事人说，没有发生性关系，哪里来的精液、精斑？这个时候，我的心才比较踏实。这个案件绝对不能以没有违背被害人的性意志为由来辩护，而应当以事实不清、证据不足为由来辩护。缺乏精液、精斑，事发一星期之后报案，就算曾经发生过性关系，也无法从被害人的体内提取精液来作鉴定了。根据《刑事诉讼法》的规定，只有被告人的供述，没有其他证据相印证，是不能定罪的。所以，这个案件，我在会见完第二次之后，形成一份事实不清、证据不足，依法不应予以定罪的法律意见书，提交给公安机关，但是公安机关依旧向检察院提请批准逮捕。我第三次会见当事人，辅导他如何应对检察官的讯问，还原客观事实真相。之后，我根据向当事人了解到的事实，向检察院提交一份不予批准逮捕法律意见书，并与审查批准逮捕的检察官仔细沟通。最终，检察院不予批准逮捕。之后，公安机关由于无法提取到当事人的精液、精斑，最终作撤案处理。

第二节　侦查阶段批捕之后的会见

侦查阶段批捕之后的会见，所起到的作用从表面上看微乎其微，但对于整个案件最终的处理还是会有积极的作用。

所谓的羁押必要性审查就是针对这个阶段采取逮捕强制措施的当事人，由于出现新的情况，经过辩护律师的申请，检察机关的审查，提出对当事人羁押必要性审查的建议，督促公安机关变更逮捕的强制措施为取保候审。

在我经办的所有案件当中，向检察院提出羁押必要性审查申请的，截至2020 年 6 月 20 日一共有 10 起，只有 2 起被立案，并且成功变更逮捕的强制措施为取保候审。不被立案的 8 起，理由都是当事人拒不认罪。因为所有认罪能取保候审的，都在提请批准逮捕这个环节做到不予批准逮捕而变更强制措施了。

根据检察院的答复意见，有相当一部分的案件因为当事人认罪了，加上情节比较轻，就很有可能变更强制措施。所以，这个阶段会见，假如检察院办案人员有"松口"，可能提出羁押必要性建议的，一定要跟当事人说清楚，不能为了早日自由而违背客观事实强行认罪。这个阶段的会见，更多的是生活上的关怀。批捕之后，当事人被羁押有一段时间了，所以相对于刚进看守所时，已经逐步适应被羁押在看守所的生活。这个时候，当事人需要的是家属能够给他存下足够的生活费，购买一些在看守所的生活用品。由于看守所对在押未决犯的衣物有比较严格的要求，不能出现金属配件，包括拉链，所以，在给看守所里当事人购买衣物时，一定要购买没有金属配件的衣物。当然，除了会见时给当事人带去生活上、精神上的慰藉，也要在进一步了解案情的情况下，和当事人协商辩护思路和辩护策略。同时，应当根据案件进展情况，及时与当事人沟通，核对事实，无论是对当事人有利的还是不利的，特别是可能影响当事人定罪或者量刑的事实，必须核对，以调整辩护思路和辩护策略。

某当事人在看守所里羁押两个多月之后，经常头疼，经看守所法医检查，发现该当事人高血压，高压达到 230mmHg，低压 140mmHg，是高危级别的高血压患者。如果控制不好血压，很有可能突发脑出血或者中风等疾病，危及生命，这个时候，辩护律师在会见时了解到这一情况，就向检察院提交了羁押必要性审查申请，经过驻所检察官的核实，该当事人被变更强制措施为取保候审，让家属将当事人送到医院就诊。

某诈骗犯罪的当事人是自首，因为诈骗得来的钱都已经被他挥霍一空，所以没有退赃。尽管辩护律师在当事人被提请逮捕之前向公安机关提交了取保候审申请书，公安机关没有回应。在公安机关提请批准逮捕之后，律师又及时向检察院提交了不予批准逮捕法律意见书，但检察院仍旧以当事人未退赃为由批准逮捕。在批准逮捕之后的第二天，辩护律师会见时跟当事人协商退赃事宜，当事人表示愿意写信给家属，要求家属尽快筹钱退赃。一个星期之后，当事人的家属帮当事人退了赃，并获得被害人的谅解。于是辩护律师根据新的证据，向检察院提交了羁押必要性审查申请。因为涉案金额只有7万元，并且已经退赃，受害人也对当事人表示谅解，所以，检察院立案对当事人的羁押必要性进行审查之后，向侦查机关提交变更强制措施的建议，该当事人也顺利被取保候审。

在侦查阶段批捕之后，我一般会见三次，批捕之后及时会见，核对案件事实，沟通案件进展情况，联系家属尽可能满足当事人生活必需品及生活费的需求。批捕之后一个月左右，再次会见。因为公安机关在逮捕之后对案件的侦查在一个月左右会有进展，所以应当及时跟进，及时跟当事人进行沟通。第三次会见是在公安机关移送起诉之前。公安机关正常情况下是在批捕之后一个半月到两个月之间移送起诉。如果信息畅通，应该在移送起诉之前一个星期以内第三次会见，告诉当事人案件的进展，以及在审查起诉期间，如何应对检察官的提审，进行自我辩护。这一阶段的会见作用不是很大。但是检察院有时会退回公安机关补充侦查，补充侦查的事实主要是针对公安机关立案的犯罪事实方面的证据进行补强，往往是辩护律师提出意见之后，检察院再根据辩护律师的意见要求公安机关补充侦查。如果当事人是不认罪的，而且公安机关又补充了新证据的，就要在会见时，与当事人核对补充侦查收集的证据。

审查起诉阶段的会见，根据我个人的办案经验，除了了解有利于被告人的案情，更重要的是结合沟通，促成取保候审或者检察院作出不起诉决定。

第一节　结合会见与沟通，促成检察院启动羁押必要性审查

根据人民检察院关于羁押必要性审查的规则，逮捕之后一个月才有可能启动羁押必要性审查，或者有新的事实，或新的证据出现。什么样的事实或者证据能够启动检察院羁押必要性审查呢？根据《人民检察院办理羁押必要性审查案件规定（试行）》第17条规定，如果这个阶段会见时发现有以下三种情形，就要向检察院提出羁押必要性审查申请。

第一种情形是"案件证据发生重大变化，没有证据证明有犯罪事实或者犯罪行为系犯罪嫌疑人、被告人所为的"。比如，通过重新鉴定或者补充鉴定发现，被害人的伤情达不到轻伤标准，或者被害人的伤情与犯罪嫌疑人或被告人无关，又或者像"昆山反杀案"、福州的"赵宇案"那样，新证据证实，犯罪嫌疑人是正当防卫。这样的证据出现，证明案件不是刑事案件，对犯罪嫌疑人或被告人的羁押成了不必要。辩护律师在会见时应当及时与当事人沟通，并及时向检察院提出羁押必要性审查的法律意见。

第二种情形是"案件事实或情节发生变化，犯罪嫌疑人、被告人可能被判处拘役、管制或者独立适用附加刑、免予刑事处罚或者判决无罪的；继续羁押犯罪嫌疑人、被告人，羁押期限将超过依法可能判处的刑期的"。比如醉驾案件，按照刑期可能判处3个月拘役，或者免予刑事处罚，犯罪嫌疑人、被告人还在羁押状态下的，有可能造成罪刑不相适应，羁押期限长于刑期。比如，犯罪嫌疑人、被告人有立功情节，加上犯罪情节轻微，可能独立适用附加刑或者免予刑事处罚的，辩护律师应当及时掌握这类信息，及时向检察院提出羁押必要性审查申请。

第三种情形是"案件事实基本查清，证据已经收集固定，符合取保候审或者监视居住条件的"。这种情形比较少见，司法实践中，司法机关更喜欢将犯罪嫌疑人、被告人收监羁押，即便符合取保候审或监视居住条件，司法机关也往往不会变更强制措施。但是，假如案件有被害人，犯罪嫌疑人、被告人积极赔偿，取得被害人的谅解的，这种情形下，就要及时会见，与当事人沟通，及时申请羁押必要性审查。

根据《人民检察院办理羁押必要性审查案件规定（试行）》第18条规定，犯罪嫌疑人具有悔罪表现，不予羁押不致发生社会危险性的，可以向办案机关提出释放或者变更强制措施的建议。

以下这几种情形出现的话，也应当及时会见当事人，协商向检察院提出羁押必要性审查意见。（1）预备犯或中止犯；（2）共同犯罪中的从犯或胁从犯；（3）过失犯罪的；（4）防卫过当或者避险过当；（5）主观恶性较小的初犯；（6）系未成年人或年满七十五周岁以上的人；（7）与被害方依法自愿达成和解协议，且已经履行或提供担保的；（8）患有严重疾病，生活无法自理的；（9）系怀孕或正在哺乳自己婴儿的妇女；（10）系生活不能自理的人的唯一抚养人；（11）可能被判处1年以下有期徒刑或者宣告缓刑的。假如逮捕之后到审查起诉阶段，甚至审判阶段发现以上这些事实，应当及时向检察院提出羁押必要性审查意见。

第二节　结合会见与沟通，促成检察院作出不起诉决定

案件到了审查起诉阶段，特别是事实不清、证据不足案件，争取检察院作出不起诉决定。

2012年，何某某涉嫌组织卖淫罪的案件，因为案发时何某某在国外，所以没有被抓获，其他水疗会所的股东以及员工被抓了近20人，2014年法院作出生效判决。2016年，何某某从国外回来投案，被采取取保候审的强制措施。2017年，公安机关将何某某起诉到检察院。在审查起诉阶段，根据何某某早在2013年在国外向法院邮寄的《股份转让协议》《合伙经营水疗会所协议》《承包协议》等书证，并调取了生效判决的卷宗材料，我会见了何某某。根据时间轴，在2012年1月31日何某某以公司的名义承包某水疗会所，并于2012年2月8日与其他4名股东签订《合伙经营水疗会所协议》，当日又与何

某财签订《股份转让协议》，约定何某某只是水疗会所挂名股东，不参与水疗会所的任何经营管理及分配，何某某在《合伙经营水疗会所协议》中的权利义务全部转让给何某财。何某某的护照以及机票、住宿发票等证据证明，从2012年1月份开始，至案发期间，何某某经常在外出差，在案发地几乎没有停留几天时间。因为取保候审，所以会见时间比较充足。在审查起诉期间的会见中，我辅导何某某结合几份协议，以及护照、机票和住宿发票，还原有利于自己的事实。其一，何某某只是挂名股东，其在水疗会所的股份实际上是何某财所享有；其二，在水疗会所承包经营期间，并未参加经营管理，特别是跟水疗会所的员工没有打过交道；其三，并未从水疗会所获得利润分配。

在几次提审何某某之后，检察院建议侦查机关撤案，但侦查机关坚持不撤案。2017年5月，检察院以事实不清、证据不足为由，作出对何某某不起诉的决定。

案件起诉到法院之后，直至一审开庭审理之前，这一阶段的会见，主要任务就是庭前辅导。

案件到了审判阶段，如果当事人还处于羁押状态，说明要么案件重大，要么争议极大。只要不是认罪认罚的案件，庭前辅导都是极为重要的。

如何做好庭前辅导呢？在做庭前辅导之前，必须解决几个问题：（1）卷宗让被告人核对会不会泄露国家机密？（2）被告人会不会翻供、串供？（3）什么时候是庭前辅导的最佳时机？（4）被告人问"开庭时我该不该认？"怎么回答？（5）被告人说"律师教我的"怎么办？特别是涉及被告人会不会翻供、串供，卷宗让被告人核对会不会涉嫌泄密这些跟律师职业风险有关的事项，律师要如何把握好分寸？

第一节 还原有利于被告人的事实真相，是庭前辅导最主要的目的

只要以裁判者的思维来应对庭前辅导，就不需要担心会有违反《刑法》第306条的风险。法官往往会通过证人证言、物证、书证、电子数据、现场勘查笔录、鉴定意见等其他证据来审查被告人是否无罪或者罪轻，在这些证据对被告人的有罪指控仍然事实不清、证据不足的情况下，法官将核对被告人的无罪供述或者罪轻供述。假如辩护律师心思不正，试图教唆被告人翻供或者串供，但没有证据或证据线索证明被告人之前制作的笔录是被刑讯逼供或被诱供指供，而且其他证据不足以证实被告人有罪的情况下，翻供无论是对被告人还是对辩护律师都没有任何好处。而教唆串供，是必须坚决杜绝的，当事人给再多的律师费，律师也不能去做。某当事人听过我讲课，认为我的专业还可以，恰好他的亲戚涉嫌生产销售伪劣产品罪，于是找到我，首先表示律师费没问题，可以超出本地律师费的几倍来支付。但是，接下来要求我

结合他们了解到的案情，在会见时传递信息，教唆当事人翻供串供。我拒绝这样做，拒绝这样利用辩护律师的身份去教唆翻供串供的委托。辩护律师应当辅导被告人还原有利于自己的犯罪事实，而不是辅导被告人做虚假供述。

如何还原有利于被告人的事实真相，我想，还是先回过头来讲讲前述"卷宗让被告人核对会不会泄露国家机密"这个问题吧。到现在为止，我见过的绝大多数律师都主张不要把卷宗交给被告人核对。他们不仅担心存在泄露国家机密这个风险，还担心因此导致被告人串供串证。我认为，将卷宗交给被告人核对，从法律上讲没有问题。根据《刑事诉讼法》第 39 条第 4 款规定，辩护律师自案件移送审查起诉之日起，可以向犯罪嫌疑人、被告人核实有关证据，这个有关证据是指与对被告人定罪量刑有关的证据。最高人民法院《关于适用〈中华人民共和国刑事诉讼法〉的解释》第 267 条规定，举证方当庭出示证据后，由对方发表质证意见，控辩双方可以相互质问、辩论。由于庭审时庭审调查时间较短，被告人当庭辨认并发表意见比较仓促，所以，在庭前由辩护律师将证据材料提交给被告人进行辨认核实，更能维护被告人自我辩护的诉讼权利。《人民法院办理刑事案件第一审普通程序法庭调查规程（试行）》第 28 条规定，被告人是要对公诉人举证的证据进行辩驳和质证的，假如事先没有核实证据，被告人如何对证据进行辩驳和质证呢？所以，对于将卷宗交给被告人核实证据，尽管《刑事诉讼法》及其相应的解释没有直接规定，但根据上述的规定，被告人要对证据进行质证，就要对证据的三性，即真实性、合法性和关联性，进行质证，根据《人民法院办理刑事案件第一审普通程序法庭调查规程（试行）》相关规定，对于可能影响定罪量刑的关键证据和控辩双方存在争议的证据，一般应当单独举证、质证，充分听取质证意见。没有仔细核实，被告人又如何能够做到充分发表质证意见呢？所以，我坚决认为，对于可能影响定罪量刑的关键证据和控辩双方存在争议的证据，应当在庭前与被告人进行核实，不存在泄露国家机密的危险。

什么时候是庭前辅导的最佳时机呢？我想，应该从审查起诉开始就要注意辅导，每次会见了解案情，核对证据，以及协商辩护思路、辩护策略都是辅导。但庭前会见之前的会见，更多的是了解案情，辅导不是会见的重点，所以不可能进行系统辅导。绝大多数被告人开庭之前，是第一次在法庭上受审，难免会紧张，不知道如何应对。所以，一定要在开庭之前对被告人进行系统的辅导。那么，什么时候是庭前辅导的最佳时机呢？《刑事诉讼法》规定，法院在开庭三天前要告知辩护人，法院开庭时间的前一天是庭前辅导的最佳时机。去早了，开庭时被告人可能已经忘记律师怎么辅导的了。所以，最佳时机应该是开庭前一天。但是，要充分了解看守所会见的难度，或者在开庭前两天会见。当然，如果被告人没有被羁押，而是处于取保候审状态下，可以在庭前进行充分辅导。

第二节　如何应对被告人棘手的问题

　　庭前辅导中，要应对一些棘手的问题。如何应对被告人关于"我该不该承认"的问题。作为辩护律师，一定要谨记，不能辅导被告人在法庭上讲假话，而应该讲真话。至于讲哪些真话，我的观点是：还原一切有利于被告人的事实真相，是庭前辅导被告人时应遵守的原则。假如被告人问律师开庭时该不该认，首先要了解被告人在侦查阶段、审查起诉阶段是否已经认了。其次要了解"该不该认"的事实属不属实。假如侦查阶段或者审查起诉阶段都已经认了，而且属实，那就应当如实供述。侦查阶段和审查起诉阶段都没有涉及的不利于被告人的犯罪事实，辩护律师一定不要去问，不要去触碰。法庭上公诉人和法官也不会去问。对于有利于被告人的事实，那就要辅导被告人还原事实真相，不是该不该认的问题，而是如何表达才能打动法官的问题。假如认罪，侦查阶段、审查起诉阶段怎么说。假如被告人确实没有实施过犯罪行为，应该还原事实真相，认与不认不是问题，问题是什么才是有利于被告人的事实真相。至于所还原的事实真相构不构成犯罪，那是另一个问题。要尽力还原有利于被告人的事实真相，比如良好的认罪态度，有利于认定非法证据的事实等。如果事实上确实实施了公诉机关指控的行为，就应该老老实实地争取从宽处理。如果没有实施公诉机关指控的行为，那就不应该认，即便在侦查阶段、审查起诉阶段已经认了，也应当坚持还原事实真相。然后，还要作出合理的解释，为何在侦查阶段、审查起诉阶段认了？属不属于非法证据？如果属于非法证据，那就要申请排除非法证据。当然，这就必须在庭前会见时，辅导被告人如何配合庭审发问，当庭供述时，将侦查机关、审查起诉机关非法取证的线索或者证据提供给法庭，而辩护律师借此机会向法庭提出排除非法证据的申请。

　　被告人说"律师教我的"怎么办？我指导的实习律师知道我专注于刑事

案件，曾经问我，假如被告人当庭供述说这是"律师教我的"怎么办？我想，只要是以还原一切有利于被告人的事实真相为原则，不以帮助被告人脱罪为目的，这个问题就不是问题。假如说律师教的，那也应该教表达方式，而不是教表达内容。在一起涉恶犯罪集团寻衅滋事的案件中，我的当事人是退休的教师，本身表达能力应该没有问题，但是，他在讲述一个事实时说，"老人理事会已经换届了，我不是理事，我就不参加了"。这样表述本应该没错，但是，他又说"某某人劝我，都已经不是理事了，就不要参与了"。这两句话都表明不参与，但意思却截然相反。按照第一句话，这个被告人是自己主动不去参与老人理事会的事情，从内心来说，不想去参与，实际上也没有去参与。但是，按照第二句话，这个被告人主观上要去参与，另一个老人劝他不要参与，也许他不听劝依旧参与了，也许他被劝之后不参与了。那么这个时候，作为律师就应当帮助被告人，还原事实真相，到底是自己主动不去参与，还是自己要去参与，另一个老人劝他不要参与？这不是教被告人说事实，而是教被告人表达方式，教他用什么样的方式，还原事实真相。

第三节　如何进行庭前辅导

一、介绍庭审流程

首先要向被告人介绍整个庭审流程。我的做法是，把庭审几个流程制作成一张图表，然后向被告人介绍整个庭审流程，让被告人能够对整个庭审过程有个粗略的了解。

按照 2018 年修正后的《刑事诉讼法》，认罪认罚从宽制度的程序中，无论是简易程序还是速裁程序，由于庭审简化，庭前辅导的内容大大简化。所以，对于认罪认罚案件，庭前辅导的核心问题是，首先核实认罪认罚具结书的合法性、自愿性。如果认罪认罚具结书符合合法性和自愿性原则，那么庭前辅导的内容就是让被告人熟悉庭审内容，庭审调查核心内容就是对认罪认罚具结书的自愿性进行发问和质证，只要认罪认罚具结书是真实自愿的，那么所有质证意见基本上无异议。然后就是最后陈述，提出自己对案件最终处理的期盼。

适用普通程序的案件，庭前辅导比较复杂。按照刑事案件第一审普通程序，整个庭审阶段分为四个流程：第一，庭前准备；第二，庭审调查；第三，庭审辩论；第四，最后陈述。普通程序的介绍可以绘制一张简单的流程图，让被告人能够知道每个流程要重点表达什么。下面我就按照这四个流程，介绍如何辅导被告人进行应对。

二、辅导应对庭前准备

庭前准备，首先是核实出庭诉讼参与人的身份，告知被告人的权利义务，其中，申请回避、申请调查新证据、申请新证人出庭、申请重新鉴定等权利非常重要。这个环节当中，被告人基本上不懂什么是回避，一定要告诉被告人什么是回避，要不要申请回避，回避的对象有哪些人（包括公诉人、审判员和书记员）。对于申请重新鉴定的权利、申请证人出庭的权利，也应该在庭前辅导时解释清楚。让被告人在庭前准备时，充分表达自己的意愿，要不要申请回避，要不要申请证人出庭，申请重新鉴定。庭前准备还包括一个环节，就是了解被告人是否有前科劣迹，什么时候被刑拘，什么时候被逮捕。特别是，核对被告人被拘留的时间和被采取强制措施的时间，可能发现被告人曾经被非法羁押过。比如，阅卷篇举的寻衅滋事罪的案件一例，被告人在2018年3月23日被抓获，而公安机关的拘留证的时间却是2018年3月28日。这个案件是异地羁押的，《刑事诉讼法》第83条规定："公安机关在异地执行拘留、逮捕的时候，应当通知被拘留、逮捕人所在地的公安机关，被拘留、逮捕人所在地的公安机关应当予以配合。"也就是说，异地羁押，首先是案件受理单位已经作出拘留决定，并将拘留决定通知被拘留地的公安机关。但是，这个案件并不存在办案单位将拘留决定通知被拘留地的公安机关的事实，甚至办案单位的拘留决定还是在被告人已经被拘留5天之后的2018年3月28日才作出的。那么，在2018年3月23日至2018年3月28日这段时间对被告人所制作的笔录，包括指认现场笔录、辨认笔录，都属于被告人被非法限制人身自由期间取得的，属于非法证据。尽管这个案件没有申请排除非法证据，但是，最终法院在量刑时给予了一定的考虑。三起寻衅滋事，原本属于5年以上有期徒刑的刑期，最终公诉人在提出量刑建议时，只建议量刑2年9个月。所以，不要小看庭前准备环节，有好多案件，仅仅庭前准备就开了好几次庭。回避的程序走完，走排除非法证据程序。所以，根据2018年出台的"三大规程"，无论是回避、管辖，还是非法证据排除，都交给庭前会议处理。

所以，以前的庭前辅导没有涉及庭前会议的事项，但是在"三大规程"实施后，对于一些比较复杂的案件，庭前辅导要对庭前会议的议程，包括举证、质证、证人出庭等问题进行辅导。

三、如何应对庭审调查

庭前准备之后，第二个环节是庭审调查环节，随着"以审判为中心的司法体制改革"全面推进，对于普通程序的刑事案件来说，庭审调查环节越来越重要。庭审调查包括公诉人宣读起诉书，控辩双方对被告人的讯问发问，审判员对被告人的发问。假如有证人出庭，还可以针对案件事实对证人进行发问。然后是举证质证，公诉人先对被告人涉嫌犯罪的定罪部分进行举证，然后对被告人量刑部分进行举证。在定罪和量刑举证时，按照八类证据分别举证。公诉人举证完毕后，由被告人、辩护人质证。再由被告人、辩护人举证，公诉人质证。然后由审判员对证据进行认证。

四、辅导如何应对庭审辩论

第三个环节是辩论，审判员会根据庭审调查的事实，总结控辩双方争议焦点，再由控辩双方围绕争议焦点进行辩论。先由公诉人对被告人的定罪量刑发表辩论意见，再由被告人、辩护人发表辩论意见。

五、辅导被告人最后陈述

第四个环节是被告人的最后陈述，这个环节分成无罪辩护和罪轻辩护来陈述。如果当事人作无罪辩护，那么就直接请求法院还被告人的清白。如果是"骑墙"辩护，就要求法院依法作出裁决。如果是罪轻辩护，则请求法院从轻处罚。

第四节　辅导被告人应对普通程序的庭审

一、辅导被告人如何应对"被告人，你对起诉书指控的事实和罪名是否有异议？"

庭审调查开始，首先是由公诉人宣读起诉书。被告人要面对的第一个问题是，审判长讯问被告人对起诉书指控的事实和罪名有没有意见。这个问题分成两部分：第一部分是被告人是否实施了起诉书指控的行为，这个行为是否构成犯罪另当别论。还是以案例来说，某非法转让土地使用权罪案件中，洪某某和廖某某被指控合伙非法转让土地使用权，但事实上，洪某某和廖某某购买土地是合伙买的，但转让却是分开转让的。如果认定合伙转让，由于非法所得超过 50 万元，就达到了立案追诉标准；如果认定分开转让，两个被告人的非法所得都达不到 50 万元的入罪标准。这两个被告人都是主动投案，只要如实供述就有自首情节，没有如实供述就不会被认定为自首。所以，如何对起诉书指控的事实进行确认，既要还原事实真相，又要尽量避免万一被认定有罪而自首情节没有被认定，这就是一个技巧。作为洪某某的辩护人，我辅导被告人讲事实不讲道理，讲过程不讲结论。洪某某面对法官的讯问，回答道："我不懂得什么有没有异议，我说说卖土地的经过吧。我和廖某某等人几年前合伙以一亩 6.4 万元的价格购买了一块土地，土地没有分割，但各自拥有四分之一的面积 1.6 亩土地。去年，有人以一亩地 40 万元的价格向廖某某购买他名下那 1.6 亩土地，廖某某觉得有利润，就同意卖了，并收了钱。然后问我要不要卖给那个人，我认为有一定的利润，所以也同意卖。但买主只给我一部分钱，还欠我十万块钱没给。"这样的回答，把被告人洪某某转让土地的过程描述出来，至于是否合伙转让不予置评。被告人既承认了自己转让土地并牟利的事实，又间接否认合伙转让土地的事实，让法官自由裁量。第二部分针对法官讯问的被告人对起诉书指控的罪名是否有意见这个问题，我辅导被告人回答："我不懂法，不知道我的行为是否构成犯罪，是否构成非法转让土地使用权罪，所以，对于这个罪名的指控，由审判庭裁决，我相信审判庭能够作出公平公正的裁决。"这样一问一答，跟法官之前得到的答复："对起诉书指控的事实有异议（无异议），对罪名有异议（无异议）"明显不一样，让法官耳目一新，动摇公诉机关对被告人的指控。法官虽然知道被告人实际上对起诉书指控合伙转让土地是有异议的，但因为被告人只阐述事实，不表明观点，所以，法官即便没有采信被告人分开转让的辩解，但由于被告人承认了自己转让土地使用权的事实，并承认了收到转让款的事实，所以，不仅对法官最终认定被告人具有自首情节没有影响，而且对被告人最终量刑的减轻起到了一定的作用。

在应对法官这一问题时，我的观点是，不要简单回答有异议无异议，而应该把自己实施的行为，以大约一百个字的语言作出总结性回答，拒绝直接回答是否有异议。假如对起诉书指控的罪名没有意见，那就直截了当回答没有意见。假如对起诉书指控的罪名有意见，不要直接回答有意见，而应当回答："我不懂法，所以今天站在这里，我的行为是否构成犯罪，构成什么罪，恳请法院公正判决。"

二、辅导被告人应对"被告人，你之前在侦查机关和检察院所作的供述是否属实？"的问题

这个问题，许多公诉人很喜欢用。假如做调查，公诉人第一个问题是什么，估计这个问题可以拥有80%以上的占比。公诉人第一个问题往往就是"被告人，你之前在侦查阶段所作的供述是否属实"。这个问题一抛出来，被告人往往犯迷糊。正常的情况下被告人在归案后当天就会制作第一次笔录，作第一次供述，很有可能在进看守所之前，就作了三次有罪供述。也许进了看守所之后，由于各种原因，对自己的供述会作些许更改，也许是作了无罪供述，或者增加了许多罪轻情节的供述，既包括与定罪有关的事实，也包括与量刑有关的事实。

针对这样的问题，我在辅导被告人应对时，告诉被告人在回答的时候，应当反问："我不知道公诉人问的是哪一次供述中哪个事实？因为我作了好多次笔录，我也不记得当时问了哪些问题，我当时是怎么回答的。所以，恳请公诉人告诉我，你让我回答的是哪个事实属不属实？"假如被告人突然回答不出来，作为辩护律师，就要及时举手发言表示反对公诉人的讯问，理由与上述一样。审判长会让公诉人讯问时，注意讯问具体事项。

三、预测公诉人可能讯问的问题

在第一个问题问完之后，就要根据个案不同，归纳案件争议焦点问题，设计公诉人有可能对被告人讯问的问题及其答案。

案例1-3　陈某某等人涉嫌生产、销售伪劣产品罪的案件

这个案件从2012年立案开始，拘留逮捕取保，移送起诉到撤诉，再到重新立案，移送起诉，最终法院作出无罪判决。

这个案件当中，对于事实的认定，几乎没有争议，主要争议在于适用法

律方面。所以，根据我们预判的争议焦点问题，对于被告人实施公诉机关指控的犯罪行为问题，经过与被告人多次核对卷宗材料中被告人的供述，我们判断公诉人关于犯罪事实方面的问题不会偏离之前制作的笔录，而被告人的回答，一直都很稳定，所以，针对指控的事实方面核对一遍，看被告人的回答是否与笔录记载的一致。但是，对于我们这边的发问，我精心设置了几个问题，对当事人进行发问，目的是要动摇审判员和公诉人对更换发动机的动机部分的指控。问题的核心在于当事人的犯罪事实是为了更好地服务被害人还是为了牟利，被害人是否同意，有多少被害人同意，货车原来匹配的发动机和更换的发动机哪一种在价格上更高、性能上更强。而且该更换的发动机已经进入工信部审查期间，直至 2017 年开庭前，该发动机已经可以匹配案涉货车。原来匹配的发动机与更换的发动机相比，更换的发动机价格更高。所以，从这几个层次来论证，更换发动机并非属于伪劣产品。被告人自己在更换发动机的过程中，用讲故事的方法，具体描述自己做了哪些事情。比如，原来工信部配置的发动机的价格是多少钱，更换以后的发动机价格是多少钱。有多少个车主是自己主动要求更换发动机的，有没有凭证，发动机是在哪里更换的，由谁更换的。因为发动机是由货车的厂家直接更换的，而且厂家已经在工信部那边报备了更换的这一款发动机。这些对被告人有利的事实，通过庭前辅导，让被告人把更换的发动机不是伪劣产品，并且大多数的车主是自愿更换的事实，在法庭上呈现给法官。最终，这个案件包括公司四名被告人被判决无罪。

案例1-4　谢某非法经营案

这个案件被告人是自动投案的，他接受委托到山东省与茶香烟专利持有人签订合作协议，由专利持有人以专利技术入股，生产以茶叶为原材料的茶香烟。之后，购置卷烟机和接烟嘴机，烟机还没有安装完毕，就被举报生产假烟而被查获，整个扣押过程是由烟草专卖局进行的。在阅卷时，我发现案发地点就在距村部一百米处，隔壁就住着几户人家，但在现场勘查笔录和扣押物品清单上，不仅没有持有人的签名，也没有见证人的签名，案发时间是 6 月份某日下午 5 时许。现场照片可以看到有零散的零配件，鉴定意见却表明，烟机是已经安装完毕状态下的。在会见中了解到，被告人在案发前一天，在案发现场看到的是散装的烟机，还没有组装。扣押时的烟机只是零配件，而非已经组装完毕的烟机。而且，被告人是接受老板雇佣前往山东与专利持有人商谈合作生产茶香烟事宜，老板已经申请了营业执照，营业范围包括茶香烟的生产销售。针对这些事实，我在庭前辅导时，重点关注几个方面。首先，本案是作无罪辩护的，无罪的最大理由是茶香烟专利证书，是用于生产茶香烟，并且已经办理营业执照。其次，量刑辩护，被告人只是雇员，他只是被委托到山东与专利持有人谈判，并接受委托租用场地，对于采购烟机、安装，以及其他各种行为均未参与，并且是主动投案。最后，厂房的位置及周边群众居住的情况，被告人所看到烟机的状态。经过我的辅导，被告人在法庭上条理清楚接受公诉人的讯问时，将被告人亲自参与的行为表达得清楚细致，用讲故事的方式，而不是简单的"是或者不是"的方式回答公诉人、法官的讯问，回答我的发问。最终，这个被鉴定涉案金额 175 万余元的非法经营案，被告人被认定为自首、从犯和未遂情节，判处 1 年 6 个月有期徒刑。记得被告人在收到起诉书的时候，看到涉案金额特别巨大，而且没有认定自首、从犯和未遂，有经验的室友告诉他，这样的起诉书是准备把他往 10 年以上有期徒刑去指控的。成功的庭前辅导，让被告人能够在庭审时配合辩护律师进行自我辩护，打动法官，动摇公诉机关的指控。

案例 1-5　张某某滥伐林木罪案

这是一个很明显的冤案，三名被告是合作造林的合伙人，因为第一被告和第二被告将林木砍伐销售之后，以亏本为由拒绝分红给第三被告，三个合伙人变成冤家。第一被告和第二被告是因为第三被告连续三年的举报，把他们举报进看守所的。令第三被告想不到的是，第一被告和第二被告联手，主张第三被告事先明知少办证多采伐，结果成为第三被告。第二被告是公务员，从被拘留的第一天，就被送到医院的监管区羁押。仔细看他第一次询问笔录（未被采取强制措施时）在笔录中认为自己身体健康，没有什么疾病；但在被采取强制措施后第一次讯问笔录，变成自己身患高血压和糖尿病，不适合在看守所羁押，所以羁押在医院监管区。第三被告是糖尿病患者，高危级别的高血压，有服药的情况下，空腹血糖大于 16mmol/L，血压 137mmHg～217mmHg。但从一开始就被羁押在看守所，其间还有一次被送往医院抢救。

而且，第三被告在接受讯问时，多次提供线索。这个案件关键的事实是，第三被告是否知道采伐证申办的是多少面积，是不是比实际要采伐的少，这个是涉及被告人是否涉嫌共同犯罪的事实。但主观上是否知道，必须通过客观表现来推定，用哪些事实来推定第三被告事先不知道采伐证办理多少面积。于是，我在庭前辅导时，与被告人核实申请采伐证时，是从村里到林业站再到林业局，谁到村里申请的？当时村委主任是第一被告的父亲的义子，这层关系可以佐证，到村里申请时，第一被告前去办理更具有可能性。同时，因为林权证是第一被告和第三被告共有的，申请采伐证以两个人的名义都可以，但是，采伐证却是以第三被告的名义申请的。而且，是第三被告授权第一被告去申请，这就明显不符合常理。第一被告也是林权人，又是第一被告去申请的，根本不需要第三被告授权，也不需要以第三被告的名义去申请。所以，庭前辅导，我让第三被告将这一系列的事实能够详细阐述，在庭审接受发问时，详细阐述采伐证的申办过程，为什么要授权给第一被告去申办，而不是自己去申办，为什么第一被告同样是林权人，而且又是第一被告亲自去申办的，却不直接以第一被告的名义申办，反而用第三被告的名义去申办。然后，根据第三被告的陈述，在整个采伐过程中，林业局有干部亲自到场勘查，并有到林业公安报案，但林业公安没有立案。这个事实假如是真实的，对于第三被告而言，就是一种立功表现。所以，在整个庭前辅导过程中，有四个方面的内容：第一是管辖方面，包括第三被告是否受到公正的对待，包括管辖法院应当是哪个法院。第二是申办采伐证的详细过程，这就涉及第三被告是否具有共同犯意，是否构成本案的共犯。第三是第三被告提供的其他人犯罪线索，是否应当提交给有关单位核实，这涉及第三被告是否有立功表现。第四是本案整个滥伐林木过程中，第三被告的地位和作用。

我按照这个思路，在庭前会见时，辅导被告人应对庭审发问，包括公诉人可能发问的，法官可能发问的，第一被告和第二被告的辩护人可能发问的内容，以及我要发问的内容。整个庭审很精彩，一切都按照预想的方向发展，公诉人和其他两个被告的辩护律师发问的问题都没有逃脱我庭前辅导的预想。这个案件开了三次庭，直到我完成这本书的初稿之后，庭审调查还没有结束。

第七章 07 一审判决之后的会见

这一阶段的会见包括两个部分，第一部分是一审判决之后往往涉及上诉的问题。所以这个阶段会见，就是跟被告人协商是否上诉，上诉的事实和理由。如果不上诉，就落实送往哪个监狱，落实什么时候家属可以接见。站好最后一班岗，做好善后工作。

如果确定上诉，上诉的目的是作无罪辩护还是罪轻辩护，或者仅仅是为了拖延时间，以达到不送监的目的，是否有立功线索，或者缴纳罚金，积极退赃，与被害人达成和解协议来争取轻判甚至缓刑，或者提供新证据的线索，由辩护律师去申请调取新证据或者辩护律师自己去调取新证据。只要用心，其实还是有很多事情可做的。

案例1-6 洪某某非法转让土地使用权罪案

前面提到的非法转让土地使用权罪的被告人洪某某，一审判决有期徒刑6个月缓刑8个月。但由于洪某某是公职人员，假如没有争取免刑，势必引发被开除或者辞退的风险，假如被辞退或者开除，没有了公职，洪某某将还有差不多15年、每年十几万的工资领不到。如果可以争取判免予刑事处罚，则可以保留公职。所以，在一审判决之后，马上上诉，并在上诉之后，与洪某某沟通，如何在二审期间找到一个法定从轻减轻情节，促使二审法院如不能判无罪，也能够作出免予刑事处罚的判决。一审判决后的会见，我向洪某某普及什么是立功表现，常见立功表现的情形有哪些。结果，洪某某花了一个多星期的时间，打听到某个曾经殴打他人致人轻伤二级的尚未归案的嫌疑人。于是找到这个嫌疑人，并劝他投案自首。结果，这个嫌疑人真的在洪某某的劝说之下，跟洪某某一起到派出所投案。二审法官综合考虑本案定罪有些牵强，由于洪某某又有立功表现，故最终二审改判免予刑事处罚。

第二部分是，有太多的案件，二审法官总是会劝说当事人撤回上诉。可以说，这个阶段的会见，就是要跟当事人沟通好，二审法官劝说当事人撤回上诉的时候，是否有道理，要不要撤回。这里讲一起案件，这个案件是我认为办得极为窝囊的。这是发生在 2014 年的一起受贿案件，公诉机关指控被告人低价买进一块土地，高价卖出，从中牟利 20 万元，数额特别巨大，在《刑法修正案（九）》还没有颁发之前，要判 10 年以上的刑期。但是，被告人投案自首，并主动缴交所有赃款。在认定这 20 万元受贿款的证据上，存在极为严重的瑕疵，该县价格认证中心认定，这块 200 平方米的集体土地的价格高达 30 万元，每平方米 1500 元。但是，农村集体土地当时是不能买卖的，即便要定价，也不能按照价格认证中心的方法进行认证，我到市价格认证中心找鉴定人员咨询，鉴定人员认为，农村集体土地应按照政府对该区域集体的定价进行认证，不能采用所谓的市场价格法进行认证。但是，一审法院采信了该县价格认证中心认定的 30 万元，差价 20 万元属于受贿款的意见。上诉之后，二审法官拟作出发回重审的判决，但当事人被某些人做通了工作，自己申请撤回上诉。这个案件如果当事人继续坚持，二审发回重审，再经过一、二审，不仅这 20 万元受贿款难以认定，而且《刑法修正案（九）》出台之后，即便 20 万元差价被认定为受贿款，也不过属于 3 年到 10 年的量刑，由于当事人具有自首的情节，完全可能判处 3 年以下有期徒刑，并适用缓刑。所以，这个部分的会见，一定要做好当事人的思想工作，不上诉则已，上诉不加刑，无论如何千万不要撤回上诉。

第八章 08 特殊的会见

这里说的特殊的会见，是针对特别状况，讲究方式方法。我把它简单划分为两种。

第一种是，当事人需要让律师带物品、信件出来的请求该如何应对。首先，如果是跟当事人本人无关的，一律拒绝。其次，如果跟当事人本人有关，我会辅导他通过管教干部提交，或者告诉当事人，直接找驻所检察官提出，由驻所检察官审查是否可以带出，避免因为夹带当事人的物品或者信件给律师增加麻烦。

第二种是，对于有关当事人在侦查阶段、审查起诉阶段举报他人犯罪的立功情节，公安机关、检察机关都置之不理的情形。通过庭前辅导，结合庭审发问，让当事人将举报他人犯罪的线索在庭审过程中向法庭举报，由此通过法庭调查后，由法院通知检察机关对当事人举报线索进行调查核实。这个举报的线索不仅最好通过庭审发问来向法庭提交，而且最好辅导当事人形成书面材料，在回答律师的发问之后，当即提交给法庭。

第九章 09 会见的禁忌

一、不能教唆

第一个问题，谨慎审查委托人与犯罪嫌疑人（被告人）的关系，千万不能教唆串供。

2017 年 11 月，惠州某抢劫案，王某为了开脱罪责，通过他人找到律师叶某某，以每个律师会见一次 3000 元的价格，让律师叶某某找来其他两名律师分别去会见三名被羁押的同案犯，并约定让三名同案犯将案件扛下来。授权委托书是王某通过他人假冒这三名同案犯的亲属签署的。根据《刑事诉讼法》第 34 条第 3 款规定："犯罪嫌疑人、被告人在押的，也可以由其监护人、近亲属代为委托辩护人。"也就是说，只有犯罪嫌疑人本人、近亲属才有委托辩护人的权利。作为律师，首先就要审查，委托人与犯罪嫌疑人、被告人的关系，委托人应当提供户口簿或亲属关系证明书，辩护律师应当审查委托人是否具备委托资格。现在看守所在审查辩护律师第一次会见时，也都要审查委托人与被会见人之间的关系证明（户口簿或亲属关系证明书）。律师叶某某不仅明知委托人与被会见人并非近亲属关系，还按照委托人的要求，教唆被会见人作假供述。结果，这三名犯罪嫌疑人在接受侦查人员讯问时，并未按照律师的要求提供虚假供述，而是将律师要求他们作伪证的情况供述出来。结果，这三名律师为了 3000 块钱，被以妨害作证罪立案侦查。最终是否构成犯罪，尚待法院作出生效判决。但是，无论法院最终怎么判决，这三名律师已经名声扫地，不仅可能无法继续从事律师职业，还有可能陷入牢狱之灾。作为律师，在接受委托时，首先应当注意审查委托人与犯罪嫌疑人的亲属关系，审查委托人的委托资格。其次应当充分注意，不得教唆犯罪嫌疑人（被告人）作虚假供述。

二、会见时不要使用电话

十年前，我在厦门市第一看守所会见时，经常会遇到犯罪嫌疑人提出用律师的手机给家属打电话的要求。每次我拒绝时，嫌疑人都会质疑：人家同监室室友的律师都会用电话让他们跟家人联系，为何就我不可以，是不是没有关系。每次我都要说清楚，如果我提供电话给他们跟家里人联系，那么我的律师执业证就有可能被吊销，就无法为他们作辩护。提供自己的手机给犯罪嫌疑人（被告人）给家属打电话，犯罪嫌疑人（被告人）可能跟家属通风报信，或者交代家属与其他同案犯串供，教唆证人串证，伪造证据，或者毁灭证据。犯罪嫌疑人（被告人）还有可能通过这个电话，让家属将赃款赃物转移，导致侦查机关无法收集证据，无法追回赃款赃物。这时，辩护律师的行为就会妨害证人作证，很有可能涉嫌《刑法》第306条规定的辩护人妨害作证罪。我去过的看守所都在显著的位置上提示，律师在会见时不能将自己的手机提供给当事人打电话。其实，在每个看守所办理会见手续的前台上，都有电脑显示屏可以显示每个会见室里的情况。虽然《刑事诉讼法》规定，律师会见时拥有不被监听的权利，但监控并不是监听。无论律师会见时动作多隐秘，只要看监控的人员没有走神，一举一动都逃不过监控。

三、切忌带家属进看守所会见，切忌私下传递信件物品给被羁押的当事人

2010年，我曾经在某个看守所会见期间突然发现当事人眼睛往我身后看了一下，我没有在意，继续和当事人聊案件。过了一两分钟，突然间会见室进来一个驻所检察官，他问我：你为何带当事人的家属进来？我一脸茫然看着他，我怎么可能带当事人的家属进来呢？我进看守所都要在进门时保安那边登记，然后才能进来，家属如何进来的？我走出会见室一看，原来当事人的家属确实在那边。我赶紧告诫家属，不要影响我会见。但是，当我会见完毕要拿回质押在前台的执业证时，前台的工作人员要我去找驻所检察官，说我违反会见纪律。于是我找了检察官，检察官要我找看守所所长。我又去找了看守所所长，所长说，那是检察官扣的证，他做不了主。被逼无奈，我找到驻所检察官，跟检察官讲道理说，我作为律师，要进看守所，保安就要检查我的执业证，我还要在门岗那边登记，可以去门岗那边调监控、看登记，

当事人的家属是我带进来的，还是看守所的门岗把他们放进来的。看守所对律师把关这么严，对当事人的家属却不用把关，这个责任该由谁承担？若坚持要扣我的执业证，那就等着我提行政诉讼，查一查到底是谁的责任。没有来由地，我的执业证被扣了 2 个小时，想打这样的官司，后来想想成本太高而作罢。讲这么一个事例，目的是想表达，许多时候，我们如果没有能够守住自己的底线，甚至可能背黑锅。在这起当事人家属进看守所的事件中，我做到问心无愧，而且敢于据理力争。所以，切忌带家属进看守所会见。如果当时家属是我带进看守所的，我很有可能被惩戒。

有些律师有时明知自己的行为违反了会见纪律，因为碍于情面而作出有违会见纪律的行为。2017 年 9 月，某看守所通过监控录像发现两名律师会见时向嫌疑人递烟，结果驻所检察官向律协提交检察建议书，这两名律师因此受到律协的警告处罚。2019 年 1 月 10 日，宁夏回族自治区银川市司法局网站发布一则消息，银川一律师违规会见，夹带香烟进入监区并传递给在押犯罪嫌疑人，被处停止执业 3 个月。而广西的律师伍某某被南宁市律协给予中止会员权利 8 个月的行业纪律处分。从警告到中止 8 个月会员权利再到停止执业 3 个月的行政处罚，虽然受处罚的程度有轻有重，但即便是警告，对律师而言也是一个教训。

我知道的最严重的传递物品给在押嫌疑人的律师差点儿成为阶下囚。大约在 2008 年间，更是发生过一件事，当事人家属要求某律师在会见时夹带香烟给在押的嫌疑人，律师真的夹带进去给在押的嫌疑人了。过了几天，看守所管教干部发现，该嫌疑人所在监室有嫌疑人吸食毒品。经过盘查，了解到是律师会见时夹带进去的。后来，尽管这个律师因为对夹带毒品不知情而免遭刑责，但是，该律师接受了多次讯问，差点儿被当成运输毒品罪的嫌疑人而被立案，而且该律师违规会见受到惩戒是逃脱不了的。

四、绝对禁止为当事人通风报信、帮助串供，更不能为当事人伪造或转移证据

许多当事人的家属会有为当事人通风报信、帮助串供的需求，甚至还有可能希望律师帮助伪造证据或转移证据。我指导的实习律师知道我这几年专注刑事案件，某天他拜访我的时候，问了我几个问题，其中有个问题就是，我们在会见了解到的案情，能不能告诉家属。比如，受贿案件中的当事人，

告诉律师说，他在监察委留置期间，供述了哪些人在哪里行贿多少的事实，能不能告诉家属？我说，这样的事实肯定不能告诉家属，因为律师这样做相当于给家属通风报信，家属有可能去找行贿的证人串通翻证，就有可能陷入《刑法》第 306 条的法律风险。

我一直在思考这样的问题，作为律师，我们为犯罪嫌疑人（被告人）辩护，到底是为他们开罪，将有罪辩成无罪，也就是俗称地把黑的说成白的，颠倒是非黑白；还是还原事实真相，让犯罪嫌疑人（被告人）的犯罪行为受到罪刑相适应的惩罚，罚当其罪，为没有实施犯罪行为，或者行为不构成犯罪的犯罪嫌疑人（被告人）讨还清白，让无罪的人不受刑法追责。

用裁判者的思维来思考犯罪嫌疑人（被告人）的口供重要性。裁判者首先不会看被告人的无罪辩解，案件起诉到法院，肯定有相当多的证据证实被告人有罪，而这些证据是否真实、是否充分，是裁判者首要要判断的。只有裁判者在审查卷宗材料时，发现证据不够真实合法、不够充分的情况下，才会审查被告人的无罪辩解。而假如是经过通风报信、串供之后形成的证据，肯定存在与之前的笔录不一致的情形。这个时候，无论是裁判者还是侦查机关、公诉机关，都会率先想到，辩护律师是否教唆犯罪嫌疑人、被告人、证人，若翻供，是否帮助串供；根据证据的顺序，寻找被告人翻供的理由，寻找证人翻证的理由，结合其他物证、书证、电子数据等证据，判断证人翻证，被告人翻供是否符合逻辑。

并非说被告人不能翻供，也并非说证人不能翻证。所有的一切，都要以还原客观事实为根据。如果翻供，应当有充分的理由，或者是有其他证据、证据线索，或者是被刑讯逼供、指供诱供骗供的证据或线索。如果是翻证，坚决不能由律师提供帮助，即便是律师冒着风险去取证，最好能够在取证过程中，有同步录音，制作完整的笔录。并要求证人提供翻证的证据或者线索。对于证人，特别是被害人这边的证言，根据《刑事诉讼法》的规定，是要经过办案机关同意之后，才能向被害人取证。而对证人的取证，个人认为，最好也是向办案机关事先申请。如果不是向办案机关申请，至少是事先告知办案机关，拟向哪几个证人取证，避免给自己带来不必要的麻烦。

实际案例当中，还有很多时候，律师为帮助犯罪嫌疑人（被告人）脱罪，还会帮助被羁押的当事人创造假立功的机会。辩护律师在犯罪嫌疑人（被告人）立功表现上，一定不要参与，可以帮助办案人员调取立功表现的证据。

但是，个人认为，坚决不能帮助犯罪嫌疑人（被告人）立功。

辩护律师一定要坚守底线，还原事实真相。但是，我们要求还原事实真相是指还原所有有利于犯罪嫌疑人（被告人）的事实真相，而不是强调还原所有的事实真相。

第二篇

沟通篇

第一章 01 沟通既是黏合剂，也是催化剂

曾经在某个场合，几个刑事律师在谈起如何看待法律共同体的存在，以及相互之间该如何构建良好的关系时，有人提出"沟通而不勾兑，交锋而不交恶，对话而不对立"的观点，我很赞同这个观点。如何与公检法部门进行良好的沟通，从而更好地维护当事人的合法权益和诉讼权利，这就要求律师正确处理好律师与公检法之间的关系。无论会见、阅卷、发问、质证和辩论做得如何完美，只要在沟通这一环节上出现问题，就有可能让案件往无效辩护的方向滑落，其他努力都将化为无用功。假如沟通做得好，往往可以让案件的走向更有利于当事人。

所以，我认为，沟通就是黏合剂，将其他各项技能黏合在一起，比如沟通与会见结合，沟通与庭审发问、质证和辩论相结合，构建成一个完整的体系。沟通还是催化剂，良好的沟通，有助于实现辩护目的。沟通不顺畅，有可能让其他辩护技能徒劳无功。

第一节 律师与公检法机关之间的关系

律师与公检法机关以不同的视角相互制约，相互配合，是维护公平正义的法律共同体。

2018年4月18日的漳州刑事沙龙前后，我与广东卓凡律师事务所的余安平律师聊天时，他的许多言论让我觉得很有道理。他说，对于公检法来说，刑事律师应当是他们的诤友。虽然有许多体制内的人都对律师作为法律共同体不以为然，但我认为法律共同体这个说法是对于律师与公检法的关系表述最准确的。

然而，在2018年之前，我一直没有这样的思维，我以为律师至少是检察机关和公安机关的搅局者和对手。我一直以为刑事律师就是公诉人的对手，就是对公安机关挑刺的对手。所以，跟公检法之间的关系处理得并不是很融

洽，而且往往会觉得事倍功半，力不从心。

余安平律师说，我们是公检法的诤友，因为我们的挑刺和较真，公检法就会少犯错误，至少会减少错案。现在都是责任终身制，一旦错案终身追责。我们找出案件的瑕疵，就会减少错案，减少他们被追究责任的机会。虽然我们挑刺，他们会厌烦，但从大方向看，其实这也是促进司法公平公正的行为，我们应当是他们的诤友！

之后，余安平律师说了五个"一点"，我跟他一起归纳总结，感觉很有意思，很有道理。在这里分享：如果律师能够较真一点，法院就会逼着检察院严格一点，检察院就会要求公安机关认真一点，这样法院判决就会公平公正一点，从而推动法治向前进步一点。所以，律师一定要较真，法院判决绝不是在放水之下作出的，而应当经得起律师的挑刺，这样的判决才能更加彰显公平公正！当然，较真要有较真的技巧，一味地硬碰硬，往往会碰得头破血流。所以，用什么方法较真，是值得我们一辈子去学习的技巧。

律师作为法律共同体成员，如何跟公检法一起维护社会的公平正义呢？我曾经写过一篇文章，我认为，刑事律师就是为了维护当事人的合法权益。当时写这篇文章的时候，就太过强调维护当事人的合法权益而忽略了维护社会公平正义这个宗旨。事实上，律师只是和公检法所处的位置不一样，公安机关是通过侦查犯罪嫌疑人的犯罪行为来维护社会公平正义，检察机关是通过追究犯罪行为来维护公平正义，审判机关是通过行使审判权来让社会公平正义得以实现，而作为律师的我们是通过维护一方当事人的合法权益，来帮助公检法部门维护社会公平正义。我们和公检法部门不过是分工不同，所处位置不同，但我们的宗旨都是一样的，最终都是为了维护社会公平正义。

解读完并理清律师与公检法机关的关系之后，我们再回过头来看看，在媒体上曝光的那些平反冤假错案的过程，以及那些不捕不诉甚至判决无罪的案件中，还有我们自己经办的案件中，其实也充分体现了整个法律共同体在平反冤假错案过程中，以及在我们看来是有效辩护的案件中，公检法机关其实也充当了不一样的角色和分工。其实，无论是平反冤假错案，还是一些不捕不诉判决无罪的有效辩护案件，还有那些我们认为取得成功的有效辩护案件，与公检法机关严格执法、公正司法是分不开的。

第二节　辩护律师与办案机关良好沟通的必要性

一、沟通首先是生活的艺术

2019 年 1 月 19 日，我邀请福建履德律师事务所的卢南南律师做客"辩护律师与当事人、办案机关沟通的几个问题"主题沙龙，卢南南律师谈了她与办案机关沟通的心得，特别是谈到如何才能做到有效沟通，获得办案机关的尊重和理解，并接受和采纳自己的意见时，她以经办的案例来诠释。那次沙龙上，有律师认为，沟通首先要调整好自己的心态，一个良好的心态是进行有效沟通的基础；有律师说，沟通首先是生活的艺术，其次才是专业上的沟通；还有律师说，在沟通之前，我们首先是跟自己"斗"，其次才是跟办案人员"斗"。这些律师都是"久经沙场"的，很有经验。

有这么一个真实的故事，某律师接了一个二审的案件，让助理（新律师）带着委托手续，预约了二审的经办法官，二审经办法官答应在办公室接见。新律师非常高兴，以为遇见了一个好法官可以沟通一下。结果当他按时来到法官的办公室时，法官接过委托手续后又还给他，当即告诉他："这个案件已经准备维持原判了，你送委托手续干什么？"法官拒绝接受委托手续，新律师蒙了，不知道该怎么办。如果遇见这样的办案人员，我们该如何与他们沟通呢？

我再讲我自己的一个经历。有个涉恶案件，我和另一个律所的律师共同接受排名第三的犯罪嫌疑人林某某的委托。当案件移送起诉之后，那个律师联系了检察院案管中心，先到检察院顺利阅卷。因为是涉恶案件，起初是准备作无罪辩护，所以我比较慎重，担心卷宗万一外传说不清。所以我没有向那个律师复制卷宗，而是直接到检察院要求阅卷。没想到案管中心的主任直接拒绝我的阅卷要求，说每个犯罪嫌疑人只对外复制一份电子卷宗材料，要么我向另一个辩护人阅卷，要么找经办检察官阅卷，案管中心拒绝我阅卷，当时的我尴尬极了，但我能跟他吵起来吗？还是回去找另一个辩护人阅卷呢？我稍微调整自己的情绪，我想，阅卷就是辩护律师的权利，假如连阅卷这一辩护律师的权利都维护不了，我还能维护当事人的合法权益吗？于是，我找到纪检组长的办公室，向纪检组长反映案管中心主任拒绝我阅卷事宜。纪检组长说她帮忙了解下情况，陪我到案管中心找主任，主任简要说明，这个当事人的卷宗已经由另一个辩护律师阅卷了，所以拒绝我阅卷。然后，纪检组长对我表明无能为力。我只好硬着头皮到检察长办公室，刚好检察长在，检察长了解情况之后，给案管中心主任打了电话，然后让我去找案管中心阅卷。通过这样的据理力争，阅卷权终于得到了维护。

微笑是服务行业应有的态度，也是我们自身的修养。刑事律师不应该是一副板着脸的模样，不该是要跟办案人员争斗的态度。但是，当我们遇到无法沟通的办案人员，要如何打破僵局，一方面维护我们自己的辩护权利，另一方面维护当事人的合法权益呢，这就要求我们要沉下心来，找到沟通的方法。

许多人在谈起有效沟通的时候，总是认为，所谓的沟通就是勾兑。因为有过许多次的碰壁，许多次失败的教训，所以我会不断总结，并且经常向有经验的人学习，不论是出门学习，还是自己举办沙龙和论坛进行学习，与许多刑事大律师面对面，也摸索出一些沟通的技巧。

如何通过有效的沟通，让我们有机会向办案人员传达我们的辩护意见，并促进办案机关充分考虑我们的辩护意见，是一门让我有多次失败教训的课程。

二、与办案单位良好沟通的必要性

（一）与法院良好沟通的必要性

1. 法院拥有最终的判决权

法院甚至可能因为检察院没有好好沟通，在判决时不采纳检察院的建议。

最近网上传得沸沸扬扬的余某平交通肇事罪一案，尽管余某平在检察院认罪认罚，但法院还是认为量刑建议过轻，所以重判。检察院提起抗诉要求轻判，二审法院直接加重量刑。为此，许多刑事大家纷纷发表看法，龙宗智教授也为此写了一篇文章，当然我也不例外，就这一个案写了一篇题目为《水牛打架踩死泥鳅》的文章，文章如下：

一起交通肇事案件，走的是认罪认罚的程序，检察院的轻判的量刑建议竟然不被采纳。检察院抗诉之后，二审法院直接改判并且加刑。法院和检察院之间，到底有多大的仇恨，能够让敲锤子的法院在二审直接加刑呢？或者检察院的量刑建议有什么猫腻？

　　如果二审法院维持原判，倒也罢了。这个案件是检察院认为一审法院判得太重，抗诉要求轻判。按照通常的情况，法院会维持原判。就算想改判，也会发回重审，告诉一审法院判轻了，然后由一审法院来改判。但这起案件却是直接改判加刑，大大出乎我这个草根律师的意料。

　　那么问题到底出在检察院还是法院？

　　正常情况下，二审法院作出判决就是生效判决，就是给这个案件画上句号。

　　但是，这起案件很明显就不是正常的。所以，二审这个判决也许就是一个逗号。

　　接下来的问题是：省检察院会不会抗诉呢？县、市两级检察院的量刑建议如果没问题，二审法院会不会有问题？甚至基层法院会不会有问题？

　　假如省检察院不抗诉，那么，是不是认同二审法院的判决？如果认同二审法院的判决，那么，县、市两级检察院是不是存在问题，是不是该承担错案责任呢？要不要启动对县、市两级检察院经办人的责任追究呢？

　　如果省检察院继续抗诉，那么省高院会不会直接受理本案再审？最终又会作出什么样的判决呢？

　　无论如何，我认为这个案件只是画上了逗号，远不是句号。

　　我不相信本案就此画上了句号！

　　检察院手握量刑建议权，并且借助认罪认罚制度，以为法院会根据量刑建议判决。在跟被告人签订认罪认罚具结书之前，没有跟法院做好沟通，才导致法院不采纳检察院的量刑建议。关于这个案件中的自首认定，以及量刑建议，检察院没有跟法官沟通好，所以才会导致一审法院不采纳量刑建议，二审法院不采纳自首认定，并且加重刑期。二审法院在判决书说理部分，将为何加重刑罚说得很详细，有理有据很有说服力。但是，这个案件一、二审法院都认定适用"认罪认罚从宽制度"，二审法院认为被告人并未如实供述自己的罪行，所以以不构成自首为由加重被告人的刑期。那么既然没有如实供述自己的罪行，又如何认定被告人"认罪认罚"？既然法院认同被告人作了认罪认罚，就证明被告人如实供述了自己的罪行。二审法院这样的判决，表面上公平公正，实际上，且不说上诉不加刑的原则，仅认同认罪认罚，又否认自首这一相互矛盾的判决，就足以说明检察院和法院之间存在无法言喻的问题。由此可见，在刑事辩护过程中，沟通是多么重要的存在。

2. 法官拥有自由裁量权

虽然说，法律是公平公正的，但是对于刑事法官来说，除了定罪与非罪，他们手上不仅有自由裁量权，还有最终的裁决权。

我们知道，经办的法官在量刑时是有一定的自由裁量权的。最高人民法院的量刑指导意见针对自首情节，给了一个"可以减轻40%基准刑"的幅度，选择20%也没错，选择30%或者40%都没错。同样基准刑3年、具有自首情节的案件，面对不同的法官，采取不同的沟通方式，宣告刑就不可能一样。选择20%减刑幅度的，最终的宣告刑会是2年4个月；选择30%减刑幅度的，最终的宣告刑会是2年1个月；选择40%减刑幅度的，最终的宣告刑是1年10个月。仅这么一个量刑情节，就有可能相差这么多。

而且，当事人最为期待的判决是缓刑。以北京市门头沟区人民法院办理的余某平交通肇事罪一案为例，北京市门头沟区人民检察院量刑建议是"判处余某平有期徒刑3年，缓刑4年"，但门头沟人民法院却判处余某平"2年有期徒刑"。北京市人民检察院一分院以量刑不当提出抗诉。表面上看，这不过是一起普通的交通肇事罪案件，但体现的是法官自由裁量权，以及法院的终局裁判权。虽然说认罪认罚从宽程序，原则上就是发生在检察院阶段，所谓的量刑协商也好，诉辩交易也罢，仅仅就是在辩诉之间进行。但由于法院的判决才是终局结果，所以检察院提出了量刑建议，作为辩护律师，还是谨慎一些，还是要继续跟踪，与法官就量刑建议进行沟通。

（二）公安机关拥有取保候审、刑事拘留和提请逮捕的权限

如果能够跟公安机关办案人员好好沟通，同样的案情，否则可能被取保；也可能被拘留并提请逮捕。

《刑事诉讼法》第67条第1款规定，对有以下几种情形的犯罪嫌疑人、被告人，可以取保候审：

（1）可能判处管制、拘役或者独立适用附加刑的；

（2）可能判处有期徒刑以上刑罚，采取取保候审不致发生社会危险性的；

（3）患有严重疾病、生活不能自理，怀孕或者正在哺乳自己婴儿的妇女，采取取保候审不致发生社会危险性的；

（4）羁押期限届满，案件尚未办结，需要采取取保候审的。

根据上述规定，可能判处有期徒刑，甚至无期徒刑、死刑的，只要取保候审不致发生社会危险性的，都可以取保候审，《刑事诉讼法》的规定是"取保候审为常态，逮捕是例外"，判断是否需要逮捕，是否给予取保候审，是以取保候审是否会导致社会危险性来衡量的。但是，是否有社会危险性，由谁来判断，依据什么加以判断，衡量社会危险性的标准又是什么呢？很显然，办案机关办案人员的人为因素起着决定性的作用。所以才会有那么多当事人前赴后继想要"找领导跑关系"，才会有那么多律师趋之若鹜、飞蛾扑火。如何不采用勾兑的方式，而是有效沟通的方式，达到取保候审的目的呢？这就需要我们好好研究有效沟通这一技巧。

（三）检察机关拥有批捕权，以及启动"羁押必要性审查"程序的权力

这些权力不仅可能影响犯罪嫌疑人、被告人是否可以被取保候审，甚至对犯罪嫌疑人、被告人是否会被定罪起到极为关键的作用。

我一直以来都建议委托律师一定要在提请逮捕之前与当事人进行沟通，有好几个案件，因为请律师及时，犯罪嫌疑人、被告人没有被批捕，最终取得公安机关撤案的结果。但也有几个案件因为没有及时委托律师，犯罪嫌疑人、被告人被检察院批准逮捕了，这对犯罪嫌疑人、被告人极为不利。

有些案件，尽管检察院已经批准逮捕了，但因为检察院拥有"羁押必要性审查"的权力，在逮捕犯罪嫌疑人、被告人以后变更强制措施。所以，就算犯罪嫌疑人、被告人被逮捕了，仍有机会可以取保候审。这不仅需要出现一些新情况，还需要律师如何与检察官沟通。

在刑事案件中，公检法机关之间的关系是分工负责、互相配合、互相制约。

我一直认为，刑事辩护中的"有效沟通"，是阅卷、会见、发问、质证和辩论的黏合剂，是有效辩护的催化剂。缺乏有效沟通，所有的辩护技能的效果都要打折。

如何进行有效沟通，我想先按照公检法分工不同，列出不同的沟通重点。然后，再来讲讲我通过许多成功的经验和失败的教训总结出来的沟通技巧。所以，下一章，我将谈谈与公安机关有效沟通的经验教训。

第三节　沟通的禁忌

我在开篇的时候就讲到，和司法机关有效的沟通应该是"沟通而不勾兑，交锋而不交恶，对话而不对立"，如果说"沟通、交锋、对话"是辩护律师应当提倡的话，那么"勾兑、交恶、对立"就是有效沟通所禁忌的。

一、"勾兑"是破坏司法公正的行为，应当杜绝

用"勾兑"的方法，也许能够让一些案件看起来有利于当事人。但是，用"勾兑"的方法，最终可能害人害己。每一起司法腐败案件中，都会牵扯出一些勾兑的律师，他们不仅仅破坏了司法公正，而且败坏了律师名声。在辽宁省营口市中级人民法院判决的张某鹏法官受贿罪一案中，五名律师涉案其中。2019 年 4 月 29 日，全国律协举行发布会通报律协维权惩戒典型案例，江苏一名律师因为被认定向法官行贿被终止会员权利一年。2018 年 10 月 18 日，安徽省阜阳市监察委员会决定对安徽某某律师事务所律师路某涉嫌行贿罪进行留置调查，之后移送司法机关处理，最终，路某因行贿罪被判处有期徒刑 1 年 6 个月，并处罚金 10 万元。

二、"交恶"是极不明智且害人害己的沟通方式

辩护律师与办案机关沟通，应该有礼有节，对事不对人。当事人遇事的时候，往往会不明智，会认为办案人员偏袒对方，没有站在公正的位置。就如同邱某虹诈骗罪一案，原本检察院在审查批捕时，很公正地作出了不予批准逮捕的决定，而且给了邱某虹两年的时间去偿还款项。当时，我向邱某虹的父亲阐明观点，邱某虹诈骗罪一案，就算最终被认定该款项是借款而不是诈骗，邱某虹无罪，欠被害人的钱也要偿还。所以，我一再劝说邱某虹的父亲偿还该款项。但是，邱某虹的父亲不仅不还，还不断控告办案民警和经办检察官，导致邱某虹在被解除强制措施之后的两个月又被决定逮捕，最终被判处有期徒刑 10 年 6 个月。所以，千万不要与办案机关办案人员"交恶"。

三、尽可能杜绝与办案机关"对立"的情绪，假如真要"对立"，一定就要申请"回避"，"对立"到底

所谓的"对立"，我认为是指针对办案人员本人。在处理案件过程中，将矛头指向办案人员。这样的做法，我认为应该杜绝。但是，假如选择采取"对立"的方式，那就要选择更加决绝的方式进行"对立"。这种做法，在被称作"死磕派"的律师中，最为常见。与办案机关沟通，应当切记上述的忌讳。

第二章 /02 如何与公安机关沟通

第一节 侦查机关的任务决定其采取 "羁押式" 的强制措施

侦查机关和辩护律师不一样的职责，注定双方在有关犯罪嫌疑人、被告人是否有罪，罪轻罪重，此罪彼罪等问题上有着较大的分歧；但是，侦查机关和辩护律师的最终职责，同样是为了维护社会的公平与正义，同样是为了维护司法公正。

《公安机关办理刑事案件程序规定》第2条规定了公安机关在刑事诉讼中的任务，是保证准确、及时地查明犯罪事实，正确应用法律，惩罚犯罪分子，保障无罪的人不受刑事追究，教育公民自觉遵守法律，积极同犯罪行为作斗争，维护社会主义法治，尊重和保障人权，保护公民的人身权利、财产权利、民主权利和其他权利，保障社会主义建设事业的顺利进行。

但是，某些公安机关在刑事诉讼活动中，往往更多地注意到惩罚犯罪分子这一任务，忽略了"保障无罪的人不受刑事追究"这一任务。更重要的一点是，某些公安机关侦查活动中，喜欢采取羁押式的强制措施，这样便于侦查人员的取证，也避免犯罪嫌疑人的翻供、串供和毁灭证据、伪造证据。

一、公安机关也有一个获取有罪口供的"黄金 24 小时"（有时是 48 小时）

我一直研究刑事案件中律师介入的最佳时间，也就是大家常说的黄金 37 天。而公安机关侦查时间也有个黄金 24 小时，就是让嫌疑人作有罪供述的黄金 24 小时。

根据《刑事诉讼法》规定，公安机关传唤嫌疑人，不超过 12 小时，案件特别重大，采取拘留、逮捕措施的，不超过 24 小时。在对嫌疑人采取拘留的强制措施之后，必须及时送看守所，最迟不超过 24 小时。而且，根据《刑事诉讼法》规定，公安机关在对嫌疑人拘留之后的 24 小时，必须对嫌疑人制作笔录。

在采取拘留或逮捕措施之前的传唤（包括拘传），以及拘留后送进看守所之前，往往都是在办案机关的讯问室制作笔录的。在办案机关的讯问室里，可以最大程度对嫌疑人施加心理压力。嫌疑人最难熬的也就是这个时候，所以，这个时候是公安机关取证的最佳时机，嫌疑人的有罪供述几乎都是在这个时间点形成的。

在这 24 小时里，公安机关不仅要对嫌疑人进行讯问，还要对嫌疑人进行体检，采集身份信息，还要给嫌疑人足够的休息时间（不少于 8 个小时），被控制在讯问椅子上不能移动不应当被认定为休息。如何证明给予嫌疑人休息时间，除了在笔录上让嫌疑人供认，很难有证据证明给予嫌疑人足够的休息时间。

我一直想找到传唤 12 个小时（最长不超过 24 小时）和拘留后 24 小时是不是可以累加的依据，如果可以累加的话，在办案机关被留置的时间就有 36 小时，而特别重大的案件，就有 48 小时。

在看守所讯问嫌疑人，必须服从看守所关于提审嫌疑人的规定，而且每个提审室都有摄像头。经办人对嫌疑人所施加的压力，就远远比不上在办案机关的讯问室。

所以，嫌疑人的有罪供述，基本上是形成于归案后的 48 小时。

二、与取保候审相比，公安机关更喜欢采用羁押式的强制措施

由于犯罪嫌疑人总是会心存侥幸和逃避罪责的心理。一旦没有收押，就可能串证串供，甚至毁灭证据，给侦查活动带来麻烦。假如在整个侦查期间，犯罪嫌疑人都是被羁押的，就没有这些问题的存在。

但是，严格意义上看，《刑事诉讼法》规定的刑事拘留时间只有 3 天，复杂的案件才能延期到 7 天。7 天时间要完成一个刑事案件的主要犯罪事实证据的收集，太难了。虽然对于多次作案、结伙作案和流窜作案这三种类型的案件，有 30 天的刑事拘留期间可以收集证据，但那些多次作案、结伙作案或者流窜作案的案件，往往太过复杂，要在短短的 30 天内收集主要犯罪事实的证据，然后提请逮捕，确实难度太大。比如利用 POS 机套现进行非法经营的，

按照立案追诉标准，必须达到 100 万元。正常情况下，利用 POS 机套现往往就是一两万元，要达到 100 万元以上，往往需要对数十名甚至更多的套现者收集证据。如果犯罪嫌疑人没有被羁押，往往可能影响这些参加套现的证人作证。对于侦查机关而言，缺少这样的证人作证，证据就可能不够充分。而假如对犯罪嫌疑人实施逮捕，则取证相对容易得多。

况且，随着网络的发展，越来越多的犯罪存在网络化、电子数据化的倾向，并且涉及面广，往往是跨地区跨省甚至跨国的。而犯罪手段更加隐秘，分工更加精细。比如，一个电信诈骗罪的案件，往往有一些人作为业务员，以电话营销的名义实施诈骗；有一些人提供身份信息办理银行卡，用于存取犯罪款项；还有一些人专门负责取款转账……许多时候，整个作案团伙成员，可能互不相识而侦查机关要收集这样的诈骗案件的证据，即便是 30 天的时间也很难。

近年来，各种非法吸收公众存款罪、非法传销罪以及集资诈骗罪的案件，涉案人数成千上万，要收集这样的证据难度更大。

第二节　找公安机关的办案人员沟通，一定要有明确的目的

首先，当然是了解案情。公安部制定的《公安机关办理刑事案件程序规定》第 50 条规定，辩护律师向公安机关了解案件有关情况的，公安机关应当依法将犯罪嫌疑人涉嫌的罪名以及当时已经查明的该罪的主要事实，犯罪嫌疑人被采取、变更、解除强制措施，延长侦查羁押期限等案件有关情况，告知接受委托或者指派的辩护律师，并记录在案。

尽管《公安机关办理刑事案件程序规定》第 50 条作了如此详细的规定，但许多时候公安机关的办案人员直接告知涉嫌的罪名，而不详细告知查明的主要犯罪事实，特别是有关各种与案件有关的鉴定意见内容。原本鉴定意见内容要告知犯罪嫌疑人，并告知犯罪嫌疑人有申请重新鉴定、补充鉴定的权利，但是，往往公安机关办案人员只是将鉴定意见结果告知犯罪嫌疑人。辩护律师向办案人员了解案情时，办案人员是应当将鉴定意见的主要内容告知辩护律师的，甚至应该允许辩护律师查阅鉴定意见，或者将鉴定意见复制一份给犯罪嫌疑人。否则，没有看到鉴定意见里面是否载明鉴定过程，鉴定人员和鉴定机构的资质，鉴定方法等内容，犯罪嫌疑人如何知道要不要申请重

新鉴定或者补充鉴定？

其次，寻找可能撤案，或者取保候审的可能性。除了了解案情，与公安机关办案人员沟通，当事人最希望的是能够取保候审。而争取取保候审的沟通，公安机关的办案人员最喜欢的是，犯罪嫌疑人认罪态度好，积极退赃或者赔偿，有被害人的情况下，获得被害人的谅解。当然，如果是患有高危型的高血压，随时可能脑出血的犯罪嫌疑人，或者哺乳期、怀孕的女性犯罪嫌疑人，也比较容易被取保候审。

如果是事实不清、证据不足的案件，也可以跟公安机关办案人员沟通撤案的可能性。但这种机会极为渺茫，即便检察院以事实不清、证据不足为由作出不予批准逮捕决定，公安机关都不一定会主动撤案。

第三节　如何与公安机关进行有效沟通

一、穷尽办法与公安机关进行沟通

我在前面已经说过跟公安机关进行有效沟通的重要性。这里谈谈如何跟公安机关进行有效沟通。公安机关作为追究违法犯罪的侦查机关，他们的任务就是要查清犯罪嫌疑人的犯罪行为，从而追究犯罪嫌疑人的刑事责任。而辩护律师依据事实和法律，提出犯罪嫌疑人、被告人无罪、罪轻或减轻、免除刑事责任的材料和意见。所以辩护律师和公安机关就"犯罪嫌疑人"有罪无罪罪轻罪重会有相互碰撞，要说服公安机关有相当的难度。下面，我以在黄某某涉嫌诈骗罪（涉黑）案件中与公安机关的沟通为例，讲讲失败的教训。

案例 2-1　黄某某诈骗罪案

2017 年 11 月 25 日，黄某某的家属突然找到我，说黄某某因涉嫌诈骗罪被刑事拘留，要求我提供法律服务。我接受委托之后，当即会见了黄某某，初步了解到案情，了解到公安机关对黄某某采取强制措施中一些违反程序的做法。之后，我约见办案单位的经办人。这个案件被定为涉黑案件，由市公安局组成专案组在侦查。我约见的只是这个专案组的一个成员，他也依法告知我这个案件的主要犯罪事实，并答应将我的法律意见提交给专案组。我要求约见这个专案组的组长，但是被拒绝。我好不容易找到专案组组长的联系电话，给他打电话要去见面沟通案情，并表达我的辩护意见。但是，专案组的组长拒绝了，并在电话中表达了他的观点，这是一个涉黑案件，专案组会深挖，黄某某就是这个涉黑团伙的负责人，所以他不会跟我见面。这是一次失败的沟通，经办人员甚至拒绝和我见面。

很多时候，公安机关的办案人员很直接。为了见经办人员，我首先会找到经办人员的办公电话，先用电话进行预约。假如电话一直联系不上经办人员，我的土办法就是上班时间就到办案单位等。但是，到了办案单位，首先要经过保安这一关。所以，许多时候，要通过保安来约见经办人员。如何通过保安约见经办人员？遇见明事理的保安，他们只要查询一下律师的执业证，做个登记，基本上就能放我们进去。但是，也有保安会以各种理由要求必须由办案人员打来电话，才允许律师进入办案机关。这个时候，律师不必计较，只要我们以礼相待，尊称他们一声保安大哥，然后告诉他我们需要进大门办事。他们至少会提供办案部门的电话让我们联系。

有个强奸罪的案件，我要约见公安机关的办案人员，在大门口被保安拦住了。听他口音，好像是某个县的，于是我就跟他"套近乎"，问他是不是那个县的，住在哪里，刚好那边也有我认识的朋友，就报了这个朋友的名字。刚好，这个保安也认识他，于是他就帮我联系了办案部门，然后让我跟办案部门的值班人员通电话。通完电话之后，值班人员说办案人员刚好要进来，就让我在大门口等着。于是，我一边等人，一边跟保安聊天，聊着聊着，保安把我请到保安室里坐着等经办人。

我的经验教训是，跟保安打交道一定要笑脸。大多数的保安，只要我们的诉求是合理的，他们都会为我们提供方便。

二、跟公安人员沟通，寻找共同话题是永恒的，重视老乡、同学等熟人的介绍

因为我不善于交际、应酬，基本上是没有应酬的。我个人感觉，跟公安机关的办案人员打交道是所有沟通中最难的工作之一。

由于公安机关的工作性质，公安民警经常要熬夜，有时连续值班超过24小时，必须先了解到经办民警什么时候休息，什么时候上班。所以，要先电

话预约。如何预约办案民警呢？

首先，寻找办案部门的电话号码。如果是在本地，要联系办案部门甚至办案人员基本没有什么难度。有难度的是取得外地的办案人员的联系方式。外地办案机关的电话号码，可以从当事人家属提交的拘留通知书上获取，然后跟当事人家属了解到底是办案机关的哪个办案部门在经办，也可以通过罪名来分析具体的办案部门。比如，普通诈骗罪案件是派出所民警办的，强奸罪案件是刑侦部门办的，合同诈骗罪、电信诈骗罪案件是经侦部门办的……查询办案机关的电话，通过网络检索基本上没有多大难题。找到办案机关的电话，就可以找到办案部门的电话。

其次，寻找能够与办案人员沟通的话题。当今社会一定程度上仍是熟人社会，特别是要跟办案民警沟通案情的时候，有熟人介绍跟没有熟人介绍所受的待遇不一样。而现在网络如此发达，各种律师群比比皆是。在律师群里询问某个办案部门的联系方式，只要不是涉及私人电话，几乎都会有答案。然后，通过律师微信群，或者其他途径了解到办案人员的基本信息，找到能够与办案人员沟通的共同话题，或者通过熟人介绍找到办案人员。而同学或者老乡的关系，就是找到与办案人员沟通最佳途径。

三、专业上的沟通，是与办案机关进行有效沟通最合适的方法

前面讲到寻找与办案人员的联系渠道，包括老乡关系，校友关系，同事关系等，但这只是作为有效沟通的切入点，这样的切入点有助于使经办人员愿意倾听辩护律师的意见。但真正的有效沟通，还是有关如何还原有利于犯罪嫌疑人的事实真相、正确适用有利于犯罪嫌疑人的法律。比如前面所述的轻罪与重罪的选择，是否具有法定从轻、减轻处罚情节的沟通，是否可以申请变更强制措施。所以，当经办人员愿意倾听辩护律师的意见时，就要利用这个机会，向经办人员表达有利于犯罪嫌疑人的事实和法律规定。

案例 2-2　朱某某涉嫌非法买卖枪支罪案

在 2016 年 4 月份，非法买卖枪支罪案件犯罪嫌疑人朱某某的家属委托我为朱某某辩护。我看了拘留通知书上载明涉嫌的罪名，并从家属口中得知，涉案枪支数量达到一百多支。尽管犯罪嫌疑人朱某某属未成年人，但这样的

涉案数额，基本上要判10年以上有期徒刑甚至无期徒刑。我跟家属说，这个案件只能尽力，努力往有期徒刑方向去争取。接受委托之后，我去会见朱某某。会见中，我了解到朱某某是在QQ上发布出售具有杀伤力的发射钢珠的"弓弩"的消息的，并在淘宝上开了一个店铺进行销售。所谓的发射钢珠的"弓弩"只是从别人的QQ空间和淘宝上盗取图片进行宣传，实际上并没有"弓弩"进行销售。在收到客户打过来的款项之后，就拉黑客户，并将收到的款项用于网络游戏。尽管交易记录体现出来的是销售了一百多把"弓弩"，但他并没有实际向客户提供过一把"弓弩"。我听完之后，发现这种行为更符合诈骗罪的犯罪特征。主观上是以非法占有客户支付的款项为目的，客观上虚构出售可以发射钢珠的"弓弩"这一事实，在客户付款之后马上将客户拉黑，并未向任何客户交付所谓的"弓弩"，自己也没有这样的"弓弩"可以销售。所以，公安机关在立案侦查时以非法买卖枪支罪立案，定性有问题，本案应该以诈骗罪来追究朱某某的刑事责任。如果将定性改为诈骗罪，涉案金额不过4万余元，加上朱某某系未成年人，量刑时很有可能减轻处罚。于是，我整理了一份关于朱某某的行为不构成非法买卖枪支罪，而是诈骗罪的书面法律意见，并约见了公安机关的经办人员。经过与经办人员的详细沟通，经办人员再次提审朱某某时，对于朱某某是否有"弓弩"的来源，以及是否向客户销售"弓弩"进行讯问，然后通过提取朱某某的QQ聊天记录，并按照朱某某提供的线索，查明"弓弩"照片的来源，核实了朱某某确实以非法占有客户支付的购买"弓弩"的款项为目的，虚构向客户出售"弓弩"的事实。于是，在提请逮捕时，主动将立案时涉嫌的非法买卖枪支罪的罪名更改为诈骗罪。

这是一次有效的沟通，而这次沟通的主要内容是有关案件的事实和适用的法律。

四、还原有利于犯罪嫌疑人的事实真相，是与公安机关办案人员有效沟通的好方法

这里以"黄某某故意伤害罪一案"为例，说说我是如何通过还原有利于犯罪嫌疑人的事实真相，从而与办案人员沟通取保候审的。

黄某某故意伤害罪（重伤二级），起初公安机关立案时，以聚众斗殴致人重伤立案。黄某某自动投案，赔偿并取得被害人的谅解。但是由于是以黄某

某涉嫌"聚众斗殴罪"致人重伤立案，加上黄某某不承认教唆同案犯持刀伤害被害人的事实，导致公安机关在黄某某投案后采取刑事拘留的强制措施，而不是取保候审的强制措施。在刑拘期间，辩护律师介入，与黄某某及其家属沟通，并释明利害关系。经了解，被害人与黄某某系表兄弟，因琐事发生争执后，黄某某打电话邀请同案犯从外地过来，相约去教训被害人。但黄某某并不知道同案犯携带凶器。在与被害人见面之后双方再次起争执，同案犯拿刀向被害人砍去，被害人抬手一挡，结果其手掌被砍断。黄某某辩解没有教唆同案犯持刀砍断被害人的手掌。公安机关认为尽管黄某某是未成年人，但没有如实供述，不构成自首。而且，这个案件被当成聚众斗殴（黄某某这边三个人，被害人一个人），所以拒绝采取取保候审的强制措施。辩护律师与办案人员沟通时，就黄某某教唆问题以及定性问题与办案人员沟通。黄某某与被害人是表兄弟关系，且因琐事发生争执，在争执后纠集同案犯过来找被害人，对同案犯持刀这一细节并不知情，所以无法预先知道同案犯会持刀砍人。但是，黄某某纠集同案犯前来，是想教训一下被害人，其主观故意仅系对被害人进行伤害，但并非直接教唆拿刀砍被害人。而且，并不具备聚众斗殴需要的"争霸一方或者无事生非"的流氓特征。黄某某如实供述了自己纠集同案犯过来殴打被害人的事实，符合自首特征。而本案定性应当定为故意伤害罪（重伤二级）。同时，黄某某又是未成年人，与被害人是表兄弟关系。为了说服办案机关，辩护律师除了当面与办案人员沟通，还向办案人员、办案机关的法制大队提交了书面的法律意见。经过一番沟通，公安机关认同辩护律师的观点，没有提请对黄某某实施逮捕，而是直接变更强制措施为取保候审。

这个案件假如没有辩护律师与办案人员进行有效沟通，并且向法制大队提交书面的法律意见，公安机关很有可能就提请逮捕了。即便检察院没有批准逮捕，黄某某也要被多关几天。更何况，检察院很有可能因为辩护律师没有及时提出罪名和自首认定问题，而同意公安机关的观点，批准对黄某某的逮捕。

这个案件中，辩护律师与公安机关办案人员并不熟悉，是通过办公电话找到经办人员，然后与经办人员约好沟通的具体时间和地点。辩护律师与这个案件的经办人员对于被害人重伤二级、黄某某除支付被害人8万余元医药费之外、又赔偿37万元款项获得被害人及家属的谅解、黄某某系自动投案的这些事实均没有异议。所以，在与办案人员沟通时，首先就这些事实，特别是黄某某的父母为了赔偿被害人的损失，卖了家里一些值钱的东西，并且黄某某与被害人又是表兄弟关系。黄某某一家一共花了四十几万元，对于农村的一个普通家庭来说，已经是举步维艰。双方已经和解，被害人一家对黄某某的行为也给予谅解，并向办案机关提出从轻处理的请求。如果能够变更强制措施为取保候审的话，可以帮助两家进一步和解，也有利于双方矛盾的完全化解。谈完这些之后，辩护律师进一步跟经办人员就案件定性为故意伤害还是聚众斗殴，以及是否构成自首的分歧进行沟通。这样沟通起来就比较顺畅，也让经办人员能够听得进去。最终，这个案件公安机关对黄某某变更强制措施为取保候审。

第三章 03 如何与检察机关沟通

与检察机关进行沟通，首先要解决的问题是沟通哪些内容。在不同阶段，沟通的重点肯定不一样。在审查批准逮捕阶段，重点沟通的是该不该批捕。在审查起诉阶段，沟通的内容是起诉的罪名、具有哪些从轻减轻情节，或者从重加重情节、量刑建议、是否认罪认罚、是否申请非法证据排除、是否应该调取新的证据、是否申请重新鉴定或者补充鉴定。在审查起诉阶段还有一个很重要的事情要做，就是如果罪行较轻，犯罪嫌疑人还被羁押着，是否可以申请羁押必要性审查。在法院审理阶段，协商举证质证方式，协商量刑建议。

第一节 关于如何与检察机关沟通是否批准逮捕事宜

这方面我有许多成功的经验，有许多案件公安机关不仅不批准逮捕，还作出了撤案处理。粗略统计一下，类似这样最终公安机关撤案的案件，不少于 15 起，仅扫黑除恶三年来，就有 2 起涉黑涉恶案件通过与检察院经办人员良好沟通，而不批准逮捕。我还是通过具体的案例，说说如何争取不批准逮捕，维护当事人合法权益。

案例 2-3 邱某虹诈骗案

2014 年 12 月份，某县公安局对邱某虹以诈骗罪立案侦查，家属委托我。我介入之后发现这个案件证据严重不足。找公安机关办案人员沟通，公安机关办案人员很友好，但是他的意思是，邱某虹智商太高，他内心确信邱某虹涉嫌诈骗，只是手段高明。所以，这个案件他们会提请逮捕。

对于这样一起非结伙作案，非流窜作案，也非多次作案，竟然使用了 30 天的刑事拘留的强制措施。为了证明邱某虹犯诈骗罪事实清楚、证据确凿充分，公安机关的办案人员调取有关邱某虹的所有银行流水，还扣押了邱某虹的手机，提取手机里的各种通话信息和微信聊天记录等信息。邱某虹的银行流水极多，作为一名从事保险公司业务的普通业务员，很不正常。在邱某虹被提请逮捕后的第一天，我马上与检察院案管中心联系。在案管中心的安排下，我与检察院的经办人见了面。我将会见邱某虹了解到的事实，以及与公安机关经办人员沟通时了解到的案件事实，与检察院审查批准逮捕的经办人员做了详细的沟通：两名报案人报案称因"网购"被骗，其中一名报案称被骗4000元，另外一名报案称被骗1万元，两名报案人均称，该"代购"微信号平台系在邱某虹的手机。但邱某虹陈述，其手机微信是直至2015年1月份方开启"代购"业务，之前从未开启过"代购"业务。而公安机关接到两名报案人所称是于2014年9月份左右发生"网购"被骗。所以我认为，报案人所称"网购"被谁骗，其是否有"网购"行为，向谁"网购"，"网购"是否收到货物，"网购"款项汇给了谁，这些事实是否发生，是否与邱某虹有关，均无证据予以证实。检察院的经办人员听完后频频点头。然后我又跟他沟通起关于程序上的问题，根据邱某虹的陈述，公安机关的经办人员于2015年1月27日上午8时许从邱某虹家中将其带走，并关押在公安机关的审讯室（该事实可以调取监控录像），直至2015年1月29日晚上10时才被宣布刑事拘留，并于2015年1月29日晚上10时许被关进漳浦县看守所。《刑事诉讼法》第119条第2款规定："传唤、拘传持续的时间不得超过十二小时；案情特别重大、复杂，需要采取拘留、逮捕措施的，传唤、拘传持续的时间不得超过二十四小时。"第3款规定："……传唤、拘传犯罪嫌疑人，应当保证犯罪嫌疑人的饮食和必要的休息时间。"即便本案属于案情特别重大、复杂的案件，传唤、拘传时间也不得超过24小时。但公安机关传唤、拘传邱某虹的持续时间超过50小时，明显违反《刑事诉讼法》的相关规定。同时，本案并非结伙作案或者流窜作案，也非多次作案，并不适用刑事拘留30天的刑事强制措施，但公安机关却对邱某虹适用了30天的刑事拘留时间，明显违反《刑事诉讼法》的规定。这个案件应当属于3天拘留，在特殊情况下可以延长1至4天。也就是说，本案中，公安机关对邱某虹的刑事拘留到提请检察院批准逮捕的时间是7天，而不是30天。所以本案中，公安机关采取拘留30天的强制措施明显不当。

通过与检察院审查批捕的检察官进行沟通，检察官频频点头。沟通后，我将书面的《不予批准逮捕邱某虹的法律意见书》提交给了检察官。检察官表示会将这些情况提交侦监科合议，并汇报给领导。过了两天，检察院作出了不予批准逮捕决定书，邱某虹在 2015 年春节前两天终于回到家中与家人团聚。

案例 2-4 黄某某诈骗罪一案（被公安机关立案时认定为黑社会性质组织的组织者）

零首付购车项目，实际上是由车行一次性付清全款，然后向第三方抵押贷款，由购车者分期支付贷款本息。这对于有些想买车却付不起首付款的人来说，无疑是一大福音。但是也有真正的骗子，利用这个机会，将客户引到车行来，然后车行垫付全款，将车辆购买回来。有客户与他人签订借款合同，并以车辆提供抵押担保。在签零首付购车合同时，介绍人带着客户过来，签好合同就把车开走了。对于车行来说，车辆已经销售出去，垫付全款赚了点差价。客户借了款因为几个月没钱支付按揭款，车辆被介绍人和抵押权人以远低于客户购买时的价格销售出去，销售所得不够偿还债务，所以客户不仅车没了，还要负债。黄某某开了一家二级车销售公司。因为有个零首付购车的项目，吸引了一些客户。原本这只是普通的经济纠纷，却被公安机关认定为涉黑涉恶案件，成立专案组立案侦查。一时间，车行老板黄某某、销售人员和介绍人都被以诈骗罪刑事拘留。被拘留后第二天，黄某某的家属委托我担任辩护人。在短短的 20 天内，通过 7 次会见，我了解了本案的案情，以及公安机关收集和提取证据的细节。并以此作为筹码，在公安机关提请逮捕时，约见检察官，与检察官做了大约半个小时的沟通。沟通了三个方面的问题：第一方面，有关保护企业家政策的问题。习近平总书记在 2018 年 11 月 1 日在民营企业座谈会上的讲话内容第六点指出，保护企业家的人身和财产安全。2018 年 11 月 17 日，公安部党委扩大会议也研究审议了依法保障和服务民营企业健康发展的实施意见，再次强调要落实习近平总书记在民营企业座谈会上的重要讲话精神。第二方面，关于本案实际上应当是经济纠纷，涉案数额不高，黄某某愿意积极与客户（被害人）协商，先行支付该客户的损失，然后再通过法律途径进行处理。第三方面，关于本案侦查活动中，侦查人员存在违反《公安机关办理刑事案件程序规定》的问题，要求检察院审查公安机关在本案中超期限羁押，从传唤到拘留超过 50 个小时；无搜查证进行搜查和扣押，事后再补签搜查证以及扣押清单；多次笔录没有经过犯罪嫌疑人核对，甚至有留着空白的地方，笔录的顺序与实际笔录时间不相符……然后照样提交了一份书面的法律意见给检察院。这个案件直到检察院审查批准逮捕第7天才作出了不予批准逮捕决定。黄某某回家之后不到一个星期，公安机关撤销了这个案件。这次有效辩护，成功还原了有利于黄某某的事实真相，还了黄某某清白之身。

当我打电话给这个案件中公安局的专案组组长预约见面沟通的时候，他直接回复我，我不跟你见面，这个案件我们要深挖，说完马上挂掉电话。经过了解，当事人很有可能是被冤枉的，所以，我整理一份书面法律意见，找到公安机关法制大队，要求法制大队对这起案件是否提请逮捕进行审查。但是，法制大队的答复跟专案组的组长一样，让人极为沮丧，就像拳头打到棉花上。在跟检察院侦监科的经办人员沟通时，明显就不一样了。从检察院作出不予批准逮捕的决定之后，公安机关撤销对黄某某的立案侦查上来看，检察机关应该就本案向公安机关提出了建议，所以公安机关才会在收到不予批准逮捕决定后不久，就作出撤销对黄某某立案的决定。但可惜的是，这个案件和其他许多案件一样，公安机关撤销案件的决定，竟然不给辩护律师一份。

关于沟通是否批准逮捕的问题，首先，我对公安机关认定的事实和定性无异议的部分进行总结，让检察官愿意倾听我关于案件的看法。其次，我会发表与公安机关的不同看法。再次，我还会提出妥善化解犯罪嫌疑人、被害人双方矛盾的方法。最后，我会提出公安机关在侦查时有哪些违反程序的地方。假如案件真的事实不清，证据不足，检察院也不会轻易批准逮捕。假如能够化解矛盾，检察院同样不会轻易批准逮捕。所以，我一直认为，在检察院审查批准逮捕之前介入，是最好的时机。检察院在审查批准逮捕时，确实比较严格依法，而且他们往往愿意跟辩护律师沟通，用心听取辩护律师的意见。2018年，两个涉黑涉恶的案件，包括前述的朱某某诈骗罪案，和福建省公安厅督办的黄某某故意伤害罪案，都因为我与检察院审查批准逮捕的经办人做了良好沟通，实现了不批准逮捕，并且最终公安机关撤案的效果。

第二节 与检察机关沟通羁押必要性审查

关于羁押必要性审查，只要存在可能性，我都会不止一次去申请。但是，关于羁押必要性的审查申请，从 2017 年到 2020 年 9 月，总共在 10 个案件中提出来，只有 2 起成功。2019 年那一起申请羁押必要性审查成功的案件是故意伤害罪，因为赔偿了被害人的损失，并且获得了被害人的谅解，所以在申请羁押必要性审查时，检察院的经办人就比较好沟通。由于我申请羁押必要性审查的 10 个案件中，有 9 个是不认罪的。这些不认罪的案件，在申请羁押必要性审查时，每一个都被以"不认罪"为由，不予立案。甚至有检察院打电话过来说："你申请羁押必要性审查不予立案，如果你需要通知书，就要到单位自己来拿。"我要求检察院用邮寄的方式，但被无情拒绝。申请羁押必要性审查的理由是《人民检察院办理羁押必要性审查案件规定（试行）》第 17 条第 1 项甚至是第 4 项规定，但是，检察院不予立案的理由，竟然是"犯罪嫌疑人不认罪，没有获得被害人的谅解"。但《人民检察院办理羁押必要性审查案件规定（试行）》，找不到"犯罪嫌疑人不认罪，没有获得被害人的谅解"不立案的规定。我给最高人民检察院时任检察长张军写信，但是，这封信被当成一个信访件，退回基层检察院办理。这件事给我打击很大，也给我一次警醒。有什么情况要尽量直接在经办的检察院里解决，毕竟真正做事的是案件经办的检察院。

写信给张军检察长是一个失败的教训，必须吸取这样的教训。所以，才会有两个成功的经验。这里，我也把这两个成功的羁押必要性审查申请过程中，如何与经办检察官做好沟通，以案例的形式进行解读，希望能够从中得到一些经验。

案例 2-5 肖某某非法采矿罪案

2019 年 11 月 13 日，肖某某作为船长，带着一艘采砂船在海上采砂，刚采完砂，就被海警现场抓获。于是船上的 7 个船员加上肖某某都被采取刑事拘留的强制措施，经发改局价格认证，涉案海砂价格为每立方米 115 元，一共 29 万余元。肖某某被拘留之后，家属委托我当他的辩护律师。

这个案件情节很简单，就是肖某某带着7个船员去采砂，被现场抓获。其他7个船员只是雇员，即便是被拘留，也很可能不会被批捕，甚至可能不会被追究责任。这个案件是否构成犯罪，核心证据是发改局作出的海砂价格鉴定书。因为海砂价格鉴定每立方米115元，我在裁判文书网上检索，海砂鉴定价格有每立方米7元的，也有每立方米25元的，本案却是以"清洗后的净海砂价格"进行鉴定，结果是每立方米115元。本案的海砂是刚抽取上船的，没有清洗，更不是净砂，这样的鉴定意见是不能作为定案根据的。接受委托之后，我就向海警局提交重新鉴定申请，并在对肖某某提请逮捕时，我向检察院提交不予批准逮捕申请，并再次申请重新鉴定，但检察院很快就作出批准逮捕肖某某的决定。

在批捕之后第三天，我再向检察院提交羁押必要性审查申请，并亲自送到检察院，约见经办人，与经办人沟通。经办人答复很明确：我们刚批捕，你的申请不可能立案。至少要逮捕后一个月才可以。逮捕后一个月，我再次前往检察院提交羁押必要性审查申请书。这次，经办的检察官要求通过案管中心提交，再由案管中心转交。我再次提交重新鉴定申请书，这里要重点讲为何提交重新鉴定申请书，以及申请重新鉴定的事实和理由。因为这份重新鉴定申请书对于最终羁押必要性审查有着举足轻重的作用，所以摘录部分重新鉴定申请书的内容如下："一、本案鉴定意见通知书是2019年12月11日制作出来的，但是，申请人却是在之前就已经收到该通知书，存在先定价格再出鉴定结论的可能。二、根据该通知书，侦查机关是聘请有关人员对本案案涉海砂进行'矿产资源破坏价值技术'鉴定，而不是聘请有资质的鉴定机构和鉴定人员依法进行鉴定。三、根据某中级人民法院于2017年作出的刑事裁定书认定，该案海砂价格每立方米才8.54元。申请人认为，按照该生效裁定书认定的价格，申请人案涉海砂资源量为2548.76立方米，总价值不过2万元。即便这两年海砂价格上涨，也不应当鉴定为每立方米115元的价格。四、根据本案鉴定意见书，是以净化后的海砂来认定本案案涉海砂价格的。但事实上，本案案涉海砂系刚从海里抽上船，并未净化。所以该海砂鉴定价格并不准确，依法不能作为案涉海砂的价格。故特此提出重新鉴定的申请，敬请予以准许为盼！"然而，过了一个星期，经办的检察官把不予立案通知书邮寄给我了。

这个案件前两次申请和沟通都不成功，经办检察官告诉我，申请羁押必要性审查，最好先跟案件的经办人沟通好，可行的话才会去做，在接到不予立案通知书之后几天，海警局将该案件起诉到检察院，仍未重新鉴定。我再次约见了承办检察官。检察官见我如此执着，也不好意思拒绝我，所以跟我见面。我首先倾听检察官的意见，因为本地非法采砂现象极为严重。作为检察机关，他们一方面要承担法律监督的责任，另一方面又有来自社会的某些压力，这份鉴定意见的鉴定价格是不能作为定案根据的，因为鉴定结论是净化后的海砂价格，而不是刚抽上船的尚未净化的海砂价格。我继续发表我的意见：肖某某家中尚有2个幼儿，一个刚满4个月，一个不满2周岁，渴望肖某某回家。无论肖某某是否构成犯罪，能否先变更强制措施，让肖某某回归家庭，回归社会。与其将肖某某一直羁押，不如尽快让肖某某取保候审回家，无论对肖某某的家庭，还是对社会都更有意义。若法院最终判决有罪再将肖某某收押未迟。承办检察官让我把肖某某两个孩子的户口簿、出生证复印一份，连同羁押必要性审查申请一起送过来。过了一个星期，检察院终于作出变更强制措施的建议。

这个案件经过三次提交羁押必要性审查申请，最终得以成功。总结一下成功的经验：第一，羁押必要性审查申请提起的时间，除非是认罪认罚有新证据证明获得被害人谅解的，正常的情况下是要在批捕后一个月之后再提。第二，要先与案件的经办人沟通好再提交。第三，每个人都是具有同情心的，检察官也是，所以要拿出让经办人动心的事实和证据。第四，最核心的问题，其实是法律适用的问题。这个案件在鉴定意见上存在重大瑕疵，作为法律监督机关和审查起诉机关，他们也担心出错。万一真的是错案，他们也会有责任的。第五，这个案件即便构成犯罪，也属于情节较轻的，很有可能判决缓刑或者"实报实销"（关多久判多久）的。所以，检察院最终才决定立案审查，并建议变更强制措施。

第三节　与检察机关沟通非法证据、管辖权、回避以及调取新证据

一、在与检察官沟通时，是否需要"留一手"？

审查起诉期间，辩护律师就可以充分阅卷，是否存在非法证据、是否存

在管辖权问题及回避问题，以及调取新证据、申请重新鉴定等问题可以在阅卷中发现。发现问题之后，是否要在与检察院沟通中，全盘托出呢？

对于律师哪些情形应当在检察院审查起诉阶段提出，哪些可以提出，哪些应当等到法院审判阶段再提出，存在不同的意见。很多律师认为，所有的这些问题，最好等到法院审判再提出来，在审查起诉阶段就提出来，检察院就会通过两次退回补充侦查的机会，将证据补足。比如在醉驾案件中，假如送检的血样因为送检程序或者鉴定过程存在不能作为定案根据的情形，检察院要求侦查机关重新鉴定的话，可能对犯罪嫌疑人不利。假如到法院审判阶段再提出来，备用的血样保存期间就可能因为过期无法重新鉴定。一些检察院的检察官认为，案件是为了还原案件事实真相，在审查起诉阶段发现证据不足，需要调取新证据，或者哪些证据属于非法证据，需要申请排除的，还有管辖权和回避的，在审查起诉阶段提出来。四川大学法学院教授马静华主张，辩护律师不需要搞突然袭击，发现了就应该提出来。

应该说，马静华教授的理念对我影响极大，我更认同在审查起诉期间将所有瑕疵证据、非法证据、调取新证据，申请重新鉴定等问题都提出来。因为在法院审判阶段，还可以补充新证据，有罪无罪、罪重罪轻，在审查起诉阶段能解决的，尽可能在这个阶段解决。特别是认罪认罚从宽制度的实施，大多数案件的走向，在审查起诉阶段就基本上可以确定了。

二、成功的沟通，在于寻找与经办的检察官的共鸣之处，坦诚真诚沟通。既要有礼有节，又要动之以情，晓之以理，用之以法

案例2-6　林某某涉恶犯罪集团寻衅滋事罪案

2018年10月，林某某因涉嫌组织恶势力犯罪集团寻衅滋事罪被刑事拘留，后作为犯罪集团的第三号组织者被起诉到法院。该案一共有23名犯罪嫌疑人，只有1名犯罪嫌疑人50多岁，其他都是超过60岁的老人。因某码头经营烟煤，给周边群众造成烟尘污染，导致周边村里老人协会发动村民围堵码头。后在村委会与镇政府协调下村民与码头达成协议。但达成协议之后，老人协会又几次召集村民围堵码头。结果码头负责人报警，老人协会23名老人被以涉嫌组织恶势力犯罪集团寻衅滋事立案逮捕。案件移送起诉到检察院之后，我几次与经办检察官沟通，取得良好效果。

第一次沟通，初步取得同情。阅卷之后，我先向检察机关提交了无罪的法律意见，并申请调取案发当时周边空气质量数据。因为案发前，村民有报环保局，环保局也有派人到现场处理。之后，我约见了经办检察官，经办检察官说仔细看了我的法律意见，也通知公安机关按照我的申请补充证据。然后，我敞开心扉告诉检察官，林某某等人实际上是在维护自己村里的蓝天净土，维护村里不被污染，只是采取的方法不当。换成我们自己是住在那个村的村民，如果经常被煤灰烟尘污染影响到生活质量，我们会不会同样采取过激的手段呢？检察官默默听着，没有说话。最终，他告诉我，他们会充分考虑我的法律意见。但是，这个案件是被定性为涉恶犯罪集团的犯罪，所以无罪的可能性不大。

第二次沟通，从林某某个人的行为入手，沟通林某某在整个被指控共同犯罪中的影响和地位。这个案件一共有50本卷宗，加上两次退回补充侦查的20本，70本卷宗材料一共21 345页材料。我带领我的团队成员分工协作，将23位同案犯的行为归纳起来，在被指控三起犯罪中，明确林某某分别说了什么，参加了什么。在公安机关第二次移送起诉到检察院的时候，我第二次约见经办检察官，通过我们制作的阅卷笔录，将林某某和其他22名同案犯的影响和地位进行比对。办案检察官很耐心听取我的意见，最后表示他们会充分考虑我的意见。

第三次沟通，认罪认罚量刑协商。与检察官第三次沟通，是在检察院将这个案件起诉到法院之后。拿到起诉书时，我看到林某某在起诉书的排名已经下降到第六名，也不再被当成组织者指控，甚至不是积极参加者，而是普通参加者。林某某的家属经过与被害人沟通，获得被害人出具的谅解书。这个时候，林某某已经被羁押11个月了。被羁押的近一年来，林某某对自己无罪已经绝望，家属也都希望能够早日出来。所以，这个时候认罪认罚成了林某某和其家属的首选。作为辩护律师，我再次约见经办检察官，希望与检察官沟通认罪认罚时，对林某某的量刑建议进行协商。在与检察官见面时，我首先感谢他采纳我们对于林某某在整个涉恶犯罪集团中的地位和作用的意见。其次，我就本案林某某的刑期与检察官进行沟通。很快就达成一致意见。我希望能够"实报实销"，检察官的量刑建议也在1年至1年2个月。只是，在最终法院判决时，林某某被判处有期徒刑1年，缓刑1年6个月。尽管检察院建议量刑时没有建议缓刑，但法院在判决缓刑的时候，可能考虑到怕当事人信访等不可预测的事，所以判了有期徒刑 1 年，缓刑 1 年 6 个月执行。

三、成功的经验无法复制，但失败的教训应当吸取

我一直思索，成功的经验真的很难复制，但是，失败的教训往往可以吸取。所谓的不要在同一个地方跌倒，不要重蹈覆辙。所以，相比成功的经验总结，我更看重失败教训的总结。与检察院沟通定罪与否和量刑建议，一定要先对检察院负责人在刑事案件中的角色和地位进行分析评判，结合具体案件，原则性的问题要据理力争。同时，与检察院沟通量刑建议，一定要充分阅卷，充分了解案情，找出有利于当事人的因素，才能达到更好的效果。

第四章 04 与一审法院沟通定罪量刑

案件到了法院阶段，想争取无罪，是很困难的。在法院审判阶段，与经办法官的良好沟通是取得有效辩护中的重要方法。本章我将根据罪与非罪的辩护思路，具体介绍如何与法官有效沟通。

第一节 关于是否构成犯罪的沟通

应该说，在是否构成犯罪这个问题上，法院是极难沟通的。毕竟经过侦查机关、公诉机关的严格审查，已经最大限度避免了冤假错案的发生。根据近几年来最高人民法院和最高人民检察院的工作报告，法院的无罪判决率是极低的。法院对于是否构成犯罪这一问题，是极为慎重的。2009 年至 2010 年间，我代理的一起容留卖淫罪的案件，法院作了无罪判决。下面就以这个案件为例，谈谈在这种作无罪辩护的案件中，如何与法官沟通。

案例 2-7 叶某某容留卖淫罪案

叶某某于 2008 年开始，经营一家足浴城。经营期间，有技师为客人提供手淫服务。公安机关接到举报，现场查获记录客人消费的账本。对女技师和现场管理人员进行询问时，了解到女技师在服务客人时，为客人提供手淫服务的事实。有女技师陈述，叶某某有要求女技师为客人提供手淫服务。从账本上看，营业额不少。女技师在询问笔录中承认，多次为客户提供手淫服务。叶某某和另一名股东被拘留之后，又被批捕。我接受委托之后去看守所会见嫌疑人时，叶某某说他被里面的室友欺负，所以割脉。看守所向公安机关报告此事，我借机申请取保候审，叶某某被取保候审了。但是，检察院提起公诉的时候，指控叶某某犯容留卖淫罪情节严重，应处 5 年以上有期徒刑。我通过检索，发现在广西壮族自治区等地，有最终作出无罪判决的类似案件。

所以，我坚定为叶某某作无罪辩护。

（1）初次沟通被拒。庭前我找经办法官沟通，法官拒绝，理由是这个案件检察院是以情节严重起诉的，建议5年以上有期徒刑进行量刑。并告知我有意见提交书面材料，庭后给他。之后，拒绝和我继续就本案进行沟通。

（2）以战逼谈，用生效判例作引，庭后第二次沟通。为了作无罪辩护，我庭前要做充分的准备。广西壮族自治区有一起"容留妇女为客户提供有偿'打飞机'服务被指控犯容留卖淫罪，被法院判决无罪"的案例。侦查机关和审查起诉机关依据公安部《关于对同性之间以钱财为媒介的性行为定性处理问题的批复》（公复字〔2001〕4号），认为"提供手淫、口淫、鸡奸行为有偿服务的"，就是属于卖淫。但是，最高人民法院和最高人民检察院都没有对此作出解释。根据最高人民法院答复《浙江省高级人民法院关于口淫、手淫等行为能否作为组织他人卖淫罪中的卖淫行为》的规定，口交、手淫尚不属于组织他人卖淫罪中的"卖淫"。质证时，我主张只有女技师的证言和账本，没有客户的证言，也没有现场提取的精液精斑等物证，无法证明叶某某经营的足浴城有向客户提供手淫服务的证据。退一步讲，即便女技师有提供手淫服务，也只有女技师的证言证实叶某某知情，是孤证，不能证实叶某某对女技师为客户提供手淫服务是知情的。举证时，我向法院提交了广西壮族自治区的相关案例，以及最高人民法院的答复意见。

庭审之后，法官终于愿意听取我的辩护意见了。于是，我带上我的书面辩护意见，以及最高人民法院的答复意见，从事实到适用法律，步步为营向法官阐明辩护观点。这个案件中，首先要证明足浴城有向客户提供有偿手淫服务，而证明女技师有向客户提供有偿手淫服务的，只有女技师的证言，以及账本。没有客户的证言相印证，没有提取到精液精斑等物证，账本只能证明有客户前来足浴城消费，无法证明足浴城提供有偿的"手淫"服务。其次，只有女技师的证言，没有其他证据相佐证，不能证明叶某某有通过培训、开会的形式要求女技师提供有偿"手淫"服务。就算女技师向客户提供了有偿的"手淫"服务，也不能证明是叶某某安排授意之下实施的。再次，从法律适用上，我提供了最高人民法院的答复意见及广西类似无罪的案例给法官作为参考。经办法官仔细听取了我的意见之后，表示要上审判委员会研究，法官特别提到最高人民法院的答复意见，而对于我主张的事实不清部分，直接否定我的主张，但表示会在适用法律方面充分考虑我的意见，而且同意让叶某某的同案嫌疑人也取保候审。

在第二次沟通后次日，叶某某的同案嫌疑人也被取保候审了，再过了近一个月，法院作出无罪判决。检察院提出抗诉，二审期间，我再次与二审法官沟通，法官认同一审法院的意见，准备作出维持原判的裁定，检察院撤回抗诉。最终，这个案件以一审作出的无罪判决生效而告终。

从这个案件的沟通上看，法院对于事实方面，他们还是支持检察机关的指控，但在适用法律方面，会认同专业律师的辩护意见。在司法实践中，无罪辩护只是一种赢得轻判的技术手段，最终的结果也许是"实报实销"，也许是缓刑，也许是免予刑事处罚。最高人民法院某副院长说，尽管现在的法治体系已经基本完备，但法治社会，需要几代人的努力。辩护律师、公诉人和法官所处的位置不同，所以对案件是否构成犯罪也存在不同的看法，因此，沟通就显得格外重要了。

案例 2-8　胡某某故意伤害罪案

胡某某故意伤害罪案，我作了无罪辩护，但结果却是重判。

被害人蓝某文和丈夫、儿子、儿媳妇在与蓝某桃家有争议的土地上打石头，蓝某桃和蓝某文因此吵架，蓝某桃的媳妇胡某某、朱某某一起到现场劝架，双方发生肢体接触。后胡某某作为犯罪嫌疑人被羁押，各当事人分别作了笔录。其中蓝某文的丈夫在现场，前面几次证言均证实未看到胡某某殴打蓝某文。但在公诉机关第一次退回补充侦查之后，蓝某文丈夫的证言反转，指证胡某某殴打蓝某文。被害人蓝某文及其儿子儿媳妇的证言也存在相互矛盾的地方。这个案件从报案，到现场勘查，到证人证言，到鉴定意见均存在问题。特别是鉴定意见，我从检察院阅卷之后开始，一共五次分别向检察院、法院申请重新鉴定，但没有一次被许可。我在与公诉机关、与法官沟通时主张：假如鉴定没有问题，为何不启动重新鉴定程序呢？

在一审期间，我多次找经办法官，甚至找了审判长，希望与经办法官和审判长进行有效沟通。

第一次约见经办法官沟通，碰壁而回。当案件刚到法院的时候，我当即约见经办法官，法官拒绝见我。我到法官办公室，约见经办法官，申请重新鉴定，并申请向医院调取被害人的病案材料。经办法官直接回答：需不需要重新鉴定，需不需要调取病案材料，等开庭后再看。

第二次沟通，似有转机。由于第一次碰壁的经验，我加班加点赶在开庭之前，仔细阅卷，并制作了一万多字的阅卷笔录。我担心经办法官没有耐心和我沟通，所以做好了提交书面意见的准备。第二次预约经办法官，被拒绝了。我预约了审判长，审判长愿意听取我的意见。我带上阅卷笔录，以及对鉴定意见的质证意见。我从这个案件的受案记录开始谈，再谈到作为目击证人的被害人蓝某文的丈夫前两次笔录，以及蓝某文本人相互矛盾的笔录，最后谈及核心问题即伤情鉴定的意见。审判长很耐心地倾听，也同意我的观点，并表示争取对被害人的伤情重新鉴定。于是，我把我对这个案件的阅卷笔录和鉴定意见的质证意见提交了一份给审判长，也交给了经办法官一份。因为这个案件在审查起诉阶段，我与检察长沟通的时候，检察长也赞同对蓝某文的伤情重新鉴定，但后来却被告知不需要重新鉴定。尽管这个案件似有转机，但我还是信心不足。我把阅卷笔录和质证意见提交给经办法官的时候，经办法官断然告知，开庭后再确定是否重新鉴定。

第三次沟通，再次碰壁。跟审判长沟通完之后，等来的不是重新鉴定的通知，而是出庭通知书。我预感情况不妙，于是临开庭之前整理了一份庭前会议申请书，还有一份非法证据排除申请书。开庭之前，我先提交了这两份申请书，法官宣布休庭。在庭前会议上，经办法官驳回我的申请。审判长也做了解释，说他们已向法医作了了解，鉴定有经过专家会诊，所以不启动重新鉴定。我提出的通知证人出庭作证申请理由根据是《人民法院办理刑事案件第一审普通程序法庭调查规程（试行）》第13条第1款规定："控辩双方对证人证言、被害人陈述有异议，申请证人、被害人出庭，人民法院经审查认为证人证言、被害人陈述对定罪量刑有重大影响的，应当通知证人、被害人出庭。"合议庭同样认为不需要通知证人出庭而驳回我的申请。是否通知证人出庭，是法院的权力，而在本案庭审中法院认为不需要通知证人出庭。我重申这一规定，并主张这些证人证言不能作为定案根据。但法院强硬回复，不通知目击证人出庭。第三次与经办法官沟通，以失败而告终。

第二节　关于量刑的沟通

应该说，刑事案件走到法院审判阶段，冤假错案极少，所以无罪的可能性极小。所以，在审判阶段与法院的沟通，最多且最重要的就是量刑的沟通。当然，自认罪认罚从宽制度实施以来，关于量刑的协商主要阵地在检察院。即便是跟法院协商沟通，也要有检察院的参与才更加可行。关于量刑协商，首先需要对整个案件案情了解；其次要抓住被告人有利的事实和证据；再次抓住证据和程序上的瑕疵，也就是抓住公诉机关的软肋作为谈判的筹码。下面，我以两个有一定代表性的案例来分享我是如何与法院进行量刑协商的。

案例 2-9　蓝某某贪污、受贿罪案

蓝某某在任职某局局长三年间，因为迎来送往请客吃饭有 9 万余元不能报销，所以就选择以"局长接待用茶"为由虚开发票报账。其间还因为对批准的部分养殖户进行财政补贴，收取 67 万元贿赂款。检察院指控，那 9 万余元虚开发票套取国有财产的行为是贪污犯罪行为。这个案件是该县监察委的第一案，尽管调查时已经有检察院的人提前介入，但在收集证据时的程序还是存在很多问题。另外因为是第一案，所以留给律师阅卷的时间很短，不到半个月。

（1）沟通前的准备。我在一个星期内阅完 11 本（大约 2500 页）的卷宗材料，并作了大约 1 万字的阅卷笔录。我发现几个问题：①有讯问笔录是在同一个时间段制作的，一份是 3 月 10 日上午 8 时 40 分到 10 时 30 分，一份是 3 月 10 日上午 9 时 30 分到 11 时。②有部分证人不识字，看不明白听不懂，不仅没有翻译，而且还有一两份笔录写明由某人代签。③调查地点并不是在《刑事诉讼法》规定的证人所在地、证人单位、证人指定地点、办案机关或案发现场，而是在某些镇政府办公室。④虚开发票套取财产是用于迎来送往请客吃饭的，属于违反财经制度违反八项规定，不应当构成犯罪。但是，这部分事实缺乏证据，需要申请调取。另外，在会见时，被告人一直对自己的罪行供认不讳，愿意积极退赃，愿意缴交罚款。鉴于上述的事实，我拟定了以进为退的沟通方法，将检察机关提交的证据中所有存在瑕疵的地方以阅卷笔

录的方式罗列出来，在庭前会议的时候提出来，并提交给法院。在庭前会议之后，向经办法官提出要求，庭前量刑协商。经办法官同意沟通。

（2）有效沟通。我在庭前会议已经将检察机关所有证据的瑕疵提交了一份给法院，并向检察院也提交了一份。这是《监察法》实施后该县的第一起监察委调查案件，所以要进行庭审直播，而且会有不少纪委监察委和政法委司法机关的人旁听。假如按照庭前会议归纳的争议焦点，控辩双方针对证据的合法性进行交锋的话，会揭露出监察委的调查程序上的瑕疵，所以，无论是法院，还是检察院和监察委都不希望在庭审过程中出现那些程序上存在瑕疵的问题被当庭指出来。加上被告人是自动投案，并且一直以来认罪态度良好，积极退赃。我建议低于法定刑量刑，同意不在庭审调查中与公诉人激烈的对抗。经办法官在与公诉人和监察委经办人员沟通后，鉴于被告人具有自首这一法定从轻减轻情节，还积极退赃并愿意主动缴交罚金，所以同意我的要求。

这是一起有效沟通的典型案例，总结这起案件的沟通之所以成功，是因为我抓住了证据的瑕疵，在庭审时配合调查。在同期的监察委调查的其他县的案件，我发现，同样是自首积极退赃并主动缴交罚金，而且数额差不多的，只有这起案件是低于法定刑量刑的。所以可以肯定地说，这是一起比较成功通过沟通实现有效辩护的案件。

案例 2-10 林某某行贿罪案

检察院的起诉书指控，林某某是某公司的实际掌控人，为牟取公司的业务回扣，以给付回扣的手段，向国家工作人员行贿数额 9 万余元，涉嫌行贿罪。在关联的收取林某某贿赂的国家工作人员受贿的案件中，均认定林某某是该公司的实际掌控人，行贿行为也是为了公司的利益，且行贿款项来源于公司。所以，我更倾向于认为该行贿行为是公司的行为。假若按这个思路来辩护，最终因为行贿数额达不到单位行贿罪的 20 万元起立案追诉的标准。所以可能是无罪的结果。但是，假如以这个策略辩护，尽管林某某可能避免刑责，但公司就会被扯进来，不仅会影响到公司的利益，还有可能会引起其他无法预料的事情来。所以，当在审查起诉阶段沟通作不起诉决定被断然拒绝之后，我就把重点放在一审法院这边争取作免刑辩护。这起案件竟然是分管刑事的副院长亲自承办，如何与分管的副院长沟通呢？我们的辩护目的不是无罪，而是免刑，但怎样才能促进这个案件得到免刑的结果呢？

第一次沟通，争取时间。因为林某某一直被取保候审，所以人身相对比较自由。为了更加确保能够实现辩护目的，经过协商，从审查起诉阶段开始，林某某就一直在寻找立功的机会。立功分为好几种：一种是举报他人犯罪，或者提供他人犯罪的线索，另一种是协助抓捕罪犯，还有一种是规劝犯罪嫌疑人投案自首。林某某利用自己取保候审的机会，从审查起诉开始，就一直寻找这样的机会。在案件到法院的时候，终于有了线索，他听说在某个商场门口有人经常在那边偷电动车电池，然后到附近的摩托车修理店卖。于是，林某某就专程到那个地方去守候了一个多星期，跟踪小偷到摩托车修理店，然后找机会跟维修师傅搭讪，了解到盗窃电动车蓄电池者的具体姓名和住址。为了能够争取在开庭之前林某某的立功能够得到确认，所以，当案件送至法院时，我先与经办法官预约庭前沟通，约见法官的目的就是争取一定的时间。所以我如实向法官助理表明，林某某已经找到立功的线索，并向公安机关举报了，希望给一些时间，然后提交书面的调取立功新证据的申请书。后再与法官助理在沟通时，我首先表达了不同意对公诉机关以个人犯行贿罪起诉的观点，并提交了其他关联案件中，判决书和不起诉决定书中认定林某某是该公司的实际掌控人的证据。主张无论从行贿的目的到行贿的实际受益人都是公司行为，而且，行贿的款项也是由林某某从公司领取出来，再交给公职人员的，行贿行为是单位行为，而非林某某个人行为，因为数额达不到立案追诉标准，所以本案林某某依法不构成行贿罪。然后，提交调取证据的申请书，表达林某某在争取立功，希望延期开庭审理。法官助理也表示会跟经办法官汇报，经办法官同意延期，但希望我们尽快。

第二次沟通，赢得经办法官的认同。第一次沟通之后，法院延长一个月的审理期限给我们。而公安机关这边接到林某某的举报之后，传唤了摩托车维修店的老板询问，核实林某某举报事实以及销售蓄电池者的身份之后，对盗窃电动车蓄电池的嫌疑人及收购蓄电池的摩托车维修店老板立案侦查。一个星期左右，盗窃电动车蓄电池的犯罪嫌疑人和收购蓄电池的犯罪嫌疑人均被抓捕归案。公安机关向林某某书面告知林某某举报案件进展情况告知书和立案通知书，立功材料在申请延期审理之后一个星期就拿到手了。我让林某某在这些材料上签署提交人姓名以及提交时间，我拿着这些材料，并整理一份核实该证据材料的法律意见书，第二次预约经办法官。这次与经办法官沟通时，经办法官转达公诉人的意见。这个案件当时还是检察院自侦案件，如果林某某继续辩解是公司行为，他们准备要对公司的财务账目进行审计。就算公司账目清楚，没有什么问题，但只要被检察院扣押并移交司法审计的话，肯定会对公司的业务开展有极大的影响。林某某选择争取立功，以"自首加立功情节"，并以积极退赃的行为，来换取免刑。可以说，公诉人这边是以扣押公司的财务账目提交司法审计来对林某某施压，而作为林某某的辩护人，不仅仅要维护林某某的合法权益，还要兼顾公司的利益。所以，在经办法官面前，我把认罪认罚的态度放在前面，提出请求，倘若能够给予免予刑事处罚的判决，我们将放弃抵抗，配合庭审。假如不判处免予刑事处罚，我们只能据理力争。经办法官听了我们的意见，认为涉案金额不大，而且已经积极退赃，又具有自首和立功的情节，所以对我们请求免予刑事处罚的底线表示认可，但必须庭后提交审委会研究。

这次沟通，前提条件是低头认罪，并主动寻找立功机会加上自首和积极退赃几个法定从轻减轻情节，要求免予刑事处罚并未违反法律规定，所以沟通起来比较顺畅。最终，这个案件经过审委会研究之后，判处林某某免予刑事处罚。

总而言之，与法院沟通量刑，应当做到有礼有节，底线和原则不能退让。与法院沟通量刑比定罪容易得多，即便是在认罪认罚从宽制度实施之前。我的经验是，在与法院沟通量刑时，最好是要抓住证据的瑕疵，特别是影响到定罪量刑的证据瑕疵，这是提出轻判的重要筹码。但是，如果只是沟通量刑，切记认罪认罚才是法院最想要的。但是，假如没有法定从轻减轻情节，只能是法定最低线。没有比较拿得出手的筹码，法院不可能低于法定刑量刑，所以，我一再强调一定要从证据体系中找到公诉机关的"软肋"。否则，就算法院同意从轻减轻，公诉机关也不一定同意，公诉机关不同意的话，法院基本上也不会同意。如今认罪认罚从宽制度实施了，量刑协商也从法院提前到审查起诉阶段。

第五章 05 与二审法院沟通

第一节　沟通开庭审理

记得 2018 年的时候，曾经有一份某中级人民法院 1 月到 11 月刑一庭（结案率）表格现身网络。根据该法院刑一庭五个团队二审开庭率分别为3.05%、5.07%、6.67%、6.91%和7.04%。1025 件二审刑事案件中，只有 59 件开庭审理，不到 5.76%的开庭率，可见一个案件想打赢二审是非常困难的。

根据《刑事诉讼法》第 234 条第 1 款规定："第二审人民法院对于下列案件，应当组成合议庭，开庭审理：（一）被告人、自诉人及其法定代理人对第一审认定的事实、证据提出异议，可能影响定罪量刑的上诉案件；（二）被告人被判处死刑的上诉案件；（三）人民检察院抗诉的案件；（四）其他应当开庭审理的案件。"

如果二审法院严格依照这个规定，二审开庭率应该比司法实践中多得多，而不是只有 5.76%左右。如果被告人对第一审认定的事实和证据有异议，可能影响定罪量刑，有多少个被告人会选择上诉呢？如果只是量刑畸轻畸重，那么完全不需要开庭直接书面审。我代理过的所有二审刑事案件，没有一起不是对事实和证据存在异议，并且可能影响定罪量刑的。但是，这样的案件竟然多数被书面审理了。

就算二审法院决定不开庭审理，根据《刑事诉讼法》第 234 条第 2 款规定，也应当讯问被告人，听取其他当事人、辩护人、诉讼代理人的意见。有些二审案件甚至只有法官助理提审讯问被告人。我从 2015 年就开始接受委托为许某某强奸罪一案申诉，二审法院甚至没有提审，直接作出维持原判的裁定。但是，司法实践中，有许多第二审法官，不仅由法官助理提审并讯问，而且只是由法官助理听取辩护人的辩护意见，更不要说组成合议庭听取辩护人的意见。对于《刑事诉讼法》第 234 条第 2 款的规定，我也是直到 2020 年

5月初，与浙江的李鸣杰律师沟通时，结合朱明勇律师的讲课录音以及法律条文，才更加透彻理解这一规定。

首先，听取意见，不是看辩护意见，所谓的听取意见，应当是指面对面听取辩护律师陈述辩护意见。

其次，听取意见不是法官助理听取，而应当是合议庭听取。《刑事诉讼法》第234条第1款与第2款规定，第二审法院应当组成合议庭，决定不开庭审理的，也应当听取辩护律师的意见。这里听取辩护律师意见的主体，应当是指合议庭，而不仅仅是经办法官。可见，法官助理根本没有资格单独听取辩护律师的辩护意见。

最后，假如第二审法院不同意开庭审理，那么辩护律师应当依法请求第二审法院合议庭听取辩护意见。假如合议庭不听取辩护律师的辩护意见，则可以就此向第二审法院申请合议庭回避，因为合议庭拒绝听取辩护律师的意见，可能影响司法公正。当然，申请回避这一武器尽可能少用甚至不用。

刑事案件二审申请开庭不成功的经验教训太多了，我通过一个失败的案例和一个成功的案例来分享我在二审过程中如何与经办法官沟通。

案例2-11　许某某虚开用于骗取出口退税、抵扣税款发票罪案

许某某虚开用于骗取出口退税、抵扣税款发票罪一案于2014年案发，2015年作出一审判决，许某某上诉后交代家属委托我作为二审辩护人。接受委托之后，我预约二审经办法官，利用阅卷机会与二审经办法官简单沟通案情。经办法官很坦诚告诉我，如果没有新的证据，二审很可能不开庭直接维持原判，所以要我尽快阅卷，尽快提交辩护词。二审法官如此坦诚，让我倍感压力。所以，我连续几次会见，并与许某某的家属沟通，终于找到新证据证明一审法院认定不清事实。但这份新证据是由一审判决书有作证的证人出具给许某某家属的。我担心证据有诈，要求证人用邮政快递将证据邮寄给我。我在收到这份证据之后，并阅卷之后，再次约见经办法官。很幸运遇到了愿意倾听群众的意见的二审经办法官，我在与经办法官见面时，连同新证据以及信封一起作为证据提交，并跟二审法院沟通申请启动税务审计事宜，然后请求开庭审理本案。经办法官看了我提交的新证据，以及税务审计申请书之后，告诉我说，这个案件她的意见是发回重审，不一定会开庭，税务审计还

是到一审法院申请比较合适。具体开庭不开庭，是否发回重审，等合议庭合议之后再决定。末了，经办法官让我等通知。过了近一个月，我接到经办法官的通知，这个案件二审法院决定不开庭审理，直接发回重审。这个案件发回重审之后，刑期比第一次一审减少两年。

尽管这次沟通开庭没有成功，但是，至少已经实现发回重审，最终也实现了减轻处罚的目的。

案例 2-12　谢某非法经营罪案

2016 年 10 月，谢某因涉嫌非法经营罪到公安机关投案，涉案金额 175 万余元。我介入这个案件之后，从证据的同一性、合法性、真实性和关联性等入手，判断各项证据尤其是鉴定意见是否存疑。最终发现鉴定人员不具备法定鉴定资质，鉴定检材的同一性也存疑。所以，尽管涉案金额高达 175 万余元，谢某从头到尾一直拒绝认罪，被认定为情节特别严重。但是，最终一审法院认定谢某具有"自首、从犯、未遂"三个法定从轻减轻情节，判处谢某 1 年 6 个月有期徒刑。一审判决之后，谢某上诉，检察院未抗诉。

第一次沟通，失望而归。当时我坚持谢某应当无罪，所以上诉之后约见二审经办法官。二审经办法官接见我之后说我是不是很少办理刑事案件，这个案件关键不是鉴定意见，而是上诉人的供述。我说这个案件一审判决认定谢某有罪，核心证据是鉴定意见。但鉴定意见的鉴定人员没有鉴定资质，根据最高人民法院《关于适用〈中华人民共和国刑事诉讼法〉的解释》第 98 条规定，这样的鉴定意见是不能作为定案根据的，这个案件依法应当判决谢某无罪。至于谢某如何供述，根据《刑事诉讼法》第 55 条规定，只有被告人的供述，没有其他证据的，不能认定被告人有罪。结果说得第二审法官一时语塞，但还是坚持关键证据是被告人供述。然后表明，如果没有新证据，不准备开庭审理。

第二次沟通后，出现了转机。为了争取二审开庭，并取得无罪的判决，我驱车到案发现场调取证据。一审时，现场勘查笔录，以及物证扣押笔录扣押清单，均载明由于案发时天色已晚（2017 年 6 月 2 日 17 时许），所以无见证人。我于 2017 年 6 月 5 日 17 时到 18 时之间到案发现场，对现场进行拍照，证明在那个时间段，案发现场有几户人家，都开着门。而且就在现场不到 100 米的地方，就是村委会所在地。这组照片要证明一审判决作为定案根据的现场勘查笔录、物证扣押清单和扣押笔录载明的找不到见证人不符合客观事实。带着这组证据，我第二次预约二审经办法官。二审法官表示会让检察官过来阅卷，然后再确定是否开庭。

过了半个月左右的时间，我接到书记员电话，说这个案件准备计划在 8 月份开庭。尽管这个案件从庭审表现来看非常精彩，出庭的检察官在发表辩论意见的时候，主张鉴于这个案件部分事实不清，证据不足，所以建议发回重审。而我主张这个案件事实不清，证据不足，建议撤销一审判决，改判谢某无罪。我以为这个案件会发回重审，没想到的是，二审法院认定一审判决认定事实清楚，证据确实充分，作出维持原判的裁定。

第二节　与二审法院沟通改判减轻或免除处罚

案件到了二审阶段，除非一审判决认定的事实有问题，适用法律存在错误，或者出现新证据，否则二审法院一般是不会改判的。所以，二审期间必须仔细研究案情，找出可能影响量刑的事实证据或情节。

一、关于适用法律不当，定性存在问题的沟通

在 2011 年，刘某某组织黑社会性质组织罪、敲诈勒索罪案件一审被判决有期徒刑 13 年。二审期间经过阅卷，我发现存在刑讯逼供的非法证据，所以在所有辩护律师的强烈要求下二审法院决定开庭审理。庭审时，我申请侦查人员出庭作证，辩护律师纷纷对出庭作证的民警进行发问，然后被告人对侦查人员进行质问。庭后，我们与经办的二审法官详细沟通。最终二审法院经过与辩护律师的沟通，同意撤销整个案件对组织、参加黑社会性质组织罪的认定，最终刘某某二审被改判为 8 年有期徒刑，比一审减轻了 5 年。这个案件之所以能够成功改判，是因为我们找到了侦查机关刑讯逼供的证据，并通过庭审调查予以核实。

二、关于发现一审法院没有对被告人自首或立功等法定从轻减轻情节认定时，如何与二审法院进行沟通

刑事审判二审期间，最好能够找到新的证据，能够启动二审开庭，才有

可能推动二审改判。早在 2006 年，有个敲诈勒索的案件，一审判决被告杨某某 1 年 6 个月的有期徒刑，杨某某委托我为其上诉。会见期间我了解到杨某某在归案当天，有带着民警去抓捕某个犯罪嫌疑人，但是一审法院的卷宗却没有这方面的材料。我在得知这一事实之后，约见二审经办法官，并告知一审法院遗漏了这一情节。但是，因为整个卷宗没有这方面的证据，所以二审法官建议我找办案民警调取这方面的证据。可以说，遇到一个可以沟通的法官，是多么的重要。在法官的建议之下，我带上律所的调查介绍信，以及委托手续，到办案单位找到经办民警，要求出具书面证明，证实杨某某协助民警抓捕另案的犯罪嫌疑人的事实。由于这个事实是民警的疏忽，没有将杨某某协助民警抓捕另案的犯罪嫌疑人这一事实附卷，加上我也是很诚恳要求他们如实作证。最终，办案民警出具了这份证明。当我将这份新证据提交给二审经办法官时，法官同意开庭审理，并主动告诉我说，这起案件属于有新证据新事实证明上诉人有立功情节，一审期间没有查明，所以假如这一事实查证属实，要么发回重审，要么直接改判。当时的我刚执业不久，很感谢这位法官对我如此坦诚。

在这个案件当中，我总结成功的经验。第一，就是代理律师要足够真诚坦诚，只要真诚去与法官沟通，相信多数法官会跟这个案件的法官一样愿意沟通；第二，要详细了解案情，了解一切可能从轻减轻有利于被告人的情节，然后核实证据。第三，敢于调取新证据，只要证据不是伪造的。

三、二审期间争取法定或者酌定从轻减轻情节

很多时候，一审法院判决会留下一些空间，让当事人有可能在二审被减轻处罚。所以，永远不要放弃这样的机会。涉及经济犯罪的时候，往往会有退赃和罚金的判决。特别是退赃，一审期间，除非与检察院、法院量刑协商时很满意，否则，应该会给二审留下可能改判的空间，而这个空间就是退赃和罚金。如果有被害人的话，同样的道理，除非量刑协商时很满意，否则，对于取得被害人谅解这一情节可以考虑延后到二审期间以争取减刑。二审期间与二审法官沟通减轻处罚，往往是要有新证据证明法定或者酌定从轻减轻情节的事实存在。2018 年，在黄某某滥伐林木罪案中，一审判决黄某某 3 年 6 个月有期徒刑，并判处罚金 5 万元，以及补植复绿。所以，在二审期间，黄某某缴交了 5 万元的罚金，并与二审法院协商以缴交补植复绿金的形式进

行补植复绿。经过与二审法院沟通滥伐林木的面积，需要补植多少林木，补植这些林木需要多少钱，经与二审经办法官沟通，补缴了补植复绿金 5 万元，又与二审经办法官沟通判缓刑的可能性。鉴于黄某某的认罪态度良好，并且愿意补植复绿，二审期间主动缴交罚金，最终，法院撤销一审判决，改判黄某某 3 年有期徒刑，并适用缓刑。

四、通过在二审期间争取寻找立功机会，以争取二审改判

立功这一情节须得下苦功夫才能找到。说到这里，我想谈谈什么是犯罪黑数，所谓的犯罪黑数，是指一些隐案或者潜伏犯罪虽然已经发生，却因各种原因没有被发现的犯罪。就像我在前面讲到的林某某行贿罪一案中，盗窃电动车蓄电池的两个犯罪嫌疑人。还有一些被通缉的犯罪嫌疑人，他们也许正在准备投案自首，但是又担心被重判，在犹豫不决的时候。如果上诉人能够找到这样的对象，规劝其投案自首。这样的立功，无论是对上诉人来说，还是对被通缉的犯罪嫌疑人而言，一个立功一个自首都可以作为从轻或减轻处罚的情节。我认为，这样的立功才是皆大欢喜的立功。2018 年间，我刚好有这样一个案件的经历。

案例 2-13　洪某某涉嫌非法转让土地使用权罪案

洪某某及廖某某非法转让土地使用权罪一案，2010 年间，洪某某和廖某某与他人共同出资购买一块土地，2016 年间，廖某某将名下的那部分土地以 40 万元的价格出售给他人，问洪某某是否要将其名下部分的土地也出售给他人。洪某某同意并以 38 万元的价格转让名下的那块土地。原本洪某某与廖某某两人是分别转让自己名下的土地的，但是一审法院认定洪某某与廖某某共同转让共有的土地，非法牟利超过 50 万元，构成非法转让土地使用权罪，判决洪某某 6 个月有期徒刑缓刑 8 个月，判处廖某某 1 年有期徒刑。洪某某和廖某某都是农村信用社的员工，如果被判刑，会被信用社开除，如果无罪或者免刑，则有可能维持工作。所以一审判决之后，洪某某委托我上诉。我认为，洪某某和廖某某不构成犯罪，因为土地是各自名下的，出售也是各自的行为，并非一起转让的。只要认定是分别转让的，则牟利数额达不到立案追诉标准，就应该是无罪的。

上诉之后，我约见二审经办法官，跟他阐述这个案件无罪的理由，并提到，假如被判有罪并处以刑罚，其两人则可能被信用社开除的情形。这个理由博取了二审经办法官的同情。我继续强调，公安部《公安机关讯问犯罪嫌疑人录音录像工作规定》第6条规定，对于洪某某这样可能作无罪辩护的案件，应当在讯问时同步录音录像。但是我在一审法院时申请排除非法证据，主张没有同步录音录像的讯问笔录不能作为定案根据。二审经办法官也很坦诚，说没有新的证据新的事实存在，二审不会改判，见到经办法官似乎被我打动，我趁热打铁，然后提出，假如二审期间，洪某某能够争取到立功的情节，是否可以改判免予刑事处罚呢？二审经办法官沉默片刻说，假如洪某某能够争取到立功，他将与合议庭合议，考虑作出免予刑事处罚的判决。这次的沟通是非常有效的。当然，为了能够有足够的时间让洪某某争取立功，我在沟通之后，向二审法院提交了调取新证据的申请，并申请延期审理。

洪某某也通过多方寻找立功线索，终于在一个月之后，得知邻村的被通缉的涉嫌盗窃罪的犯罪嫌疑人邱某，正在犹豫不决要不要自首。于是，洪某某亲自找到邱某，并将邱某带到镇里的派出所投案。当洪某某告知我这个情况之后，我拿着调查介绍信和委托手续到派出所要求调取洪某某规劝邱某到案的证据。许多非刑事律师，或者没有用心研究调查取证的律师，唯恐触碰《刑法》第306条规定的罪名，所以一听说调查取证，就担心得不得了。其实，像本案这样的证据，完全没有必要担心。作为刑事律师，应该敢于取证，而且要合法取证。只要不是伪造，或者明知伪造的证据去取证，就不会有《刑法》第306条的风险。当然，取证程序和取证方法还是要讲究的，比如，取证过程留下痕迹（同步录音录像，制作取证笔录），还比如由证人用邮政快递（EMS）的方式将证据邮寄给办案机关。

最终，这个案件得偿所愿，二审法院以洪某某在二审期间有立功情节，改判对洪某某免予刑事处罚。我总结下这起案件成功的关键，在于沟通时打动二审法官。首先，本案确实存在可能无罪的情形，而且存在非法证据的情形；其次，洪某某是信用社的员工，假如不是无罪，也没有被免予刑事处罚，就会被开除，这博得了经办法官的同情；再次，洪某某争取立功，并积极退赃。最后，因为有新的法定从轻减轻免予刑事处罚的立功情节。

第三篇

阅卷篇

第一章 01 阅卷篇概述

一、阅卷的目的和禁忌

（一）阅卷的目的

阅卷的目的是结合会见和沟通了解，详细了解案情，包括对各类证据的形式、实质进行审查，对于各类证据的三性（客观真实性、来源的合法性与案件的关联性）进行审查，结合各类证据的两力"证明能力以及证明力"进行审查，从而找出对定罪量刑有重大影响的证据，对被告人有利的辩点。所以，我一直强调，一定要先对起诉书和起诉意见书开始审查，从起诉书和起诉意见书找到对定罪量刑有重大影响的证据，然后重点对这些证据进行审查，从中找到有利于被告人的辩点。

（二）阅卷的忌讳

1. 阅卷忌讳断章取义

每一份证据都是构建整个案件证据链条的一个部分，但有些证据对于定罪量刑没有多大的影响，比如到案经过，比如户籍信息。对于这样的证据，不需要花太大的心思去审查。但是，假如这些证据结合其他证据可以得出被告人无罪、罪轻、从轻、减轻或者免除处罚的事实或者情节，就不能放过。所以，阅卷切忌断章取义，一定要结合全案，特别是结合起诉书和起诉意见书中，对被告人的定罪量刑有重大影响的证据。

2. 阅卷切忌"胡子眉毛一把抓"

我一直强调，阅卷一定要紧扣起诉书和起诉意见书，紧扣与定罪量刑有关的证据详细审查，切记每个证据都要从形式上到实质上审查它的三性两力。比如户籍信息，比如到案经过，比如拘留证和逮捕证等强制措施的法律文书，除非这些文书与定罪量刑有关。所有与定罪量刑无关的证据，不要太过较真。

3. 阅卷切忌脱离辩护思路

在阅卷之前的会见与沟通，辩护律师已经对案件有了初步的了解，所以会有初步的辩护思路。比如无罪，比如罪轻，比如从轻、减轻或免除处罚的情节。阅卷的时候，就要围绕辩护思路，而不是为了阅卷而阅卷。

4. 阅卷切忌脱离起诉书中指控的犯罪事实与罪名

检察院指控被告人的犯罪事实与罪名，所有卷宗的证据材料都会指向指控的犯罪事实和罪名。所以，阅卷一定要围绕起诉书中指控的犯罪事实和罪名进行，不能与之脱离。

二、《刑事诉讼法》修正前后的阅卷

我刚拿到执业证那几年，律师对于刑事卷宗往往只能摘录，而且是到了法院才能摘录。哪些卷宗材料信息是必须摘录的，哪些可以忽略不摘录，就是那时候练就了阅卷技巧。但是，鉴于法院提供阅卷时间有限，加上当时卷宗材料几乎都是手写材料，而且负责记录的人，手写的笔迹很少有写楷书的，行楷都很难得。所以每次阅卷时辨认那些手写的笔录内容都要花相当长的时间，而因为在法院阅卷的时间不多，所以就要迅速选择自以为应当摘录的卷宗材料。

为了简明扼要提炼，就要探索阅卷顺序，怎样阅卷效率更高。可以先从起诉书开始阅卷，开始了解起诉书指控的罪名与犯罪事实。再从被告人的供述与辩解开始阅读，了解被告人对起诉书指控的罪名与事实有没有异议，是对整个事实的否认，还是对部分事实的否认，或者全盘承认。如果属于全盘承认的，其他证据基本上就可以忽略不用。所用的辩护手段就是刑事辩护三大法宝：自首、立功、认罪态度好。那时的证据，尽管有书证、物证、证人证言、被害人的陈述、现场勘查笔录和视听资料等证据，但核心证据却是被告人的供述与辩解，当时有个词叫"口供为王"，即认罪的，量刑就轻一点，不认罪的，量刑就重一点。

在共同犯罪中，还要阅读同案犯的供述与辩解。因为要区分他们的角色与地位，必须了解他们是如何分工和配合的。谁是犯意的提起者，谁是共同犯罪的领导者，谁的行为所起到的作用更大。所以还要看证人证言、现场勘查笔录，将同案犯的地位和作用对比。由于当年法院提供给辩护律师阅卷的时间和场所都有限，阅卷很难保质保量，因此，更要注重阅卷的顺序，尽可能在两三个小时内将所有卷宗材料阅读一遍，并摘抄下来。

　　2012 年《刑事诉讼法》修正后，对辩护律师阅卷权的保障力度加大，律师在审查起诉阶段就可以充分阅卷了，还可以复印、拍照带回来，在自己的办公室仔细阅卷。由于多年前养成的习惯，我总是先对起诉意见书进行阅卷，因为起诉意见书一般都会很详尽记录犯罪事实经过和罪名，然后针对起诉书指控的罪名与事实，对言词证据进行阅卷。先阅读被告人的供述与辩解，从中读取被告人对指控的罪名与事实的意见，初步理清是无罪还是罪轻的辩护思路。再从控方证人的陈述阅卷起，核对控方证人与被告人供述与辩解中有哪些相符，哪些不符的地方。最后阅读中立证人的证言，审查中立证人证言与辩方证人（及被告人的供述与辩解）、控方证人（包括被害人的陈述）之间哪些相符，有哪些不同之处，然后论证起诉书、起诉意见书指控的罪名和事实的真实性与证明力。之后阅读辨认笔录、指认笔录、物证提取笔录等其他言词证据。言词证据阅读完，再阅读客观证据，包括书证、物证、电子数据、视听资料，结合起诉书指控的罪名与事实，结合言词证据，找出相符与不相符之处。对于专门性的鉴定意见，由于鉴定意见是专家对专门性的问题进行解读论证，所以被采信的可能性极大。而有些侦查文书类的材料，尽管归属于书证类别，表面上看没有问题，但只要用心审查，往往也可以找到瑕疵。我将按照证据类别，结合自己经办的案例，逐项进行解读，并在后面附上审查证据常用的司法解释。

第二章 02 言词类证据的阅卷

证据按照能否直接证明案件事实划分，可分为直接证据和间接证据。言词证据又分为被告人供述与辩解，被害人陈述，证人证言等。司法实践中，公诉机关举证时经常认定"情况说明"是书证。情况说明是在案发之后，由办案机关办案人员出具的，针对某些侦查活动中出现的问题进行说明，目的往往是要证明证据的合法性、合理性。因此，我将这类证据归类为言词证据。

证人按照与被告人、被害人之间是否存在关系，通常可分为控方证人、辩方证人及中立证人。被害人的亲朋好友，被归为控方证人，被告人的亲朋好友、同案犯被归为辩方证人，与被告人、被害人没有利害关系且不具备亲朋好友关系的证人，包括办案民警，被归为中立证人。这三种证人证言中，由于中立证人与双方无利害关系，故他们的证言被采信的可能性最大。控方证人主观上明显是偏向指控被告人犯罪的，所以，控方证人对被告人有利的证言，更为可信，这方面证言的证明力就更大。而对于言词证据的审查阅读，最好根据起诉书或者起诉意见书指控的罪名与事实进行。比如，胡某某故意伤害罪一案，起诉书和起诉意见书均指控胡某某犯故意伤害罪。那么，针对言词证据的阅卷，就要紧扣"胡某某对被害人实施故意伤害行为的起因，经过，在场人，现场环境，目击证人等方面"，寻找的重点包括：第一，弹劾侦查机关、公诉机关指控的事实，最好能找到证人之间相互矛盾，或者证人本身证言相互矛盾之处，做到以子之矛攻子之盾；第二，提取对被告人有利的部分证言，并找出与之相印证部分；第三，从言词证据的形式上寻找可能是非法证据或者瑕疵证据的突破点。

第一节　对言词证据内容上的审查

对言词证据进行审查，并制作阅卷笔录，一定要找出控方证人对涉及定罪量刑事实部分的证言中存在真实性问题的部分，比如辩方证人的证言前后矛盾，与其他控方证人的证言相矛盾，证言不符合常理等。对于这些存疑的证言不仅要摘录下来，还应当注明针对该证人证言要发表的主要质证意见。

一、对控方证人证言的阅卷，制作常规的阅卷笔录

在对控方证人证言进行阅卷时，特别要注意发现控方证人中，对被告人有利的证言，以及控方证人证言相互矛盾之处，这里就以胡某某故意伤害案为例，说说我是如何对控方证人证言进行阅卷，并制作笔录的。

案例 3-1　胡某某故意伤害案

在胡某某故意伤害案的阅卷笔录中，被告人胡某某一再表示自己并未对被害人蓝某文实施伤害行为。为此，我对控方证人的证言制作了第 1 次的阅卷笔录如下：

（一）被害人蓝某文的笔录

摘录笔录，对笔录中存在的问题进行备注

第一次笔录：2018 年 1 月 3 日 10 时至 11 时 05 分；地点：某乡卫生院；询问人：李某杰，谢学某。

问：这是行政案件权利义务告知书（念给你听）……（用普通话还是本地话念？）

注：笔录中的蓝某文是由朱某元代签名。笔录并未体现朱某元是以什么身份出现的，他凭什么在询问笔录中签名，这足以证实，侦查机关在对被害人询问时，没有个别进行。根据最高人民法院《关于适用〈中华人民共和国刑事诉讼法〉的解释》第 79 条与第 76 条第 1 项规定，依法不能作为定案根据。

内容随后，我老公就和朱某龙一起去了村部，这期间朱某龙的两个儿子和两个媳妇就要打我儿子朱某成，我就跑过去要拦住朱某明、胡某某。蓝某桃就过来拉住我的双手，然后胡某某就用手朝我的胸口左侧部位打了好几下，随后，朱某明也过来站在我对面用手朝我的胸口左侧打了好几下。（笔录第 2 页最后 1 行。）

注：蓝某桃如何拉住蓝某文的双手，这种情形之下，胡某某又如何能够越过蓝某桃打到蓝某文的胸口左侧？（根据起诉书，朱某明并未被列为共同被告起诉到法院，这足以证实，蓝某文的陈述不属实）。这份笔录陈述被打的时间是朱某元和朱某龙去村部之后。

第二次笔录：2018 年 2 月 23 日 10 时至 10 时 30 分；地点：隆教畲族乡红星村文社 203 号；询问人：谢学某、张某某。

问：现阅读给你听，你是否可以听清楚？答：我可以听清楚。

注：用本地话阅读，还是用普通话阅读？被询问人不通晓当地的语言文字时，有权要求配备翻译人员，有权用本民族语言文字进行诉讼。本案中，被害人蓝某文不识字，听不懂普通话，那么依法应当为其配备翻译人员。这项权利并未体现在笔录之中，至少没有让被害人明确，是否配备翻译人员。根据最高人民法院《关于适用〈中华人民共和国刑事诉讼法〉的解释》第 94 条第 3 项规定，依法不能作为定案根据。

内容：我拦在我儿子面前，双手张开，这时蓝某桃过来抓我的手，这时，她儿媳妇就先过来，用手朝我的胸口处打了好几下，然后朱某明也过来，又打我的胸口好几下。（笔录第 2 页。）

注：蓝某桃在蓝某文的哪一侧？胡某某和朱某明又如何隔着蓝某桃朝蓝某文各打了好几下？

第三次笔录：2018 年 12 月 13 日 16 时 55 分至 17 时 54 分；地点：派出所办公室；询问人：陈某某、张某某。

注：这次询问，甚至未告知被害人有配备翻译人员的权利。

内容：她们见朱某元和朱某成不听她们的，还在继续打石头，于是便冲过去要阻止朱某成。我见状后，上前拦住胡某某和朱某明，蓝某桃拉住我的双手，胡某某用手打我的胸部数下，随后朱某明也上前殴打我，这时我的头部和胸部都有被打到。朱某元于是就叫朱某龙一起前往村委会解决事情。朱某兴要过去阻挡朱某成打石头，我又上前要去拦住朱某兴，胡某某和朱某明再次拉住我，两人再次对我进行殴打，打我胸部和头部。（卷宗第 2 页。）

注：这份笔录关于被打时的描述与前两次笔录截然不同，增加了第二次殴打。关于第一次殴打，同样的问题存在，蓝某桃抓住蓝某文的双手，按这样的描述，蓝某桃只有站在蓝某文对面才能抓住她的双手，这种情形之下，胡某某又如何绕过蓝某桃打到蓝某文的胸口呢？

第四次笔录：2017 年 11 月 18 日 10 时 17 分至 11 时 30 分；地点：派出所；询问人：陈某某，张某某。

注：没有告知有配备翻译人员的权利，没有问是否需要配备翻译人员。

内容：朱某明、胡某某欲过去阻挡朱某成打石头，我上前拦住她们两个，随后她们两个对我进行殴打，胡某某用双手拳头捶打我胸部数下，随后朱某明也上前殴打我。我被打晕后，四脚朝天躺在地上，她们就停手了。朱某元见我们争吵得厉害，就叫朱某龙一起去村委会协商解决问题。他们走后，我见朱某兴过去要找朱某成，我又上前去阻挡，这时胡某某和朱某明又对我进行殴打，两人打我胸部和头部。

注：这份笔录，没有了蓝某桃抓住蓝某文双手的说辞，又增加了被殴打致晕倒，四脚朝天的情节，这一情节与她的丈夫朱某元、儿子朱某成、媳妇朱某治证词无法相印证。

第五次笔录：2019 年 4 月 17 日 19 时 57 分至 20 时 28 分；地点：派出所询问室；询问人：陈某某、张某某。

注：同样不仅没有配备翻译人员，也未告知有权配备翻译人员。

内容：胡某某和朱某明冲过去要阻止朱某成，我见状后上前拦住胡某某和朱某明。于是蓝某桃拉住我的双手，胡某某用手打我的胸部数下，随后朱某明上前殴打我。朱某元见我们吵得这么厉害，就叫朱某龙一起前往村委会解决事情。他们走后，朱某兴又和朱某成争吵，我又上前要去拦朱某兴，胡某某和朱某明再次拉住我，两人再次对我进行殴打，打我头部和胸部。

注：这份笔录又是两次被两人殴打，第一次又有蓝某桃拉住蓝某文的双手，但没有晕倒和四脚朝天的描述。

这五份笔录，蓝某文陈述不一致的地方有：

1. 打一次还是两次。第一次、第二次笔录，是打一次，第三次到第五次笔录，变成打两次。

2. 时间，第一次、第二次笔录陈述倒地是在朱某元与朱某龙去村委会之后发生。第三次至第五次笔录增加一次朱某元在场。

3. 第一至五次都说到蓝某桃抓（拉）住蓝某文到双手，按照常理，蓝某桃只能是在蓝某文的前面，才能拉住蓝某文的双手。而这样直接挡住了蓝某文胸部，胡某某和朱某明根本不可能打到蓝某文的胸部。

4. 第四次甚至增加自己被打晕，四脚朝天的情节。更重要的是，与她的丈夫朱某元、儿子朱某成、媳妇朱某治的陈述不一致。

（二）被害人蓝某文的丈夫朱某元笔录

第一次笔录：2018 年 2 月 23 日 9 时 15 分至 9 时 45 分；地点：隆教畲族乡红星村文社 203 号；询问人：谢学某、陈泽某。

问：你妻子蓝某文是怎么受伤的？

朱某元回答：现场的情况我不清楚，我不在现场。

注：朱某元的回答，印证蓝某文第一次第二次笔录明显为虚假陈述，第三次到第五次笔录中关于第一次被打的情节明显是伪造的。

作为被害人蓝某文的丈夫，其陈述的事实基本与被告人、被告人一方的证人朱某兴、朱某爵、蓝某桃、朱某明等人的陈述相符合。这样的证词更加客观真实。

第二次笔录：2018 年 12 月 13 日 10 时 28 分至 11 时 23 分；地点：派出所办公室；询问人：陈某某、张某某。

内容：胡某某和朱某明开始和蓝某文争吵，互相用手指着双方并用言语互相辱骂。骂着骂着，胡某某、朱某明和蓝某文拉扯在一起，我看到她们在拉扯。

问：打架的经过，你是否有看见？

答：我只看见互相拉扯，后来我离开现场去村委会，之后发生的事，我没有在现场。我事后听说的。

注：属于传闻证据，正如蓝某文笔录前后不一致，伪造痕迹明显。朱某元第二次笔录虽然增加了事后听说部分内容，但其陈述的事实与第一次笔录的陈述还是不能够相一致。事后听说的部分内容属于传闻证据，在刑事诉讼中缺乏证明力。

朱某元作为在场目击证人，而且是被害人蓝某文的丈夫，其对被告人有利的陈述均能客观证明案件事实，更具有可信度，在疑罪从无的刑事诉讼中，更具有证明力。

(三) 被害人蓝某文的儿子朱某成笔录

第一次笔录：2017 年 12 月 14 日 16 时至 17 时 15 分；地点：派出所接警处；询问人：林某某、陈某某。

注：1. 我们有申请提取笔录形成的时间，因为这是电子文档，完全可以提取。

2. 为何只对朱某成作笔录，没有对被害人和被告人作笔录？

内容：蓝某桃看到我母亲要拦住她两个儿媳妇，就把我母亲抱住，要让她的两个儿媳妇过去，我母亲就用手抓住胡某某的手不放她过去，随即胡某某和朱某明她们用手一直朝我母亲的胸部和肋部打了好几下，之后就看到我母亲倒在地板上。

注：这一描述与在场的朱某元描述不一致。这一打架情节，朱某元在场。蓝某文第三次笔录有表述自己四脚朝天，但第四次笔录没有如此表述，朱某元也未如此表述，这份证词与蓝某文第三次到第五次陈述的两次殴打相矛盾。再者，蓝某桃将蓝某文抱住，是从前面抱住，还是从后面抱住？按朱某成的说法，胡某某和朱某明是要冲过去阻止朱某成的，蓝某文已经被蓝某桃抱住了，胡某某和朱某明为何不过来阻止朱某成，反而又要去打蓝某文？其目的前后矛盾，不符合逻辑。

第二次笔录；2018年12月13日11时57分至13时3分；地点：派出所办公室；询问人：陈某某、张某某。

内容：我和朱某元在离她们4米左右的地方打石头。胡某某冲过来要打我，蓝某文就过去拦住胡某某，胡某某和蓝某文就拉扯在一起，胡某某有殴打蓝某文的胸部和肋部数下，随后朱某明也上前来殴打蓝某文。朱某元看到这样……

注：这里跟第一次蓝某桃抱住蓝某文，要让两个儿媳妇过去。我母亲抓住胡某某的手不放她过去。两次的陈述不一致。根据逻辑推理，两次矛盾的陈述，不可能两次都是真实的，很有可能两次都是虚假的陈述。第2页倒数第4行开始，又增加了第二次双方互相拉扯在一起。……第一次比较激烈，第一次胡某某和朱某明用手殴打蓝某文，第二次相互拉扯。既然胡某某是要过去打朱某成的，为何中途又改变主意去打蓝某文？说法前后矛盾，不符合逻辑。

（四）被害人蓝某文的媳妇朱某治笔录

第一次笔录：2017年12月16日9时1分至10时5分；地点：派出所接警处；询问人：林某某、陈某某。

注：1. 这份笔录是电子文档打印出来的，可以提取具体形成时间，故我们分别在侦查阶段、审查起诉阶段申请提取这份笔录的形成时间。

2. 为何没有对被害人和被告人制作笔录。

内容：我和我老公还有我婆婆蓝某文三人在清理一块地表时，蓝某桃不让我们清理。

注：朱某元哪里去了？朱某元、蓝某文、朱某成笔录都说是4个人，这里朱某治直接忽略了朱某元。

内容：蓝某桃就把我婆婆拉住不让她过去，我婆婆也随手拉住胡某某的手不让她过去。

注：这是如何做到的？与蓝某文、朱某元、朱某成的陈述又不相同。

内容：随即胡某某就转身用手朝我婆婆胸口打了一下，我婆婆就倒在地板上。之后胡某某又凑过去打我婆婆。

注：打一下倒地，继续打？与朱某成、蓝某文的陈述不一致。

内容：朱某元和我就站在旁边。后来蓝某桃又叫了她两个儿子过来，被我们劝开了，然后就听到我婆婆蓝某文在喊难受，我们就先把我婆婆送到红星卫生室就诊。

注：朱某元从什么地方冒出来？朱某元第一次笔录并未说到"喊"。这个将蓝某文送医的过程与朱某成、蓝某文几次陈述都不相一致。

二、根据个案不同，制作图表式的阅卷笔录，更加可视化、形象化

仔细阅卷发现，被害人蓝某文的陈述，前后不一致，且违背常理，并且与三个控方证人之间的证词也相互矛盾。如何让这种矛盾更有利于被告人，更能显示出控方证人证言的不可信，我试图用表格的方式来解读控方证人证言的不可信度。下面就是我用表格方式来制作的胡某某故意伤害案中控方证人的阅卷笔录，见表1，表2，表3，表4。

表1　被害人蓝某文笔录

名称位置		取证主体	地点、时间	证明内容	相同点	不同点
蓝某文	第一次	派出所，询问人：陈某杰，谢学某，记录人：陈某杰	乡卫生院2018年，1月3日10时至11时05分	我老公朱某元就叫蓝某桃的老公朱某龙到红星村村部解决。随后，我老公就和朱某龙一起去了村部，这期间朱某龙的两个儿子和两个媳妇就要打我儿子朱某成，我就跑过去要拦住朱某明、胡某某。蓝某桃就过来拉住我的双手，然后胡某某就用手朝我的胸口左侧部位打了好几下，随后，朱某明也过来站在我对面用手朝我的胸口左侧打了好几下。（第70页）	蓝某桃拉住我的手，胡某某用手打我的胸部数下，随后朱某明上前殴打我。	1.只被打了一次。即在朱某元与朱某龙去村委会协商之后发生的，蓝某桃就过来拉住我的双手，然后胡某某就用手朝我的胸口左侧部位打了好几下，随后，朱某明也过来站在我对面用手朝我的胸口左侧打了好几下。 2. 被打是发生在朱某元去村委会之后。

名称位置	取证主体	地点、时间	证明内容	相同点	不同点
第二次	派出所，询问人：谢学某、张某某，记录人：张某某	红星村文社203号，2018年2月23日10时至10时30分	我丈夫朱某元就和朱某龙一起先离开要到村委会找村干部协商解决，我看见蓝某桃的儿子、儿媳与我儿子朱某成在争吵，感觉要打起来了，我就返回，我拦在我儿子面前，双手张开，这时蓝某桃过来抓我的手，她儿媳妇就先过来，用手朝我的胸口处打了好几下，之后朱某明也过来，又打我的胸口好几下。（第74页）		1. 与第一次陈述一样只被打了一次。 2. 与第一次询问一样被打是发生在朱某元去村委会之后。
第三次	派出所，询问人：陈某某、张某某，记录人：陈某鸿	派出所办公室，2018年12月13日16时55分至17时54分	她们见朱某元和朱某成不听她们的，还在继续打石头，于是便冲过去要阻止朱某成。我见状后，上前拦住胡某某和朱某明，蓝某桃拉住我的双手，胡某某用手打我的胸部数下，随后朱某明也上前殴打我，这时我的头部和胸部都有被打到。朱某元于是就叫朱某龙一起前往村委会解决事情。朱某兴要过去阻挡朱某成打石头，我又上前要去拦住朱某兴，胡某某和朱某明再次拉住我，两人再次对我进行殴打，打我胸部和头部。（第78页）		1. 被打的次数变成两次（即第一次被打后，又增加了朱某元叫朱某龙一起前往村委会解决事情之后又被打的，朱某兴要过去阻挡朱某成打石头，我又上前要去拦住朱某兴，胡某某和朱某明再次拉住我，两人再次对我进行殴打，打我胸部和头部。） 2. 以及第一次第二次询问笔录中第一次被打是发生在朱某元去村委会之后的，而第三次询问笔录就变成发生在朱某元前往村委会之前了。

续表

名称位置	取证主体	地点、时间	证明内容	相同点	不同点
第四次	派出所，询问人：陈某某、张某某，记录人：陈某某	红星村文社，2019年1月18日10时17分至11时30分	朱某明、胡某某欲过去阻挡朱某成打石头，我上前拦住她们两个，随后她们两个对我进行殴打，胡某某用双手拳头捶打我胸部数下，随后朱某明也上前殴打我。我被打晕后，四脚朝天躺在地上，她们就停手了。朱某元见我们争吵得厉害，就叫朱某龙一起去村委会协商解决问题。他们走后，我见朱某兴过去要找朱某成，我又上前去阻挡，这时胡某某和朱某明又对我进行殴打，两人打我胸部和头部。（第82页）		与第三次陈述一样被打两次，但在第一次被打后增加了被打晕了，四脚朝天躺在地上。醒来又被殴打了。
第五次	派出所，询问人：陈某某、张某某，记录人：张某某	派出所询问室，2019年4月17日19时57分至20时28分	胡某某和朱某明冲过去要阻止朱某成，我见状后上前拦住胡某某和朱某明。于是蓝某桃拉住我的双手，胡某某用手打我的胸部数下，随后朱某明上前殴打我。朱某元见我们吵得这么厉害，就叫朱某龙一起前往村委会解决事情。他们走后，朱某兴又和朱某成争吵，我又上前要去拦朱某兴，胡某某和朱某明再次拉住我，两人再次对我进行殴打，打我头部和胸部。（补充卷）		1. 与第二、三、四次询问笔录一样被打了两次。 2. 打人顺序与第三次询问笔录一样即（第一次第二次询问笔录中第一次被打是发生在去村委会之后的，而第五次询问笔录就变成发生在朱某元前往村委会之前了。

表2　被害人的丈夫朱某元笔录

名称位置		取证主体	地点、时间	证明内容	存在的问题
朱某元	第一次	派出所，询问人：谢学某、陈某，记录人：陈某	红星村文社203号，2018年2月23日9时15分至9时45分	问：你妻子蓝某文是怎么受伤的？朱某元回答，现场的情况我不清楚，我不在现场。（第39页）	朱某元回答，现场的情况我不清楚，我不在现场。印证蓝某文前两次笔录明显为虚假陈述，第三次到第五次笔录中第一次被打的情节明显是伪造的。作为被害人蓝某文的丈夫，其陈述的事实基本与被告人、被告人一方的证人朱某兴、朱某爵、蓝某桃、朱某明等人的陈述相符合。这次证词更加客观真实。
	第2次	派出所，询问人：陈某某、张某某，记录人：陈某某	派出所办公室，2018年12月13日10时28分至11时23分	胡某某和朱某明开始和蓝某文争吵，互相用手指着双方并用言语互相辱骂。骂着骂着，胡某某、朱某明和蓝某文拉扯在一起，我看到她们在拉扯。问：打架的经过，你是否有看见？答：我只看见互相拉扯，后来我离开现场去村委会，之后发生的事，我没有在现场。（第42页）	1. 蓝某文只被打一次。2. 朱某元第二次笔录虽然增加了事后听说部分内容，但其陈述的事实与第一次笔录的陈述还是能够相一致。事后听说的部分内容属于传闻证据，在刑事诉讼中缺乏证明力。3. 朱某元作为在场目击证人，而且是被害人蓝某文的丈夫，其对被告人有利的陈述均能客观证明案件事实，更具有可信度，在疑罪从无的刑事诉讼中，更具有证明力。4. 蓝某文被打是发生在前往村委会之前。

表3　被害人的儿子朱某成笔录

名称	位置	取证主体	地点、时间	证明内容	相同点	不同点
朱某成	第一次	派出所，询问人：林某杰、陈某某 记录人：林某杰	派出所接警处2017年12月14日16时至17时15分	蓝某桃看到我母亲要拦住她两个儿媳妇，就把我母亲抱住要让她的两个儿媳妇过去，我母亲就用手抓住胡某某的手不放她过去，随即胡某某和朱某明她们用手一直朝我母亲的胸部和肋部打了好几下，之后就看到我母亲倒在地板上。（第45页）	胡某某和朱某明都打了蓝某文。	1. 蓝某文只被打一次。 2. 是两人一起殴打还是先后殴打，即第1次询问笔录是胡某某和朱某明两人一起殴打蓝某文。即胡某某和朱某明她们用手一直朝我母亲的胸部和肋部打了好几下。 3. 第一次笔录无说明蓝某文被打是发生在朱某元他们去村委之前还是之后。
	第二次	派出所，询问人：陈某某、张某某，记录人：陈某某	派出所办公室2018年12月13日11时57分至13时3分	我和朱某元在离她们4米左右的地方打石头。胡某某冲过来要打我，蓝某文就过去拦住胡某某，胡某某和蓝某文就拉扯在一起，胡某某有殴打蓝某文的胸部和肋部数下，虽随后朱某明也上前来殴打蓝某文。朱某元看到这样……过来一会儿，朱某元见这样解决不了问题，于是叫上朱某龙和他一起到村里去解决。（第49页）		1. 蓝某文只被打一次。 2. 第二次询问笔录与第一次不一致，是胡某某先殴打随后朱某明再打。即胡某某用殴打蓝某文的胸部和肋部数下，虽随后朱某明也上前来殴打蓝某文。 3. 第二次笔录说蓝某文被打发生在村委会之前，第一次无说明。

表4　被害人的儿媳妇朱某治笔录

名称	位置	取证主体	地点、时间	证明内容	存在的问题
朱某治	第一次	派出所，询问人：李某杰、陈某某，	派出所接警处2017年12月16日9时1	我和我老公还有我婆婆蓝某文三人在清理一块地表时，蓝某桃不让我们清理。蓝某桃就把我婆婆拉住不让她过去，我婆婆也随手拉住胡某某的手不让	1. 蓝某文只被打一次。 2. 朱某治的讯问笔录中关于蓝某文被打的过程与蓝某文、朱某元、朱某成都不一样，存在相

名称位置	取证主体	地点、时间	证明内容	存在的问题
	记录人：李某杰	分至10时5分	她过去随即胡某某就转身用手朝我婆婆胸口打了一下，我婆婆就倒在地板上。之后胡某某又凑过去打我婆婆。朱某元和我就站在旁边后来蓝某桃又叫了她两个儿子过来，被我们劝开了，然后就听到我婆婆蓝某文在喊难受，我们就先把我婆婆送到红星卫生室就诊。(第53页)	当多的疑点：①打一下倒地，继续打；②随即胡某某就转身用手朝我婆婆胸口打了一下，我婆婆就倒在地板上这与朱某成、蓝某文的陈述不一致。

我在第二次阅卷的时候，根据本案的特点，采用表格式的方式制作阅卷笔录，能够更加形象具体表明控方证人证言相互矛盾，且存在不符逻辑，不符合常理的情形。我将这样一份阅卷笔录，提交给审判员、公诉人，希望用这样的方式来打动审判员，打动公诉人。

三、以思维导图的方式来制作阅卷笔录

下面我就以邱某虹诈骗罪案的阅卷笔录为例，解读如何以思维导图的方式制作阅卷笔录，让阅卷笔录更直观，更加可视化，找到破解侦查机关公诉机关对被告人指控的软肋。

案例3-2 邱某虹诈骗罪案

在这个案例中，核心内容是，7名证人证言要证明邱某虹将骗来的钱用于赌六合彩，以此认定邱某虹骗取被害人的款项用于非法活动，从而认定邱某虹具有非法占有为目的这个诈骗罪的主观故意。

这个案件当中，侦查机关找了7个证人制作笔录，指控邱某虹将骗来的钱款用于赌六合彩。这个案件我尝试作无罪辩护。当时制作阅卷笔录并没有采用现在经常采用的图表式，但通过仔细阅卷，我发现证人陈某敏的证词是核心证言，邱某虹的钱款就是通过陈某敏的账户进行交易的，邱某虹主张是投资给陈某敏经营沙场建材生意，陈某敏主张邱某虹通过其购买"六合彩"。关于邱某虹借来的钱款是用于投资还是用于买六合彩，是主观上是否具有以

非法占有为目的的关键，而将钱款用于买六合彩就属于用于非法活动，肯定会被认定为以非法占有为目的。所有认定被告人将款项用于赌六合彩的，都来源于证人陈某敏的证词。而陈某敏的笔录前后矛盾。

（一）我针对陈某敏的证言，找到前后矛盾的地方。

1. 2015年4月2日，笔录第2页"2013年7月份的时候，邱某虹找到我，对我说她想买六合彩，但没有地方买，叫我帮忙问问有没有收六合彩单的庄家。

问：你有没有从中获利？

答：我没有。

第3页问：邱某虹叫你帮忙买六合彩的事情，还有谁知道？

答：陈某水也知道，但陈某水没有问我具体是在帮哪个同事买的。我本人并没有找陈某水买六合彩，不会跟陈某水发生银行交易。

2013年7月19日这一笔陈某水转过来的133 110元，就是当时邱某虹买六合彩赢的钱，后来这些钱我都通过现金现取方式或银行转账的方式给了邱某虹，这一笔应该是第一笔。

注：陈某敏之后的笔录说自己抽5%，与这份笔录陈述存在矛盾。

2. 陈某敏："从陈某水账户进入到我的账户总共是69笔，共6 804 690元，从我的账户出去到陈某水的账户总共是42笔，共4 952 480元，差额部分是我拿现金给了陈某水。"

注：陈某敏2017年4月28日的笔录说是直接转给邱某虹，自己从中抽点数，与此次笔录存在矛盾。

3. 2017年4月28日的笔录。陈某敏："后来我看了一下我跟陈某水以及邱某虹之间的往来账户，发现陈某水打给我以及我再打给邱某虹的钱，实际上比邱某虹打给我的钱更多，邱某虹应该是有从买六合彩这里赚到钱才对。"

注：2017年5月22日陈某敏笔录存在矛盾，陈某敏之后说邱某虹赌六合彩是输钱的。

4. 陈某敏："我和邱某虹有经济往来，就是她叫我帮他找六合彩的庄家买六合彩，他的钱先转到我银行卡上，再由我转给庄家陈某水，反过来如果邱某虹有赢钱，那庄家陈某水会把钱转到我银行卡上，我再转回去给邱某虹。"

问：你当时找的六合彩庄家的具体情况。

答：一开始我是找我姑姑，后来是找陈某水，他是我老公洪某鑫的姑姑洪某治的老公，也是我老公的姑丈，因为我姑姑和陈某水和我们都是亲戚关系，大概2013年6月邱某虹对我说她朋友要买六合彩，问我哪里有收单的庄家，因为我姑姑有在收单，我就找到我姑姑，我姑姑当时也同意收，于是邱某虹就通过我报码给我姑姑，在我姑姑那买六合彩。到了后来我姑姑不做了，但邱某虹还是要我帮他找庄家赌六合彩，我就问洪某鑫，他后来问了陈某水，于是我再告诉邱某虹，于是后来才到陈某水那里买六合彩。

（二）从证人证言的来源进行分析，得出公诉机关指控邱某虹将骗来的钱用于赌六合彩是孤证，从而质疑这个指控。

无论是陈某敏的丈夫洪某鑫，还是陈某敏的姑姑，或者报案人夫妻，他们认为邱某虹赌六合彩，均来源于陈某敏的陈述。而侦查机关用于佐证邱某虹赌六合彩的这些证人证言，均属于传来证据，而且是证人主观臆断，根据最高人民法院《关于适用〈中华人民共和国刑事诉讼法〉的解释》第88条第2款规定："证人的猜测性、评论性、推断性的证言，不得作为证据使用，但根据一般生活经验判断符合事实的除外。"而这些主张邱某虹赌六合彩的证言，均不属于一般生活经验判断，故这些证言均不能作为定案根据。

关于邱某虹将钱款用于买六合彩的这一事实，我通过详细阅卷，找到控方关键证人陈某敏证词中相互矛盾之处，并找到其他六位试图证明邱某虹将钱款用于买六合彩的证人证言来源于陈某敏的事实。最终法院终于采信了我的意见，对公诉机关指控邱某虹将钱款用于买六合彩的事实不予认定。我制作了这样的一个图（如下图所示），让审判员更能一目了然地确信其他证人证言均来源于陈某敏的证言，是传闻证据。

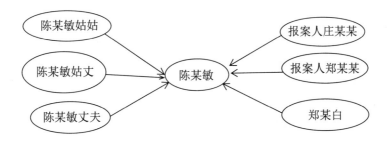

第二节　对言词证据形式上的审查

除了内容的相互矛盾之处，还要将与其他证人证言能相印证之处找出来，进行比对之外，对于言词证据形式上的审查也是必不可少的。

一、审查询问的起始时间是否合理

毕竟证人和嫌疑人不一样，深更半夜，午饭午休晚饭时间，都不应该是询问证人的正常时间。而且，对证人的询问不应当太长。在某监察委调查的案件中，两名调查人员对同一个被调查人制作两份调查笔录。第一份笔录是2017年3月9日8时30分至10时0分；第二份笔录是2017年3月9日9时30分至2017年3月9日11时30分。同一个时间段怎么可能交叉制作两份笔录呢？所以，公诉机关主张撤回该两份证据。某诈骗罪案件，犯罪嫌疑人入看守所前作了有罪供述，时间是2017年4月22日16时30分至2017年4月22日17时30分，表面上看没有问题，但结合受案登记表记载的时间来看，该案受案登记的时间是2017年4月22日16时。我隐隐感觉有问题，所以会见犯罪嫌疑人时特意询问了，嫌疑人说其当日下午4点被公安人员带走，直接去两个银行取款存入纪委账户，然后到公安局录入信息时，公安局的电脑坏了无法录入，就转到镇派出所去录入信息，之后再去医院体检，然后被直接送看守所。进看守所时已经当天晚上6点半了，根本没有作笔录。从形式上看没问题，但结合会见时了解的事实，就可证实这份笔录就是非法证据。

二、审查询问地点

法律规定询问证人的地点只有五个地方，即案发现场、证人住所、证人单位、证人指定的地点，必要时，在办案机关办公场所。假如是在其他地方，或者侦查机关没有说明让证人到办案机关接受询问的必要性，则应当对这样的证人证言质疑。

三、审查证人是否有阅读能力

对于没有阅读能力的证人，询问人员应采用何种语言进行询问？证人是否能够理解？是否需要配备翻译？

四、是否具有复制粘贴的情形

证言被复制粘贴的话，不能证明多次证实一致，假如多个证言是复制粘贴的，则后面复制粘贴的证言，一般属于传闻证据。

五、审查证人证言形成时间与被告人供述与辩解形成时间

如果被告人供述在先，也有可能证人证言是根据被告人的供述去核实的。如果被告人喊冤，有一定的道理。如果是证人陈述之后，被告人才作出的供述，也比较客观真实。读取证人证言，要针对起诉书或者起诉意见书，然后提取有用的信息，再根据辩护策略，作好辩护工作。

六、对未成年女性的询问，是否有女工作人员在场

《刑事诉讼法》第281条第3款规定："讯问女性未成年犯罪嫌疑人，应当有女工作人员在场。"该条第5款规定："讯问未成年被害人、证人，适用该条第一款、第二款、第三款的规定。"也就是说，询问女性未成年证人时，应当有女工作人员在场。但是，在张某介绍卖淫罪一案中，侦查人员在对未成年的罗某某询问时，只有男性侦查人员在场，没有女工作人员在场，显然违反了《刑事诉讼法》第281条规定。这样的证人证言存在瑕疵，如果对被告人不利，则应对其合法性质疑。

第三章 03　阅读和审查侦查机关制作的各种笔录

侦查机关制作的各种笔录包括物证提取笔录、现场勘查笔录、搜查笔录、扣押笔录、辨认笔录、指认现场笔录等。

一、审查见证人的身份

这种笔录首先审查形式上的问题，有没有见证人，见证人的身份是否符合要求。如见证人不能是办案机关聘用的工作人员，不能是与案件有利害关系的人，不能是精神病患者，不能是未成年人等。在某生产销售伪劣产品罪案中，经过仔细阅卷，我发现张某致多次充当见证人，在不同时间段甚至不同地点，都是张某致在充当见证人。经仔细审查，张某致的住址并非在案发现场附近。每次见证都是张某致显然与常理不相符合。经过详细了解，我得知张某致是办案单位的辅警。而根据最高人民法院《关于适用〈中华人民共和国刑事诉讼法〉的解释》第80条第1款第3项规定，辅警作为侦查机关的聘用人员不能担任见证人。由辅警来充当见证人的这些笔录，就存在非法证据的情形。为了更好地让公诉人和审判员辨别，我制作下面图表式的阅卷笔录，更生动形象显示同一个见证人见证的不合理性，然后申请调查该见证人的身份。

	时间		见证人
卷一P56	2016.9.13	(村)村道搜查笔录	张 致
卷一P58	2016.9.13	(出)租屋情况	张 致
卷一P62	2016.9.13	物流单、手机扣押决定书、扣押清单	张 致
卷一P80	2016.9.13	手机、汽车扣押决定书、扣押清单P84	张 致
卷一P81	2016.9.13	各种牌子烟的扣押决定书、扣押清单p83	张 致
卷一P85	2016.9.13	记账本、华家牌打包机、手机扣押决定书、扣押清单P86	张 致
卷一P101-104	2016.9.17	王 账目本	张 致
卷一P111	2016.9.17	黄 的辨认笔录、被辨认人照片列表P113	张 致
卷一P148	2016.9.17	辨认人辨认黄 的辨认笔录、被辨认人照片列表P150	张 致
卷三P41	2016.9.18	让辨认人辨认"冰冰"的辨认笔录、被辨认人照片P43	张 致
卷三P45	2016.9.18	让辨认人辨认其见过的矮胖男子的辨认笔录、被辨认人照片P47	张 致
卷三P49	2016.9.18	让辨认人辨认委托其运送"卷门机"的男子辨认笔录、被辨认人照片P47	张 致

二、审查辨认笔录要审查有没有个别进行辨认

我曾经发现指认现场的笔录存在指认现场的时间距离太紧凑,违反常理。通过会见时了解,侦查机关在制作指认现场笔录时,是几个犯罪嫌疑人一起被提出看守所,或者一起被从办案点提出,送到现场进行指认,而且当时并无见证人存在。这样的笔录即便进入庭审,也不能作为定案根据。这里,以实际案例来作解读。

案例 3-3 郝某海等人寻衅滋事罪案

2018 年 4 月 14 日 15 时 50 分至 16 时 5 分,郝某海被从看守所提出,到塑胶公司,指认现场,吴某鹏为见证人。民警是蔡某某、魏某某。

2018 年 4 月 14 日 16 时 20 分至 35 分,郝某平被从看守所提出,到塑胶公司,指认现场,见证人为吴某鹏,民警是蔡某某、魏某某。

从这两份指认现场笔录上看,时间很紧凑,郝某海的指认现场截止时间是 16 时 5 分,郝某平指认现场的时间是 16 时 20 分。从看守所提人需要大约五分钟,到现场需要 10 分钟。时间很紧凑,民警这样提郝某海到现场指认之后,又拐回看守所更换嫌疑人郝某平过来指认现场不符合情理。这两份指认现场笔录可以结合民警的提押证来辨别,提押证是两个嫌疑人一起被提押出来的,这明显与指认现场笔录不相符,存在没有个别进行指认的情形。根据最高人民法院《关于适用〈中华人民共和国刑事诉讼法〉的解释》第 105 条第 3 项规定,"辨认活动没有个别进行的",不能作为定案根据。辨认笔录不能作为定案根据,再加上一些指认笔录也不能作为定案根据,辩护律师从证据的合法性主动进攻。尽管没有排除公诉机关的证据,但影响了公诉机关的证据体系,最终,法院在量刑时给予充分考虑。

三、要注意有没有混杂一起进行辨认,有没有明确指示进行辨认

在赖某阳生产销售不符合安全标准食品罪一案中,侦查机关提供一组照片给赖某阳辨认,被辨认对象是一名"50 后"的老人,而掺杂在一起的其他 11 张照片,都是"80 后"和"90 后"的。根据最高人民法院《关于适用

〈中华人民共和国刑事诉讼法〉的解释》第 105 条第 5 项规定，"辨认中给辨认人明显暗示或者明显指认嫌疑的"，不得作为定案根据。所以这份辨认笔录在法院判决中，直接予以排除。

四、关于未成年人的辨认或指认笔录

值得注意的是，在证人或者嫌疑人是未成年人时，无论是讯问笔录还是询问笔录，都必须有充当监护人的第三人存在。在杨某某寻衅滋事案中，公安机关不仅违反了个别进行辨认的规定，带着两名未成年嫌疑人一起指认现场，甚至没有监护人在场。在张某介绍卖淫罪一案中，公安机关对未成年的卖淫女罗某某制作笔录时，在笔录前面并没有充当见证人的严某某，但在笔录后面，竟然有严某某的签名。严某某到底是谁？为何严某某会在那个时间段充当罗某某的监护人，笔录上的签名，是事后补签，还是作笔录时签署的？根本无法辨别。

第四章 04 阅读和审查法律文书材料

第一节 阅读和审查立案审批表

一、在某些案例中，结合立案审批表和第一次询问笔录，可以主张被告人具有自首情节

我在赖某某生产销售不符合安全标准食品罪案件中发现，其受案登记表中记载，2016 年 11 月 29 日 12 时 1 分派出所接到匿名电话举报。但结合犯罪嫌疑人的第 1 份讯问笔录，笔录起始时间是 2016 年 11 月 29 日 12 时 0 分。从立案审批表上看，该案是 2016 年 6 月 11 日 12 时接到匿名举报，就算马上立案，立案时间最早也在 2016 年 11 月 29 日 12 时 1 分之后。所以公安机关的第一份笔录，文件抬头就不应是讯问笔录，而应该是询问笔录。根据这份笔录，公安机关就算要立案，也应当是在犯罪嫌疑人作完笔录之后才立案，而犯罪嫌疑人的行为，就应当被认定为自动投案。所以，别看立案审批表没什么内容，其实，从简单的立案审批表也许可以发现投案自首的情节。

所以，在某些案例中，结合立案审批表和第一次询问笔录，可以主张被告人具有自首情节。

二、阅读和审查立案审批表，分析判断管辖权问题，包括地域管辖和级别管辖

在王某明生产销售伪劣产品罪一案中，有个犯罪事实在立案审批表中显示已经由四川成都某区公安分局立案管辖。该区并没有针对该案件事实进行侦查，也没有将案件移送福建漳州某区公安分局侦查。但是，案件最终却在福建漳州某区进行侦查，甚至最终由该区法院作出判决，将该起犯罪事实列入福建漳州管辖，明显不当。根据《公安机关办理刑事案件程序规定》，都有

权利管辖的，应当由先立案的公安机关管辖，在该案中，四川成都某区公安分局应该要有案件移送福建漳州某区公安分局侦查的手续，否则案件管辖就存在问题。

三、从立案审批表中找到非法证据的线索

在张某介绍卖淫罪一案的立案审批表中，我发现，公安机关接报案时间是 2018 年 4 月 20 日凌晨 3 点 15 分。但是，在搜查证上看到，公安机关搜查嫌疑人住处的时间是 2018 年 4 月 20 日凌晨 3 点，也就是说，公安机关还没有接到报案，更不要说立案，就已经对嫌疑人的住处实施搜查。且犯罪嫌疑人张某的住处又不是卖淫现场。公安机关还没受案，更没立案，搜查证从何而来？更令人不解的是，搜查证上还有见证人的签名。凌晨 3 点，公安机关哪里找到见证人来犯罪嫌疑人住处对搜查行为进行见证呢？这个见证人毫无疑问是公安机关聘用的工作人员。

第二节　阅读和审查拘留通知书

许多时候，在拘留通知书中可以发现存在非法证据。下面我以三个案例来解读，如何从拘留通知书中发现非法证据的线索。

我在办案过程中发现，偶有公安机关在对犯罪嫌疑人先行采取拘留强制措施，而不出具拘留通知书，甚至没有传唤的现象。在杨某某寻衅滋事罪一案中，2017 年 10 月 8 日 12 时许，杨某某被抓，然后被带往作案现场进行指认，并制作指认现场笔录。2017 年 10 月 9 日 19 时许，杨某某被采取刑事拘留的强制措施。从 2017 年 10 月 8 日 12 时许开始至 2017 年 10 月 9 日 19 时这 31 个小时，杨某某没被采取任何强制措施，甚至在 2017 年 10 月 8 日 14 时 30 分至 15 时 20 分制作的第一份指认现场笔录，也没有对杨某某采取口头传唤的强制措施。这份笔录属于非法取得的证据，依法不具备证据资格，是不能作为定案根据的。

在一起涉恶寻衅滋事案件中，公安机关的到案经过写明，犯罪嫌疑人郝某海于 2018 年 3 月 23 日 0 时被抓获到案。根据拘留通知书，犯罪嫌疑人郝某海被拘留时间是 2018 年 3 月 28 日 19 时，没有传唤证，甚至第一份笔录连口头传唤都没有。在 2018 年 3 月 23 日 0 时至 2018 年 3 月 28 日 19 时期间形成

的多达 5 份笔录，属于非法限制人身自由期间取得的证据，依法应当予以排除。

我在 2018 年一起涉黑恶案件的侦查期间，发现公安机关没有对犯罪嫌疑人采取强制措施，存在同样的情形：犯罪嫌疑人黄某某是 2018 年 11 月 22 日 7 时许被办案民警带走（没有传唤证，所有手续均系事后办案民警让犯罪嫌疑人补签），2018 年 11 月 23 日 19 时许被刑事拘留，2018 年 11 月 26 日通知家属。未经合法传唤，而且传唤时间超过 24 小时，拘留超过 24 小时才通知家属。我在侦查机关及时提出非法证据排除法律意见，最终检察院作出不批准逮捕决定，之后，公安机关作出对黄某某涉嫌诈骗罪一案撤案决定。

第三节　阅读和审查提押证

很多时候，提押证是非法证据的线索。

一、违反个别辨认或分别辨认的规定

如前文所述，民警同时带着两个同案犯离开看守所去指认现场。尽管笔录体现的是分开指认，但从提押证可以明显看出，民警是否分开提押犯罪嫌疑人。基于对人的惰性思维考虑，有些民警往往为了省事，一次性提押几个同案犯一起指认现场。而这种做法违反了刑事诉讼法规定的辨认（指认）必须个别进行的强行性规定，从而不能将该证据作为定案根据。

二、提押证的时间，与讯问笔录制作的时间不一致

某案件提押证时间是 2016 年 11 月 29 日 9 时 30 分，收押的时间是 2016 年 11 月 29 日 11 时 50 分。笔录形成的时间却是 2016 年 11 月 29 日 9 时 0 分。很显然，此时犯罪嫌疑人还没有被提审，讯问笔录从何而来？这样的笔录明显不是基于讯问犯罪嫌疑人制作出来的笔录。这样的讯问笔录，就是非法取得的，依法应当予以排除。而非法证据的线索，正是提押证提供的。

第四节　阅读和审查起诉书

起诉书在所有卷宗材料里处在核心位置，无论是公诉机关指控的罪名和

事实，还是证据都在这里体现。而且，审判长对被告人进行发问时，在问完身份信息之后，第一个问题就是"被告人，你对起诉书指控的罪名和犯罪事实有没有异议？"由此可见起诉书的重要性。

首先，阅读和审查起诉书的第一段。第一段介绍的是被告人的基本信息，涉案与被采取强制措施的经过。某受贿案，当事人于2016年4月2日到检察院接受询问，于2016年4月10日被纪委双规，2016年4月30日被采取刑事拘留。在会见被告人时，被告人说在4月2日到4月9日期间，检察院对其刑讯逼供。仔细看这段时间，被告人是没有被采取强制措施的，就算是纪委双规的时间，也应当是从2016年4月10日开始。4月10日之后制作的笔录是否与4月2日到4月9日期间制作的笔录内容相同，并是否都是有罪供述呢？还有，4月2日到4月9日期间，被告人是一直在检察院办案点，还是作完笔录就回家了。即便没有被刑讯逼供，但在没有被采取强制措施的情况下，被告人失去人身自由，这是不合法的。所以，这段时间对其制作的笔录，根据《人民法院办理刑事案件排除非法证据规程（试行）》第1条第3项规定，属于采用非法拘禁等非法限制人身自由的方法收集被告人的供述，应当予以排除。

其次，阅读和审查起诉书中关于侦查机关提交的证据材料及查扣的物品清单的内容。审查起诉书载明的证据材料及扣押的物品清单，看看卷宗材料中，是否跟起诉书载明的证据材料和物品清单相符。曾经有个租车盗窃案，公安机关将出租车当成作案工具移交给检察院，并在卷宗里制作了扣押物品清单。但是，公诉机关并未将出租车当成作案工具起诉。这个时候，出租车主可以根据检察院的起诉书，向公安机关追讨被扣押的出租车。有时，在起诉书里没有体现的，对被告人不利的证据材料，却在卷宗里出现，或者在卷宗里没有体现对被告人有利的证据材料。第一种情形，可以提出非法证据排除，因为没有附在起诉书列明的证据材料目录当中，不属于公诉机关提交的证据。但是，这样的提法用处不大，只要公诉机关补充一下，这样的证据就无法排除了。而卷宗里有一些对被告人有利的证据，但起诉书材料中没有列明，公诉机关可能也不愿意作为证据举证，这种情形颇多。这时，我们要做的就是把这些证据作为我们的证据提交给法庭，要么证明程序上的瑕疵，要么证明内容上与公诉机关指控事实的矛盾。以公诉机关装在卷宗材料里的证据，来质疑公诉机关为何不在起诉书列为证据提交法院，公诉机关很难抵挡这样的质疑。2018 年某县监委调查的一起职务犯罪案件，我就发现了这样的证据，公安机关主张这些没有在起诉书列明的证据是非法证据，不能作为定案根据，所以不提交。最后，这些证据却成了我和公诉人、审判员量刑协商的有利条件。

第一节 形式要件审查

一、鉴定机构和鉴定人员的资质审查

关于鉴定机构和鉴定人员的法定资格与条件，不但要对鉴定机构和鉴定人员的法定资格与条件进行形式审查和实质审查，还要对鉴定机构进行静态审查和动态审查。结合全国人大常委会《关于司法鉴定管理问题的决定》第5条的规定，鉴定机构要有在业务范围内进行鉴定所必需的依法通过计量认证或实验室认可的检测实验室。全国人大常委会这一规定是在2015年4月24日实施的，也就是说，尽管省司法厅对该司法鉴定机构颁发资质的时间是2012年9月6日，但截至上述决定实施开始，就必须具备该决定第5条第3项规定的，计量认证或实验室认可的检测实验室。

案例3-4 高某某危险驾驶罪案

公安机关委托一家具有司法鉴定资格的鉴定所对高某某的酒精含量进行检测。但是，这家鉴定机构只有省司法厅许可的法医临床鉴定、法医病理鉴定、法医毒物鉴定（酒精检测鉴定）资质。在案发时的2016年11月17日，这家鉴定机构并未具备上述决定规定的资质。为此，该鉴定机构不具备酒精检测资质。根据最高人民法院《关于适用〈中华人民共和国刑事诉讼法〉的解释》第97条第1项规定，鉴定机构不具备法定资质的鉴定意见，不得作为定案根据。本案中，司法鉴定机构没有通过计量认证，也没有被认可的检测实验室，不具备鉴定机构的法定资质，为此，出具的鉴定意见依法不应作为定案根据。

案例 3-5 王某某等人生产销售伪劣产品罪案

该案里面多个鉴定鉴别检验报告由没有鉴定机构的资质出具，甚至由没有鉴定人员的资质作出。根据最高人民法院《关于适用〈中华人民共和国刑事诉讼法〉的解释》第 97 条规定，这种鉴定意见是不能作为定案根据的。该案于 2016 年案发，历经一审二审之后，发回重审，因为刑事辩护全覆盖，所以我有幸参与了该案发回重审阶段的审判程序。该案共有 7 名被告人，有 2 名被告人从一审到二审再到发回重审都聘请了律师。但是，从侦查阶段到审查起诉阶段，再到一审二审重审，辩护律师竟然对多达十几份鉴定鉴别检验报告的鉴定机构和鉴定人员的资质都不提异议。

案例 3-6 谢某非法经营罪案

《鉴定鉴别检验报告》的鉴定人员闪某某和戴某某不具备鉴定资质。根据《烟草专卖品鉴别检验管理办法》第 11 条规定："国家烟草专卖局产品质量监督主管部门方有资格颁发烟草专用机械鉴别检验人员资格。"但是，该两人的资质却是鉴定机构自行出具的，不属于质量监督主管部门颁发的资质证明。根据最高人民法院《关于适用〈中华人民共和国刑事诉讼法〉的解释》第 97 条相关规定，鉴定人不具备法定资质，不具有相关专业技术或者职称，或者违反回避规定的，不得作为定案根据。这个案件我阅卷之后发现了这些问题，在庭审质证期间提出来，并在辩论意见中充分论证这一证据不能作为定案根据。最终，法院尽管判处谢某罪名成立，但在量刑时却给予了充分考虑。

二、审查鉴定意见中是否有鉴定人员的签名，是几名鉴定人员签名

案例 3-7 高某某危险驾驶罪案

该案的鉴定意见，只是加盖签名章，不是签名。根据最高人民法院《关于适用〈中华人民共和国刑事诉讼法〉的解释》第 97 条规定，鉴定意见缺少签名、盖章的，不能作为定案根据。这是直接不能作为定案根据，不属于可以通过补正或作出合理解释可以作为证据的情形。所以，对于鉴定意见，形

式上一定要注意是否有签名。如果是两个鉴定人员签名，签名的笔迹是不是相似，要分析是否有可能同一个人签两名鉴定人员的名。这样，形式上对签名的审查才算完整。

第二节　实质要件审查

对于鉴定意见，不仅需要进行形式上的审查，还要进行实质上的审查。实质上的审查，包括鉴定过程、鉴定方法、鉴定素材的提取和保管等。提取、扣押物品清单是否可靠。检材的提取，必须要有物证提取笔录，有见证人以及有持有人或保管人的签名。无论是血液还是毒品，或者是香烟、烟机等，检材是否具有同一性，是否有被污染的可能。特别要注意的是，检材的提取是否合法，是否依法采取了保存措施。比如，用于酒精检测的血样，必须用抗凝管装，用封条封存，还要签名，然后采用冷藏的方式运输，时间不超过48小时。这里，我以案例来进行逐项分析。

案例3-8　某汽车销售公司生产销售伪劣产品罪

本案中公诉机关指控被告人构成本罪的核心证据就是鉴定意见。本案是由于车辆配置的发动机型号或标识与《机动车注册登记技术参数表》载明的发动机型号及对应的企业（标识）不相符所引发的案件。本案应当围绕着"销售伪劣产品罪"罪名的认定，有目的地对鉴定意见仔细审查。审查的焦点在于：被告单位替换发动机、对部分发动机的编码进行挫改后销售的行为是否属于销售伪劣产品罪，涉案的61辆货车是否属于伪劣产品。具体而言，包括：①涉案货车是否属于"在产品中掺杂、掺假"的情形；②涉案货车是否属于"以假充真"的情形；③涉案货车是否属于"以次充好"的情形；④涉案货车是否属于"以不合格产品冒充合格产品"的情形。

案例3-9　生产销售伪劣产品罪案

该案证据是烟草专卖局执法大队执法过程中收集到的物证，在扣押时，没有制作扣押笔录，也没有见证人签名。同时扣押的照片内容是散装的烟机零件，委托鉴定时并未由鉴定人员亲自到现场对烟机零件进行鉴定，而是仅拍照留存。但鉴定照片时发现，鉴定材料是已经组装起来的烟机，跟现场扣押的散装烟机配件不相符，检材的同一性存在问题。

案例 3-10 胡某某故意伤害罪案

仔细审查该案鉴定意见发现该案案发时间是 2017 年 12 月 14 日，被害人于 2017 年 12 月 15 日在市医院做了 CT 检查，检查结果显示左侧 4、5、6 前肋骨疑似骨折，被害人住院一天后出院。2017 年 12 月 18 日再次在该医院进行 CT 检查，结果显示左侧第 4 前肋骨骨折。2018 年 1 月 15 日第三次检查，结果变成左侧第 2、3、4 前肋骨骨折，但是这次检查是在急诊科，不是在骨外科，很明显这份鉴定意见存在很大的问题。产生的疑问是 2017 年 12 月 15 日住院拍片发现左侧第 4、5、6 前肋骨疑似骨折，被害人却于次日，即 2017 年 12 月 16 日出院。然后于 2017 年 12 月 27 日再次住院，这次却住进乡镇一级的卫生院，而非第一次住院的县级市医院。然后在 2018 年 1 月 15 日到市医院拍片发现左侧第 2、3、4 肋骨骨折，却依旧在乡镇一级卫生院住院治疗，而不是转院到市一级或者县级医院，与常理不符。加上犯罪嫌疑人一直喊冤，一名 50 出头的妇女，手无寸铁，在与被害人相互抓扯过程中，如何致被害人左侧第 2、3、4 前肋骨骨折？加上被害人住院诊治存在上述的疑点，不能排除医院的检查报告存在并非被害人本人的情形，有可能是用别人骨折的检查报告来充当被害人的检查报告的情形。所以，根据鉴定意见所附的资料，可以找到鉴定意见的许多瑕疵。

案例 3-11 某滥伐林木罪案

该案的鉴定意见从形式上看——鉴定人的资质到签名再到鉴定依据，基本符合要求。但是，仔细核对下指认现场笔录，以及犯罪嫌疑人到案时间，就发现了问题：鉴定意见是 2019 年 1 月 22 日受理，1 月 28 日制作完成的。犯罪嫌疑人是 2019 年 3 月 4 日自动投案的，现场指认笔录是在 2019 年 4 月 16 日进行的，指认照片拍摄时间又是 2019 年 4 月 26 日。再仔细看看鉴定意见上注明的"当事人指认现场照片，上面载明拍摄时间形成于 2019 年 1 月 22

日"，然后核对当事人投案后第一次笔录时间是在 2019 年 1 月 25 日。即是说，在鉴定人拍摄当事人指认现场照片时，当事人尚未到案，那这张照片是如何拍摄的？这样的鉴定意见显然存在极大问题。再仔细审查鉴定资料，发现鉴定滥伐林木范围的红线图也是 2019 年 1 月份制作的，该范围并未经过犯罪嫌疑人的现场指认。我通过会见了解，犯罪嫌疑人带着一名派出所所长和一名司机去现场指认，走了 100 米左右，用手指着说"那是我叫人砍伐的"。结合犯罪嫌疑人的讯问笔录，到底犯罪嫌疑人滥伐林木的面积有多大？是否需要现场测绘，位置定位、测绘四至，然后从不同位置抽样测量被砍伐林木的直径？这份鉴定意见，从形成时间上看就存在很大的问题。然后，结合对当事人会见时了解到的情形，犯罪嫌疑人砍伐的这块林地，上面有两条路，还有一条水沟，山上还有许多石头地，这几种情形，都是无法种植林木的。但是，鉴定机构并未对这些情况作出甄别。所以，这个案件在与公诉人沟通案件时，公诉人赞同我的观点，很快就作出决定，退回补充侦查，让犯罪嫌疑人到现场仔细指认，并要求侦查机关重新启动鉴定程序。

第六章 06 阅读和审查物证、书证

物证、书证应当和物证书证提取笔录、物品扣押清单、搜查证一起审查。

一、看搜查证上面载明的时间和当事人收到的时间是否一致

2018 年 11 月份，某个涉嫌"套路贷"的涉黑案件，公安机关立案之后，嫌疑人于 2018 年 11 月 21 日上午 8 时许被带走，当天上午，侦查人员就进入嫌疑人的办公室，将办公室里的电脑、材料等扣押走了。2018 年 11 月 26 日晚上，侦查机关向嫌疑人家属送达拘留通知书，28 日，侦查人员到看守所向嫌疑人送达搜查证，让嫌疑人签署送达搜查证的通知书。这个时间段，我作为辩护人会见了嫌疑人，所以嫌疑人在搜查证通知书上签署的时间是 2018 年 11 月 28 日。但根据嫌疑人店里的监控录像可以看出，侦查人员是在 2018 年 11 月 21 日扣押走电脑等物品的。这样的话，扣押的电脑、资料等物品，并未依照《公安机关办理刑事案件程序规定》第 222 条规定，经县以上的公安机关负责人批准。第 224 条规定，紧急情况下，可以不需要搜查证。不需要搜查证的情形有五种：第一种是可能随身携带行凶、自杀凶器的；第二种是可能隐藏爆炸、剧毒等危险物品的；第三种是可能隐匿、毁弃、转移犯罪证据的；第四种是可能隐匿其他犯罪嫌疑人的；第五种是其他突然发生的紧急情况。这五种情形中，显然第三种至第五种往往会被当成没有搜查证的原因。特别是第五种情形，如何定义"突然发生的紧急情况"，是不是只需要有份情况说明就可以解决呢？所以，许多时候，阅卷时，不能只看表面上记载的内容，还要结合会见时了解的事实对卷宗材料进行审查判断。

二、物证的同一性问题

无论是毒品案件，还是其他案件，判断物证的同一性都是极为重要的。

案例 3-12 张某介绍卖淫罪案

该案卷宗只有几十页，在张某的同案犯王某某、卖淫女罗某某手机上提取的微信聊天记录，成了指控张某介绍罗某某卖淫的核心证据。令人不解的是，对于微信聊天记录来源的手机，尽管有扣押清单，扣押决定书，但是，对于扣押的涉案物品并未封存，特别是手机，不仅没有关闭网络，甚至连封存塑料袋上的封条都没有，也没有让嫌疑人签名确认。根据《关于办理刑事案件收集提取和审查判断电子数据若干问题的规定》，对扣押的手机首先要关闭其网络，然后在持有人和见证人的见证下，对手机的系列号进行提取核对后封存。本案中，公安机关于 2018 年 4 月 20 日扣押的嫌疑人的手机，直到 2018 年 5 月 14 日才对手机的微信聊天记录进行提取。时隔 24 日，手机是否为同一部手机？因为没有关闭网络，没有封存，手机里的微信聊天记录是否被污染或更改的情况无法排除，甚至连手机是不是同一部都无法确认。不仅同一性存在问题，即便手机是同一部手机，由于电子数据的提取并未依照规定进行，案件已经到了法院审判阶段，根本没有补正的可能。公安机关如何作出合理的解释？很明显，这是非法取得证据，没有封存没有封闭网络，如何解释都不合理。

案例 3-13 谢某非法经营罪案

该案涉案的是两台烟机。起初是由烟草专卖局的执法大队在执法过程中扣押的。根据《烟草专卖行政处罚程序规定》（2010 年）第 32 条第 2 款的规定："烟草专卖行政主管部门先行登记保存证据，应当出具先行登记保存通知书，由执法人员、当事人签字或者以其他方式确认后，分别交当事人和本烟草专卖行政主管部门。当事人拒绝确认或者不在场的，应当由二名以上见证人在场确认；见证人不足二名或者拒绝确认的，执法人员应当在先行登记保存通知书上注明情况并签字。"尽管烟草专卖局在审判阶段补充提交了一份情况说明，对于没有出具先行登记保存通知书等情况进行解释。该说明是基于涵江区公安分局的反馈而出具的，说明书注明："因当日执法过程中，现场相关涉案人员已经潜逃，涉案房产的所有人在外地，现场无法找到与案件相关的当事人员。且因执法地点处于农村，时间较晚，无法找到其他工作人员作为见证人进行见证。"但该理由明显不符合常理。最为关键的是，现场扣押保管的烟机，是由零零散散的零部件组成的，尚未组装完成。对于现场扣押的烟机零部件，该局执法大队没有逐个封存，不能证实鉴定的素材，是现场扣押的零部件。

三、阅卷时要着重审查物证、书证是不是原物、原件，是否经过辨认、鉴定

当然，我们阅卷时看到的多数是复制件，基本上看不到原件。所以，对于物证书证的阅读审查，不仅要核对这些复制件，更要花心思去分析判断复制件与原件是否具有同一性，是否有被污染，提取的方法是否符合法定的程序。某个生产销售伪劣产品罪案件，有份被扣押的记账单，记账单上有打钩的，有未打钩的，其中打钩的产品被认定为已经核对过确定销售。记账单里记载的数量有经过打钩的，有没有经过打钩的，而打钩与否对于涉案金额的确定是起到关键性的作用的。由于扣押记账单时，并未对记账单上打钩部分进行核对，到底打钩部分是否全部为犯罪嫌疑人打钩的，是扣押之前打钩的，还是扣押之后打钩的，打钩的涉及的数额与其他证据能否相互印证都是存疑的。

四、对于物证、书证，应当结合搜查证和搜查笔录来审查

某介绍卖淫罪案中，作为定案的核心证据是手机里的微信聊天记录。我注意到搜查证载明告知犯罪嫌疑人的时间是 2018 年 4 月 20 日 3 时，但在受案登记表上，载明的接报案时间是 2018 年 4 月 20 日 3 时 15 分。这种情况告诉我们，这个案件公安机关还没有接到报案，就已经用搜查证搜查了犯罪嫌疑人的住所，注意本案公安机关搜查的是犯罪嫌疑人的住所，而不是作案现场，这样的搜查程序严重违法。搜查，是立案之后的一种侦查手段，只有在案件受案之后才能进行。根据《刑事诉讼法》的规定，为了收集犯罪证据、抓获犯罪人，侦查人员可以对犯罪嫌疑人以及可能隐藏罪犯或者犯罪证据的人的身体、物品、住处和其他有关的地方进行搜查。也就是说，搜查必须是在案件受案之后，为了上述目的的搜查才能进行。

五、搜查妇女的身体，必须由女工作人员进行

张某介绍卖淫罪一案中搜查笔录记载，民警从犯罪嫌疑人身上搜查出一

部手机。而犯罪嫌疑人是女性，根据《公安机关办理刑事案件程序规定》第225条第3款规定："搜查妇女的身体，应当由女工作人员进行。"很显然，这样的搜查也是违法的，不仅不能补正，也无法作出解释。这样简单粗暴地搜查，搜查到的物证，能不能作为定案根据呢？根据《人民法院办理刑事案件排除非法证据规程（试行）》第3条规定："采用非法搜查、扣押等违反法定程序的方法收集物证、书证，可能严重影响司法公正的，应当予以补正或者作出合理解释；不能补正或作出合理解释的，对有关证据应当予以排除。"

六、审查物证书证时，应当注意，该物证书证是否有现场封存

《刑事诉讼法》第141条第1款规定："在侦查活动中发现的可用以证明犯罪嫌疑人有罪或者无罪的各种财物、文件，应当查封、扣押；……"第2款规定："对查封、扣押的财物、文件，要妥善保管或者封存，……"上述的生产销售伪劣产品罪案中的记账单，就是因为没有在扣押时现场封存，导致无法判断到底上面的打钩是何时打的，谁打的钩。在高某危险驾驶罪案中，血样的提取同样没有现场封存，无法证明提取的血样和送检的血样是否为同一个人的，是否有被污染过。而在张某介绍卖淫罪一案中，由于对扣押的手机没有现场封存，导致提取的电子数据无法作为定案根据。

第七章 07 阅读和审查电子数据

电子数据是在《刑事诉讼法》第 50 条规定的 8 种证据类别中的第 8 项证据。随着网络科技飞跃发展，网络社交工具的层出不穷，不仅民商事案件经常出现电子数据类的证据，各种刑事案件中，作为八类刑事证据中的一种，电子数据所占的比例越来越多。特别是互联网金融，互联网诈骗犯罪，《刑法》规定的 468 个罪名，几乎每个罪名都可能存在电子数据。为了规范电子数据的收集程序，2016 年 9 月 9 日，最高人民法院、最高人民检察院和公安部联合制定了《关于办理刑事案件收集提取和审查判断电子数据若干问题的规定》，2019 年 2 月 1 日，公安部又单独出台了《公安机关办理刑事案件电子数据取证规则》。由于对电子数据的司法解释比较多，比较细，比较严格，所以公安机关在收集的时候，往往容易忽略。这就给辩护律师留下了极大的辩护空间。下面，针对电子数据的特点，我总结以下几个方面进行审查。

一、审查电子数据的收集过程

根据最高人民法院、最高人民检察院与公安部（简称"两高一部"）《关于办理刑事案件收集提取和审查判断电子数据若干问题的规定》第 7 条规定："收集、提取电子数据，应当由二名以上侦查人员进行。取证方法应当符合相关技术标准。"公安部的《公安机关办理刑事案件电子数据取证规则》第 6 条进一步规定了，"必要时，可以指派或聘请专业技术人员在侦查人员主持下进行收集、提取电子数据"。2016 年 10 月份，在朱某某诈骗罪一案中，侦查机关在扣押朱某某用于诈骗的电脑时，只有一名侦查人员和一名辅警，而辅警并非侦查人员，所以这样的收集电子数据方式，不符合两高一部的司法解释，也不符合公安部关于收集电子数据的规定。如何确定有没有两名以上侦查人员收集电子数据，一定要结合会见时对犯罪嫌疑人（被告人）的了解进行，然后结合庭审对侦查机关收集电子数据时是否由两名侦查人员进行的事实进行发问核实，再对该部分证据提出排除非法证据申请。庭审时，这个案件没有申请非法证据排除，但是对电子数据的提取方式进行发问，通过对被告人的询问，了解到侦查机关提取这份电子数据并未依法进行。然后主张该电子数据不能作为定案根据。尽管这个案件最终法院没有支持排除非法证据申请，但在量刑时予以充分的考虑，最终对朱某某不仅降档处罚，并且适用缓刑。

二、审查提取电子数据的方式是否符合要求

《关于办理刑事案件收集提取和审查判断电子数据若干问题的规定》第8条规定："收集、提取电子数据，能够扣押电子数据原始存储介质的，应当扣押、封存原始存储介质，并制作笔录，记录原始存储介质的封存状态。封存电子数据原始存储介质，应当保证在不解除封存状态的情况下，无法增加、删除、修改电子数据。封存前后应当拍摄被封存原始存储介质的照片，清晰反映封口或者张贴封条处的状况。封存手机等具有无线通信功能的存储介质，应当采取信号屏蔽、信号阻断或者切断电源等措施。"在张某某诈骗罪案中，公诉人认为案件事实清楚，证据确凿，案情简单，不通知辩护律师，甚至对被告人作笔录时，让被告人认罪认罚，然后直接将案件起诉到法院，并建议适用简易程序。辩护律师阅卷时发现侦查人员不仅没有封存原始介质，而且没有依法拍摄被封存原始介质的照片，所以认为该电子数据提取过程违反程序，无法补正且无法作出合理解释，属于非法证据，于是直接向法院申请排除非法证据。这一组电子数据关系到被告人是否构成犯罪，是定罪的核心证据。尽管被告人认罪，但如果这一组证据被排除了，只有被告人的供述，要定罪的话，明显事实不清、证据不足。后来，公诉人要求对被告人作认罪认罚，并拟定从宽处理的量刑建议方案。经过与被告人及其家属协商，被告人及其家属均表示同意公诉人提出的认罪认罚后的量刑建议。

三、审查电子数据的收集和提取是否有持有人和见证人的签名

《关于办理刑事案件收集提取和审查判断电子数据若干问题的规定》第14条规定："收集、提取电子数据，应当制作笔录，记录案由、对象、内容、收集、提取电子数据的时间、地点、方法、过程，并附电子数据清单，注明类别、文件格式、完整性校验值等，由侦查人员、电子数据持有人（提供人）

签名或者盖章；电子数据持有人（提供人）无法签名或者拒绝签名的，应当在笔录中注明，由见证人签名或者盖章。有条件的，应当对相关活动进行录像。"所以，电子数据的收集和提取应当由持有人（提供人）的签名，并附电子数据清单。同时，该规定第 15 条规定："收集、提取电子数据，应当根据刑事诉讼法的规定，由符合条件的人员担任见证人。由于客观原因无法由符合条件的人员担任见证人的，应当在笔录中注明情况，并对相关活动进行录像。针对同一现场多个计算机信息系统收集、提取电子数据的，可以由一名见证人见证。"而这个见证人，必须不能与该案件有利害关系，不能是办案机关的工作人员或聘用人员。在王某某等生产销售伪劣产品罪案中，侦查机关在收集和提取电子数据时，见证人就是辅警。起诉时没有见证人，只要在笔录中注明情况，也比采用没有见证人资质的辅警作为见证人合法。所以当辩护律师审查这个案件的电子数据时，发现侦查机关在收集电子数据过程中存在严重的问题，便在庭审时质疑，尽管无法在定罪方面予以考虑，但在量刑时得到了比较充分的体现。

四、审查电子数据的检查过程是否合法

《关于办理刑事案件收集提取和审查判断电子数据若干问题的规定》第 16 条第 2 款、第 3 款规定："电子数据检查，应当对电子数据存储介质拆封过程进行录像，并将电子数据存储介质通过写保护设备接入到检查设备进行检查；有条件的，应当制作电子数据备份，对备份进行检查；无法使用写保护设备且无法制作备份的，应当注明原因，并对相关活动进行录像。电子数据检查应当制作笔录，注明检查方法、过程和结果，由有关人员签名或者盖章。进行侦查实验的，应当制作侦查实验笔录，注明侦查实验的条件、经过和结果，由参加实验的人员签名或者盖章。"但我发现很多案件的电子数据的检查都没有依照该规定，对电子数据存储介质的拆封过程进行录像，甚至连电子数据的检查过程也没有制作笔录，没有注明检查方法、过程和结果，并且没有有关人员签名或盖章。而根据公安部《公安机关办理刑事案件电子数据取证规则》第 44 条规定："电子数据检查，应当由二名以上具有专业技术的侦查人员进行。必要时，可以指派或者聘请有专门知识的人参加。"第 46 条还规定："电子数据检查应当保护在公安机关内部移交过程中电子数据的完整性。移交时，应当办理移交手续，并按照以下方式核对电子数据：（一）核对

其完整性校验值是否正确；（二）核对封存的照片与当前封存的状态是否一致。对于移交时电子数据完整性校验值不正确、原始存储介质封存状态不一致或者未封存可能影响证据真实性、完整性的，检查人员应当在有关笔录中注明。"在张某介绍卖淫罪案中，电子数据提取笔录中分明写着"电子数据未封存状态"，这给了辩护人一个很好的质证理由。

《关于办理刑事案件收集提取和审查判断电子数据若干问题的规定》第27条规定："电子数据的收集、提取过程中存在下列瑕疵，……不能补正或作出合理解释的，不能作为定案根据：（一）未以封存状态移送的；（二）笔录或者清单上没有侦查人员、电子数据持有人（提供人）、见证人签名或者盖章的；（三）对电子数据的名称、类别、格式等注明不清的；（四）有其他瑕疵的。"在邱某虹诈骗罪案中，被害人提供给侦查机关的微信聊天记录，不仅没有扣押清单、扣押笔录，还没有电子数据提取过程，所有证据均为被害人自行提交。

五、审查电子数据的真实性

这个问题比较专业，因为电子数据的真实性的举证责任在于公诉机关，辩护人只需要提出合理怀疑就可以。但是，怎样的怀疑才算合理？辩护律师的角度和公诉人的角度不一样，与裁判者的角度也有不一样的。是否合理，公说公有理，婆说婆有理，裁判者往往倾向于公诉人，所以，即便辩护律师提出的怀疑十分合理，但由于每个人的位置不一样，每个人有不一样的理解，所以很难判断。再加上是否合理，应当依据客观存在的证据和事实来加以判断。辩护律师要以什么方法针对电子数据的真实性质疑呢？除了上述的"未封存，无侦查人员、持有人、见证人签名盖章，名称、标识和格式注明不清"以外，还有《关于办理刑事案件收集提取和审查判断电子数据若干问题的规定》第28条规定的三种情形"（一）电子数据系篡改、伪造或者无法确定真伪的；（二）电子数据有增加、删除、修改等情形，影响电子数据真实性的；（三）其他无法保证电子数据真实性的情形"只要存在这几种情形，可以通过委托有资质的司法鉴定部门进行鉴定。所以，当辩护律师认为，侦查机关收集的电子数据真实性存在问题的时候，还可以通过申请司法鉴定来对电子数据的真实性进行鉴别。

在审查收集和提取电子数据时，对扣押的原始存储介质，应当会同在场见证人和原始存储介质持有人（提供人）查点清楚，当场开列《扣押清单》一式三份，写明原始存储介质名称、编号、数量、特征及其来源等，由侦查人员、持有人（提供人）和见证人签名或者盖章，一份交给持有人（提供人），一份交给公安机关保管人员，一份附卷备查。这都是判断真实性的依据，都可对此质疑。

第四篇

发问篇

第一章 ₀₁ 发问篇概述

全面推进"以审判为中心的庭审实质化改革",核心部分就是庭审发问。《人民法院办理刑事案件第一审普通程序法庭调查规程(试行)》一共53条,关于庭审发问的规定为从第7条到第27条,有21条。包括对被告人的发问,对被害人的发问,对证人的发问,对鉴定人的发问等等。其中最重要的是第13条第1款规定:"控辩双方对证人证言、被害人陈述有异议,申请证人、被害人出庭,人民法院经审查认为证人证言、被害人陈述对案件定罪量刑有重大影响的,应当通知证人、被害人出庭。"根据这个规定,假如辩护律师对证人证言、被害人陈述有异议,向法院申请证人、被害人出庭,若该证人证言、被害人陈述对定罪量刑有重大影响,则人民法院应当通知证人、被害人出庭。若没有通知证人、被害人出庭,且该证人证言、被害人陈述对案件定罪量刑有重大影响,则该证人证言、被害人陈述不能作为定案根据。假如辩护律师对证人证言、被害人陈述有异议,应当充分利用这个规定,向法院申请通知证人、被害人出庭。

发问一定要围绕辩护思路进行,结合卷宗材料及会见、沟通了解到的案件事实,寻找出有利于被告人影响定罪量刑方面的所有事实真相,以及对被告人不利的影响定罪量刑方面的所有事实真相。将每个事实分解成几个闭合式的问题,以发问的方式,还原所有有利于被告人的事实真相,反驳公诉机关指控的不利于被告人的情况。

庭审发问很重要,庭审发问要结合庭前辅导,结合阅卷,结合举证质证,结合庭审辩论。而且,庭审发问的目的,是通过庭审发问,帮助法庭查明有利于被告人的案件事实,让被告人依法获得最大的利益。庭审发问的基础是,充分阅卷,充分了解整个案件的事实,同时要掌握一定的技巧,有目的地针对程序,事实等各方面进行发问。

很多辩护律师喜欢让被告人简单回答"是"或者"不是",因为担心被告人回答偏离自己想要的答案。所以,发问的方法在庭审中往往是不被允许的诱导性发问，遇到有经验的公诉人，直接提出反对，辩护律师马上就会被打乱节奏。而且，让被告人简单回答"是"或者"不是"这种结论性的答案，根本没有办法打动法官，也没有办法打动旁听席，更别说动摇公诉人指控的犯罪事实和从重加重情节。我总结了近 20 年的办案经验，并通过努力学习发问的技巧，将发问篇分成如下几章进行阐述。

第二章 02 发问的目的

根据《刑事诉讼法》第 37 条规定："辩护人的责任是根据事实和法律，提出犯罪嫌疑人、被告人无罪、罪轻或者减轻、免除其刑事责任的材料和意见，维护犯罪嫌疑人、被告人的诉讼权利和其他合法权益。"根据该条规定，辩护律师的发问，也是为了被告人无罪、罪轻或者从轻或者减轻、免除其刑事责任，维护被告人的诉讼权利和其他合法权益。

到了需要准备庭审发问这个环节，案件通常已经进入审判阶段。到了这个阶段，辩护律师已经做完阅卷工作，并且多次会见被告人，对案件事实作了比较充分的了解，辩护思路也跟被告人做了详细的沟通。到底是作无罪辩护，还是罪轻辩护，或者是"骑墙辩护"（既作无罪辩护，又作罪轻辩护），在庭审发问之前，要做好充分准备。

第一节　无犯罪事实的发问

有一起没有犯罪事实的强奸案发生于 2005 年，可惜那时当事人没有委托律师，我知道这个案件的时候，已经是 10 年后的 2015 年，当事人已经服刑完 3 年，出狱 7 年多。接受委托之后，我通过仔细阅卷，并几次会见当事人，详细了解案情。尽管这个案件已经过去 15 年，除非提起再审，否则根本不存在发问这个环节。

这个强奸案发生于 2005 年春节后一个深夜，当事人许某某到一家洗发店洗发，听到有人在店门外吵闹，就出来看热闹。他看到一名穿军装的人正要将一名洗发妹拉进的士，就在旁边起哄。次日中午，洗发妹到派出所报案被那男子带到附近的信用社宿舍强奸，早上那男子将洗发妹带到镇上吃早餐后送她搭公交到市区。到市区后，洗发妹就和老板一起到派出所报案。派出所接到报案之后，就立案侦查，对洗发店的老板，信用社宿舍的保安作了询问笔录。老板证实其看到许某某帮助穿军装的男子将洗发妹推进的士，保安证实其未听见也未看见什么，民警在案发现场找到了沾有精液精斑的纸巾，但没有对精液精斑作 DNA 鉴定。这个案件最核心的问题是，被害人洗发妹有没有被强奸。而且，案发地点是在某信用社宿舍楼，平时大门是关闭的，有保安看门开门。宿舍不可能什么人都能进去。那个男子是怎么进入案发现场？钥匙从何而来，看门的保安不可能在深更半夜将陌生人放进宿舍。从信用社宿舍这个环节，完全可以查出那个男子是谁，假如存在强奸行为，怎么可能 15 年过去了都没能找到？

15 年过去了，被指控实施强奸行为的李某至今还属于另案处理当中，尚未归案，许某某已经被以强奸罪（帮助犯）定罪量刑，并且出狱 12 年了。假如许某某构成强奸罪的帮助犯，那么那位的士司机更应该成为帮助犯。假如这个案件发生在今天，而我是许某某的辩护律师的情况，肯定是要做无罪辩护，而且是没有实施犯罪行为的无罪辩护。案件已经进入审判阶段，该如何做好无罪辩护呢？经过了充分阅卷和会见，对案件的事实，对卷宗材料的细节都已经充分了解，如何质证，如何发问，如何发表辩论意见，在庭审过程中显得极为重要。庭审发问属于庭审调查的第一个环节，这个环节中，庭审发问对于被告人是否实施犯罪行为，本案是否存在犯罪行为这些事实有着极为关键的作用。鉴于本案的特殊性，这里着重以对被害人的发问，对重点证人的发问，和对被告人的发问，拟定发问问题。所发问的问题，围绕着几个内容：第一，被告人与被害人之间是否认识，是否存在矛盾。第二，被害人上的士时，周边有谁在场，老板、同事、周边群众？第三，当时被害人、老板、同事有没有人报案？这个地方在场人多，是报案的最佳场所和时机，为何当时没有报案？被害人有没有反抗？第四，进入信用社宿舍楼是否被强制？谁开的大门？当时为何没有报案？第五，在被强奸时为何没有呼救？第六，为何次日还跟李某一起吃早餐，为何没有在当地报案？为何报案时没有要求追究强奸行为的实施者李某，也没有要求追究将被害人载到强奸场所的的士司机？

进入审判阶段，我会申请被害人出庭接受询问。然后针对本案情况，拟定几个层次的问题进行发问。

第一，关于被指控实施强奸行为的李某。

1. 你是否认识李某？

2. 你是怎么知道李某这个人的名字的？

3. 李某是怎么来你们店的？

第二，关于如何上的的士。

1. 你是怎么到店门口的？

2. 你为什么会跟李某一起到店门口？

3. 你被拉进（推进）的士时，你们店老板有没有在现场？当时有没有其他同事或者旁观者在场？

4. 你当时有没有反抗？

5. 有没有向老板或者同事、围观者呼救？

6. 你有没有向的士司机呼救？你为何没有让的士司机停下来不要开走？

7. 你知道不知道的士的车牌号？

第三，关于如何进入信用社宿舍。

1. 的士司机把你们载到哪里？

2. 宿舍楼有没有围墙，有没有大门？

3. 大门谁开的？

4. 李某有没有持什么凶器？

5. 有没有对你实施殴打？

6. 宿舍是在二楼，没有电梯，你是怎么上去的？宿舍楼的保安出来开门时，你为什么没有向他呼救？

第四，关于强奸过程。

1. 你是否有反抗过？

2. 你如何表示你拒绝和李某发生性关系？

3. 你的衣服是自己脱的？

4. 还是他强行脱的？

5. 李某采用了什么手段让你没有反抗？

6. 你身上有没有伤痕？

7. 李某采取什么体位对你实施强奸？

第五，关于强奸之后。

1. 第二天早上你们什么时候醒来？

2. 你为什么跟李某去吃早餐？

3. 李某有没有给你钱？

4. 你知不知道李某住哪里？

5. 李某有没有给你联系方式？

6. 李某为何要带你到信用社宿舍发生性关系？

7. 李某有没有告诉你，他和许某某是否认识？

8. 李某有没有送你搭公交车？

第六，关于报案。

1. 报案的最佳时间和场所显然是在洗发店门口，被害人被迫上的士那个时间点，当时为何没有报案？

2. 同事、老板、围观者都没有人报案？

3. 你为何没有呼救？

4. 你为什么没有直接在当地派出所报案或者打 110 报案？

5. 你为什么等到乘公交回到店里之后才报案？

6. 是你自己要报案还是谁叫你报案？

7. 你报案时，有没有将你了解到的李某情况告诉公安人员？

8. 你跟许某某是否认识？

9. 许某某跟你有没有矛盾？

10. 你老板有没有跟许某某发生过矛盾？

11. 你老板是否认识李某？

12. 你知不知道你老板和许某某之间有没有矛盾？

13. 你为何要跟老板一起去报案？

第七，关于鉴定。

1. 法医有没有对你的身体进行检查？

2. 有没有在你的体内提取精液精斑？

3. 在信用社宿舍，沾有精液精斑的纸巾是谁遗留的？

4. 你有没有要求对纸巾进行 DNA 鉴定来查出李某的实际身份？

假如这个案件发生在今天，我还会申请洗发店老板出庭作证，因为她的证言可能对被害人是否被强奸，许某某是否属于涉嫌强奸罪的帮助犯，有着重要的作用。根据《人民法院办理刑事案件第一审普通程序法庭调查规程（试行）》第 13 条第 1 款规定："控辩双方对证人证言、被害人陈述有异议，申请证人、被害人出庭，人民法院经审查认为证人证言、被害人陈述对案件定罪量刑有重大影响的，应当通知证人、被害人出庭。"除非证人和被害人的陈述对定罪量刑时不作为定案根据，否则，法院应当通知证人、被害人出庭接受询问。所以，对于洗发店的老板，也应当申请出庭作证。假如洗发店老板出庭作证，我将设计以下几个问题：

第一个问题是，关于许某某。

1. 你是否认识许某某？

2. 你与许某某之间有没有矛盾？

3. 你怎么知道被害人上的士与许某某有关系？

4. 你亲眼看到亲耳听到的，还是听谁说的？

第二个问题是，关于现场。

1. 被害人上的士时，你是否在场？

2. 你店里还有几个员工在现场？

3. 你旁边的洗发店有没有其他人在围观？

第三个问题是，关于被害人如何被带走。

1. 你什么时候知道被害人被强行带上的士？

2. 知道后的第一时间为什么没有报警？

第四个问题是，关于李某。

1. 你是否认识带走被害人的李某？

2. 你和被害人报案时，知道不知道李某是谁？

关于许某某的问题，也是围绕几个方面来拟定：第一，你和李某是否认识？第二，你和被害人是否认识？和洗发店老板是否认识？有没有矛盾。第三，你和的士司机是否认识？第四，在被害人上的士时，有哪些人在现场？第五，你是否知道案发那个信用社宿舍楼？

第二节　事实不清、证据不足做无罪辩护时的发问

以事实不清，证据不足作无罪辩护，有太多这样的案件，但只要被批准逮捕，我代理过的案件，还没有一起获得无罪判决的。有一起非法转让、倒卖土地使用权罪案件在二审时改判免予刑事处罚，一起贪污罪经过最终判决免予刑

事处罚，一起检察院建议量刑 10 年以上，结果法院最终判决 1 年 6 个月。这三起案件都是典型的事实不清证据不足的案件，一直做无罪辩护，都坚持到了二审。下面讲讲这起二审被改判免予刑事处罚的洪某伟非法转让、倒卖土地使用权罪案件的庭审发问吧，分享下如何对事实不清，证据不足案件发问。

案例 4-1　洪某伟非法转让、倒卖土地使用权罪案

公诉机关指控，被告人洪某伟伙同廖某某、洪某佳于 2011 年共同购买一块 5.8 亩土地，于 2015 年将其中 1 亩土地建筑五间店面进行分割。余下 4.8 亩土地没有分割，但按照份额，每人持有 1.6 亩土地。2016 年，洪某伟伙同廖某某将两人共有的 3.2 亩土地非法转让给洪某富，洪某富给廖某某 40 万元，给洪某伟 10 万元现金并出具 28 万元欠条。实际上是廖某某先将自己名下的 1.6 亩土地转让给洪某富，因为洪某伟和廖某某、洪某佳的 4.8 亩土地没有实际分割，所以洪某富就想把洪某伟名下的 1.6 亩土地一起购买。就在支付给廖某某 40 万元之后，通过廖某某的介绍，联系洪某伟，由洪某富向洪某伟购买 1.6 亩土地，并跟洪某伟砍价，以少于廖某某 2 万元的价格成交。洪某富先给洪某伟 10 万元，再出具 28 万元欠条。按照这样的事实，洪某伟和廖某某根本就不可能是共同转让的，而是分别转让的。公诉机关认定洪某伟及廖某某合伙非法转让 3.2 亩土地使用权，共计获利 59.2 万元，已构成非法转让、倒卖土地使用权罪。这个案件核心问题是，廖某某与洪某伟是共同转让，还是分别转让。如果是分别转让，无论是转让的土地面积，还是获利数额都达不到立案追诉标准。如果是共同转让，则尽管土地面积达不到立案追诉标准，但非法获利数额已经足够。所以，这个案件在发问环节，主要就是针对廖某某和洪某伟设计了几个问题。

针对廖某某，我设计了几个问题：

1. 你和洪某伟、洪某佳购买的 5.8 亩土地有没有分割？

2. 你们拿出 1 亩的土地盖店面分配，是怎么分配的？

3. 余下的 4.8 亩土地你们是怎么分配的？有没有分割？

4. 洪某富是怎么跟你联系购买土地的？又是怎么联系洪某伟的？

5. 洪某富什么时候跟你联系购买土地，什么时候给你钱，给了多少钱？

6. 你、洪某富给洪某伟多少钱？什么时候给的？

7. 洪某富为什么给你 40 万元，却给洪某伟 10 万现金和 28 万元欠条？

8. 你和洪某伟、洪某佳这块 4.8 亩的土地有没有分割？

9. 你和洪某佳、洪某伟是怎么分配 4.8 亩土地的？

针对洪某伟的问题，根据洪某伟的具体情况，主要针对洪某伟将土地转让给洪某富的起因，土地价格是跟廖某某一起谈的，还是分开谈的，为何比廖某某少 2 万元。这个案件还有两个关键问题，第一个问题是廖某某和洪某伟如何将土地交割给洪某富。第二个问题是，洪某富应该作为证人出庭作证，因为他的证言对洪某伟、廖某某是共同转让土地还是分别转让土地起到关键的作用。可惜，法院没有传唤证人洪某富出庭作证，而当时的我也没有对洪某伟和廖某某如何将土地交割给洪某富进行发问。假如换在现在庭审，我还会设计关于土地如何交割给洪某富的问题。这个案件一审判决洪某伟 6 个月有期徒刑，缓刑 8 个月，二审改判免予刑事处罚。

第三节 程序上无罪案件的发问

程序上无罪，我的理解是指定罪量刑的证据是非法证据，一种是法律明确规定不能作为定案根据的证据，一种是《刑事诉讼法》第 56 条规定的应当予以排除的证据，还有一种是无法补正又不能作出合理解释，而且可能影响公平公正的证据。如果按照"毒树之果"的理论，这些定罪量刑的证据一旦是属于上面三种情形的，就应当予以排除，缺了这样的证据，就不应当定罪量刑。比较出名的是美国辛普森杀人案，还有周某波在美国藏毒案，都是因为程序不合法而不能定罪。福州的谬某华一家五口杀人案，浙江张氏叔侄强奸杀人案、聂某斌强奸杀人案等，最终都是找到非法证据，启动再审，排除非法证据之后改判无罪。这里以我个人认为程序上无罪，最终却被判决有罪的醉驾案件来作例证。这个案件发回重审，历经 4 次庭审，下面先简单介绍下案件情况。

案例 4-2 郭某某危险驾驶罪案

2016 年 11 月 26 日，郭某某酒后驾驶摩托车到案发现场，下车后，手持铁锹砸破某政府工作人员的车窗，民警到现场时，郭某某已在现场睡着。民警将郭某某带至县医院抽血，然后送往司法鉴定所对酒精含量进行鉴定。鉴定结果是308毫克/毫升，依据的是2010年司法部的危险驾驶标准，但2016年9月，司法部新标准已经出台并实施。一审法院判决根据鉴定所的鉴定结论判决郭某某犯危险驾驶罪，处拘役3个月。当事人委托我上诉，我以一审判决所依据的鉴定意见不能作为定案根据为由帮郭某某提出上诉，二审法院发回重审。发回重审之后第一次开庭，直到开庭前十几分钟，我才知道公诉人通知鉴定人出庭作证。这个案件被告人郭某某的供述对案件没有什么影响，核心证据就是这份鉴定意见，只要鉴定意见不合法了，这个案件就是无罪。所以，鉴定人出庭作证，对鉴定人的发问显得极为重要。于是，我利用那几分钟，匆匆拟定几个问题发问。首先是向公诉人发问，显然公诉人看到鉴定意见中虽然有两名鉴定人，但司法实践中，往往是一个鉴定人作的鉴定，两个鉴定人签名。我听见公诉人开口发问："鉴定书上载明你和……"我知道公诉人目的是要提醒鉴定人，鉴定过程是两名鉴定人共同鉴定的，所以马上打断公诉人的发问："反对公诉人指示性的发问！"审判长显然也知道我反对的是什么，所以支持我的反对意见，要求公诉人不能指示性发问。于是，公诉人换了另一个问题：你为何适用2010年的标准？鉴定人回答：那是笔误，我是按照2016年的标准鉴定的，只是在制作法律文书时，用了以前的版本。其实，2010年的标准和2016年的标准内容一模一样。

轮到我发问，我设计了以下几个问题。

1. 这份血样是谁鉴定的？

鉴定人回答：是我。这个问题要解决的是，鉴定必须由两个有资质的鉴定人才能作，只有一个鉴定人作的鉴定是不能作为定案根据的，鉴定人无疑陷入我的"圈套"。

所以，我紧接着追问：还有没有别人？

鉴定人回答说："没有。"

鉴定人的回答很完美地解决了我的问题。鉴定人告诉法庭，是他一个人完成鉴定的。

2. 血样的容器是用什么品质什么型号的？

鉴定人回答：是用塑料瓶。

作为鉴定人，他应当知道鉴定血液中的酒精含量，要使用抗凝管，学名为EDTA管，而不是塑料管。第二个问题目的是要证明鉴定样品所用的容器不是酒精测试专用的抗凝管。

3. 容器上有没有封条？

鉴定人回答说：没有。

这个问题是要解决血样的同一性问题，抽取的高某某的血样和鉴定的血样不能排除不具有同一性，或者被污染的可能。

4. 我的第四个问题：血样是怎么移交到鉴定所的？

鉴定人回答："是冷藏的。"

我继续追问：从抽血医院到鉴定所一百多公里，怎么冷藏的？

鉴定人回答：不知道，我拿到样品的时候是冷的。

5. 我的最后一个问题是：你有没有在鉴定意见里签名？

鉴定人说：有盖鉴定人的章，没有签名。

根据最高人民法院《关于适用〈中华人民共和国刑事诉讼法〉的解释》第 97 条规定，鉴定意见必须要有鉴定人的签名和鉴定机构的盖章。

这次发问，我自以为很成功，我认为，根据最高人民法院《关于适用〈中华人民共和国刑事诉讼法〉的解释》第 97 条规定，这个鉴定意见不能作为定案根据。

这次庭审，从下午 3 点一直到 6 点半，一个醉驾案件开庭开了 3 个多小时。根据这次庭审效果来看，这份鉴定意见不能作为定案根据，我认为这个案件应当判决无罪。后来，这个案件又开了 3 次庭，最终经过审委会研究，还是判决郭某某犯危险驾驶罪，处拘役 3 个月，并处罚金。现在回想起来，这个案件假如不做无罪辩护，争取下缓刑对当事人也是好的。毕竟，类似用旧标准作为鉴定依据的鉴定意见太多了，这家鉴定所在 2017 年 12 月之前的鉴定意见都采用 2010 年的标准。

假如这个案件判无罪，其他那么多案件怎么办？不可能都改判无罪吧？所以，在司法实践中，遇到类似的案件，从当事人的利益最大化来考虑，有时还是不得不选择妥协。

第四节　罪轻辩护的发问

绝大多数的案件定罪没有问题的，所以更多的时候就要从卷宗中找到对被告人有利的证据，然后通过质证、发问、辩论和沟通来为被告人争取最大的利益。比如共同犯罪中的主从犯辩护，往往不得不充当第二公诉人将其他被告人往前顶，这样才能让自己的当事人往后退。这个时候就要对共同犯罪中，对自己的当事人相关联的同案犯进行发问，拟定一些对当事人有利的问题进行发问。还有关于特殊情况下的自首情节，许多时候公诉机关并不认定，要通过庭审发问来帮助法庭对自首行为进行认定。还有一些关于犯罪情节的，比如正当防卫或者防卫过当，犯罪数额方面等都需要庭审发问进行认定。而随着认罪认罚制度的实施，越来越多的案件走的是认罪认罚道路，所以庭审发问的机会不多。尽管如此，还是要重视一些来之不易的用得上的庭审发问机会，多花一些工夫设计好发问的问题。特别是共同犯罪案件中，即便是认罪认罚的案件，毕竟公诉机关的量刑建议并不是很精准，还保留一些空间。所以，如何在庭审中充分利用质证、发问、辩论和庭前庭后的沟通，让当事人获得最大化的利益，就成了辩护律师需要学习和加强的一项技能。下面，我就以某个涉恶案件在庭审发问中运用发问的技巧，让我的当事人能够获得最大程度的轻判的案例来阐述。

案例4-3　林某军、董某某等涉恶犯罪集团寻衅滋事罪案

这个涉恶犯罪团伙总共22人，公安机关在移送起诉时，将我的当事人列为第三号人物，而且认定为该犯罪团伙的组织者、纠集者、领导者。而认定我的当事人为组织者领导者的理由是：①是前任村老人协会的理事；②当过学校老师，有文化，受群众尊重；③在群众围堵被害人企业时，当众提出抽签，每家每户派人轮流围堵；④乡镇领导和村领导出面协调时，代表老人会一方；⑤被害人企业出资聘请其作为环保监督员，领取被害人企业共11 000元的工资；⑥跟首犯是好朋友，是纠集者的大哥。这个案件在公安阶段和审查起诉阶段我都做了无罪辩护。

因为这个案件涉恶犯罪集团，作无罪辩护肯定会被认定为主犯，结果对当事人极为不利。所以，我尽管在侦查阶段和审查起诉阶段作了无罪辩护，但到了审判阶段经过跟当事人林某军和家属协商后，将辩护思路调整为罪轻辩护，原来当事人被认定为组织者主犯，现在作为从犯来辩护，针对被害人企业这起案件作不构成犯罪辩护。对被害人企业这一起案件，由于公诉机关

的证据材料已经证明该企业无证经营，被限期清理，所以这一起只需要质证，不需要发问。于是，庭审之前，我会见了当事人，对当事人作了比较详细的庭前辅导，然后精心设计了几个问题：

1. 你什么时候任老人协会理事的？

当事人回答：在案发前就已经届满，没有再担任了。

2. 你是怎么到现场参加围堵的？

当事人回答说：是董某某到我家叫我一起去的。

3. 围堵被害人企业时，你为什么提议抽签？

当事人回答：当时大家都说要围堵，每家每户要派人参加，我提议用抽签的方式来确定值班顺序，大家都认为抽签比较合理。

4. 谁让你当环保督导员，谁给你工资？

当事人回答：是村长说我有文化，比较有公德心，而且已经退休所以让我当环保督导员。工资是村长让我把银行卡号提供给他的，然后给我工资。

5. 你参加几次围堵？

当事人回答：我只是那次被董某某叫过去参加，之后就是抽签抽到我家，我替我儿子去值班。

6. 你是怎么参加被害人企业和村民谈判的。

当事人回答：当时镇村两级领导牵头，让村老人协会和被害人企业协商处理，镇村两级领导说我比较有文化，所以叫我来念协议书给老人协会的人听。

为了进一步体现出我的当事人从犯地位和作用，我对第一被告人董某某设计了几个问题进行发问：

1. 案发当日，你有没有和林某军联系，是怎么联系的？

董某某说：案发那天，我到林某军家叫他一起到现场。

2. 现场有谁提议围堵被害人企业？

董某某答：大家都说要每家每户派人参加围堵。

3. 林某军到现场怎么说？

董某某回答：很多人说要按抽签顺序比较公平，林某军也这样提议，大家都同意抽签。

关于聘请环保督导员，卷宗里有体现，村长没有告诉林某军工资是由被害人企业发放的。这些问题让合议庭感到对林某军在参加本案的行为中，是被动的，一般参加者，不仅不是领导者纠集者，甚至不是积极参加者。这个案件如果问题问多了，可能还会引起合议庭的不满，所以我这样简明扼要问几个问题，再结合我在审查起诉阶段提交给检察机关的法律意见书，最终这个案件，我的当事人从原来的第三被告人往后退到第六位，而实际量刑时，是在十名开外。

我再讲一个如何针对犯罪情节作罪轻辩护的发问。

案例4-4　林某某盗窃罪案

起诉书指控被告人在同一个地方盗窃两次，一共盗窃七台电脑，第一次三台电脑，第二次四台电脑。但是，没有电脑的相关凭证，包括购买电脑的发票或者收款收据，被告人对于第一次盗窃行为供认不讳，但一直否认第二次盗窃的事实。这个案件我的辩护重点放在盗窃次数和盗窃数额上。除了质证和辩论，还针对本案特殊性，我在会见时，详细了解到被告人在第二次作案时间是不在作案现场的，于是就对他进行庭前辅导，让他说清楚第二次盗窃时间，人在哪里，有什么证据什么人能够证明他不在作案现场。尽管这个案件有价格鉴定书，但是被鉴定的电脑并不存在，也没有证据证明被害人单位有涉案四台电脑的事实。这个案件在开庭前我针对被告人在案发时间不在作案现场这个事实设计了几个问题。

1. 你记不记得×年×月×日你在哪里？

被告人回答：我在老家。

2. 你为什么能记得这一天在老家？

被告人回答：因为这一天老家有朋友结婚，我跟几个朋友到他家喝酒。

3. 你们喝酒喝到什么时候，喝完酒干什么？

被告人回答：那天喝酒喝到差不多晚上10点，然后几个朋友一起打牌，打到凌晨三点多，就在朋友家睡觉。

4. 你们老家到作案现场开车需要多长时间？

被告人回答：我们老家很少有小车，出门都是骑摩托车。从老家到作案现场骑摩托车要两个多小时。

5. 你第二天早上在哪里吃饭，跟谁一起？

被告人回答：第二天早上睡到十点多，没有吃早餐。

因为被害人并没有提供其有购买过第二次被盗窃的电脑发票，或者安装电脑的证据，加上庭审发问时，被告人言之凿凿证明自己案发时不在作案现场的事实。所以，这个案件最终将第二起盗窃事实砍掉。

第五节　骑墙辩护的发问

司法实践中，法院作出无罪判决的概率是极低的。根据相关统计，在看到有许多律师将免予刑事处罚也纳入成功的无罪辩护之中，也有把检察院撤回起诉作为无罪案件。我恍然大悟，为何统计数据会有如此偏差。这就是司法实践，正因为无罪太难，所以许多辩护律师不得不采取骑墙辩护（无罪辩护的同时，对量刑作罪轻辩护）。我曾经有过几个骑墙辩护的案件，最终获得免予刑事处罚，或者"实报实销"，或者以缓刑替代无罪的结果。刚接触刑事案件的时候，我把重点放在辩论阶段，以为庭审辩论才能发挥最大的辩护作用。所以，在2002年，漳州第一起黑社会性质犯罪案件中，我不顾审判长多次打断，坚持将写满9页纸的辩护词发表完，获得全场旁听者的掌声，这是我执业近20年的唯一一次在庭审时获得掌声。但是，那时根本不知道怎么质证，怎么通过庭审发问来还原案件事实真相，特别是有利于被告人的事实。经过这些年来对辩护技能的研究，发现刑事辩护不仅仅是一项综合性的技能，而且需要律师、当事人和家属立体性相互配合。在刑事诉讼中，庭审实质化改革，三个规程的试行，让庭审发问越发重要。这里就讲两个骑墙辩护的案件，其中一个是已经生效的获得免予刑事处罚的职务犯罪案件，一个是进入审判程序的案件，已经开过一次庭前会议，刚经过部分庭审调查。

案例4-5　林某某行贿罪案

林某某是公职人员，停薪留职负责另一家招投标代理公司的经营，他是这家代理公司的实际掌控人，公司章程登记信息上没有他的名字。2016年，为了获得某几个招投标的代理权，他向几个掌握代理权的公职人员送钱，总共送了7.5万元。结果因为这几个公职人员案发，供出接受林某某行贿的事实。关于行贿罪，如果是个人行贿的，3万元即达到立案追诉标准，如果是单位行贿，需要20万元才达到立案追诉标准。所以，这个案件如果认定是单位行贿的话，林某某就不会构成犯罪，如果认定为个人行贿的话，要争取免予刑事处罚才能保住公职身份。但是，如果认定单位行贿的话，则不仅影响到单位的经营，甚至还可能面临更多的风险。而林某某案发后一直处在被取保候审的状态，为实现辩护目的打下比较坚实的基础。这个案件经过与林某某的多次协商，最终拟定了以无罪辩护为手段，以免予刑事处罚为最终目的的辩护思路和辩护策略。为了实现这个辩护目的，林某某还经过多方了解，找到一个立功的机会，向公安机关举报了一起盗窃电动车电池的案件，公安机关对这起案件立案，并对嫌疑人采取强制措施。鉴于"死磕"单位行贿作无罪辩护会连累到单位的经营，所以，我们一方面要作单位犯罪的辩护，但不"死磕"，一方面要做个人行贿的罪轻辩护，只要能争取到免予刑事处罚，就是成功的。所以，这个案件我们有两个方面的事实要在庭审时查清，第一个事实是，到底本案是单位行贿还是个人行贿，如何通过证据和庭审发问来还原这个事实。第二个事实是，本案是否存在立功情节。因为公诉人对我们辩单位行贿极不满意，坚决要否认立功情节。为了说服合议庭，我仔细阅卷，并多次会见林某某，对整个案件的事实做了充分的了解，庭前拟定了庭审发问的三个方面问题：第一个，是围绕行贿行为是单位行为还是个人行为；第二个，围绕如何举报，举报后案件的进展情况；第三个就是林某某认罪认罚的问题。

关于单位行贿还是个人行贿，我设计了几个问题。

1. 你在这个公司任什么职务？

林某某回答，在这个公司，对外宣称我是总经理，但实际上工商登记没有我的名字。我是这个公司的实际掌控人，整个公司实际上是我在负责经营。

2. 你和股东之间是什么关系？

林某某回答：我向股东承包经营这个公司，将营业额的20%作为我的收入。

3. 股东和法定代表人有没有授权你向他人送钱？

林某某回答：股东和法定代表人不知道我向他人送钱，因为我是按照营业额的20%向股东承包经营的，我的收入来源于营业额，营业额越多，我的收入就越高。

4. 你为什么要送他人钱？

林某某回答：为了公司的业绩，也为了我自己的提成。

5. 你送他人的钱是哪里来的？

林某某说：是从我的提成中支付的。

6. 你有没有将送他人的钱拿到单位报销做账？

林某某回答：我送他人钱是为了公司的业绩，这些钱肯定来源于公司。但是因为我拿的是提成工资，所以实际上也是用我自己的钱。

这一方面的问题，首先是要证明林某某是单位的实际掌控人，目的是提高单位的业绩。其次，要证明林某某的行为与股东和法定代表人无关。再次，送他人的钱来源于单位，但实际上是个人的收入部分。这个案件做无罪辩护真的是两难，如果真的要做无罪辩护，必须要有行贿的钱来源于单位的证据，那就要对财务进行审计，在行贿的那段时间，单位的支出有没有这部分款项的证据。这样一来，恐怕会影响到单位的经营。所以，以单位行贿只是辩护策略，为了实现目的而进行的辩护，是为了动摇公诉机关的指控，最终的目的是让法院在定罪量刑时，作出对林某某更有利的判决。所以，在取保候审期间，林某某通过举报他人盗窃，争取到了一个立功的机会，但公诉人却不同意是立功。所以，必须在庭审调查时，对立功的情节进行发问，增加法官对林某某有立功情节的内心确信。

关于立功情节部分，我设计了几个问题：

1. 你从什么地方获知有人在×时×地盗窃电动车电池的？

林某某回答：我在泡温泉的时候，听有人闲聊时聊到这个事。

2. 泡温泉的人会告诉你这么详细？

林某某回答：是泡温泉时听到有人闲聊，然后我就到现场去打听，听说这个人偷了好几台电动车的电池，我只了解到这个盗窃的人是哪里人，叫什么名字。

3. 你报案时就提供这样的信息吗？

林某某回答：我还了解到这个人把偷来的电池卖给市区的某个电动车修理店，然后就去那个修理店看了，问了旁边的人，说不久前有人拿电动车电池卖给这个修理店。然后我到公安局去报案。

4. 公安局有没有给你书面答复？

林某某回答：公安局给我一张受案回执，后来又给我一张立案通知书。

这两份法律文书，在开庭之前已经提交给法院，连同我向公安机关调取的该案犯罪嫌疑人已经被采取强制措施的证据也已在庭前提交给法院。通过庭审发问，将林某某如何获取他人犯罪的事实，包括了解到的犯罪嫌疑人的具体名字、住址和犯罪行为等线索，向公安局报案，公安机关不仅已经对该案立案侦查，并且已经对犯罪嫌疑人采取刑事强制措施。尽管公诉人在庭审发问时，也向林某某问了几个问题，但因为这个立功表现是真实的，所以没有难倒林某某。

这起林某某行贿罪在设计辩护策略的时候，就跟林某某协商拟定骑墙辩护。因为林某某起初是以证人身份到检察院去接受调查的，是否如实供述，关系到万一被定罪能否构成自首的问题。所以，万一被定罪而自首没有认定，那么公诉机关的量刑建议就会被采纳。所以，做无罪辩护也是要顶着一定的风险的，就此我跟当事人作了多次的沟通和预案。在庭前辅导时，我按常规要求林某某必须实话实说，特别是之前在接受调查时的陈述，还有立案之后的供述不能翻供。所以，我在庭前辅导时，也对公诉人和法官可能讯问的问题，如何还原有利于自己的事实部分作了辅导。在公诉人读完起诉书之后，审判长第一个问题：被告人，你对起诉书指控的罪名和事实有没有异议。在我的辅导下，林某某的回答是，对事实没有异议，对于罪名，由法院判决。庭审发问，不仅仅要设计好发问的问题，还要结合庭前辅导，辅导当事人接受公诉人、审判员讯问时如何应对。针对这个案件的特殊情况，关于认罪认罚的问题，我主要辅导林某某应对公诉人和审判员讯问时可能问到的问题。这方面的问题，我只设计了一个问题，若法院要求你缴交罚金，你是否愿意。林某某回答，我愿意。

这个案件最终按照设定的方向发展，法院不敢判决无罪，也没有按照检察院建议的 4 个月至 8 个月的刑期量刑，而是判决林某某犯行贿罪，但免予刑事处罚。

案例 4-6　张某某滥伐林木罪案

张某某于 2003 年与黄某某、毛某某签订合伙造林协议，由张某某出两块山地，黄某某和毛某某出资出技术种植巨尾桉，约定张某某的义务就是提供山地，以及山地发生纠纷时要负责，从炼山、购买树种、种植到采伐、销售均由黄某某和毛某某负责，并约定了利益分配比例，事后办了林权证。由于毛某某是公职人员，所以林权证属于张某某和黄某某共有。2010 年，三人经协商同意砍伐其中一块山地的巨尾桉，张某某出具授权委托书给黄某某去办理采伐证。由毛某某和黄某某雇请他人采伐林木，以 90 万元的价格将林木销售给毛某某的朋友。之后，黄某某与毛某某私分了这些款项，理由是不够投资的成本。2013 年，张某某因故意伤害被判入狱服刑，出狱前，黄某某和毛某某将第二块山地的巨尾桉全部采伐销售，也未告知张某某。张某某出狱之后，不断向公安机关控告黄某某与毛某某在 2015 年滥伐林木，终于，黄某某于 2017 年被追立案，2018 年被以滥伐林木罪、非法占用农用地罪定罪量刑，但毛某某却没有被追究。张某某继续控告，终于 2019 年初，监察委对毛某某进行调查之后，移送公安对毛某某、黄某某涉嫌滥伐林木罪立案侦查，侦查期间，毛某某、黄某某供述，2010 年采伐第一块林地时，只申报了一小部分，大部分没有办理采伐证。当时张某某事先一起共谋。于是，张某某的身份，由证人转变成犯罪嫌疑人。这个案件已经开了三次庭，第一次是庭前会议，第二次庭审调查，第三次因为张某某身体原因无法开庭。这个案件极为特殊，三个同案犯被羁押在三个不同的地方。张某某一直喊冤，坚持作无罪辩护。但是鉴于无罪辩护的难度太大，加上张某某即便构成共同犯罪，在本案共同犯罪中，无论从申请采伐证、办理采伐证，雇请工人采伐、销售，以及利益分配中，张某某顶多是知道少办证多采伐的事实，其他并未参与，甚至最终也是因为没有分得一分钱，才不断向公安机关举报，导致本案被立案。所以，我在会见了十几次之后，还是决定作骑墙辩护，既作无罪辩护，又在量刑辩护中，作罪轻辩护。这个案件我写了好几篇文字发表在今日头条。这里摘录下第三篇文章，这篇文章写在庭审发问时，关于被告人是否事先共谋，以及本案是否公平公正两部分问题。以下是庭审发问内容摘要：在庭审过程中，审判长多次打断我的发问。第一被告人供述，三名被告人在采伐林木之前，商量过少办证多采伐，并且事后告知了第三被告申办多少面积。我发问时，要求第一被告回答如何商量如何告知，第一被告回答，因为三个人是合伙人，所以事先商量，办证之后有告知。审判长打断我说，第一被告已经回答，这个问题不要再问。我说，这个问题涉及第三被告是否具有主观故意，罪与非罪的问题，我要求就这个问题继续追问。而且，这个问题涉及第一被告供述的真实性。审判长说这样发问今天庭开不完。我回答，法庭调查，目的在于查明案件事实真相，不是走过场，如果只是走过场，法庭干脆直接宣判就好了。于是我不顾审判长的打断，继续发问，"你具体在什么时候什么地点商量的"，第一被告人黄某某支支吾吾回答不出来。然后我再问，"你什么时候告诉张某某的？"黄某某回答，在采伐期间，有一次张某某又到现场，在一起的时候有说。根据卷宗体现的黄某某办完采伐证之后，告诉毛某某，毛某某交代他要告诉张某某，并没有事先协商少办证多采伐。黄某某在2018年因滥伐林木和非法侵占农用地被判刑中，曾经作伪证，在这次被立案后，增加了一个罪名，就是伪证罪。所以，我特意针对这个事实设计问题进行发问，目的是要提醒法官，黄某某因被张某某举报而判刑，所以怀恨在心诬陷张某某。我问了他在2018年那个案件中，为何作虚假供述。黄某某回答，因为毛某某是公职人员，又是他的同学，而且林权证当时并没有办毛某某的名字，所以当时作了虚假供述。对这个问题进行发问，目的是动摇法官对黄某某关于张某某事先知道少办证的供述的确信。接下来是关于办理采伐证方面的问题。

一、我设计了几个问题问黄某某。

1. 林权证是张某某和你共有的，采伐证为什么只办张某某的名字而不是你和张某某的名字？

黄某某回答：可以只办一个人的名字。

2. 为什么不办你自己的名字？

黄某某回答：因为张某某有授权委托书给我。

3. 为什么你不直接办你的名字，这样就不需要张某某授权给你？

黄某某还是回答：张某某有授权给我。

4. 办采伐证的时候，村长和你是什么关系？

黄某某回答：是我干哥哥。

5. 当时是谁去找村长申请办采伐证的？

黄某某回答：是张某某。

通过这方面问题的发问，让合议庭对张某某到村委会去申请办证这一事实产生怀疑，从而动摇黄某某关于张某某事先共谋少办证多采伐的供述。村长是黄某某的干哥哥，跟黄某某比较熟悉，由黄某某去申请办证更符合常理。而且本案采伐证是张某某授权黄某某去办理的，张某某自己去申请，然后委托黄某某去办证，这种做法有违常理。所以，我试图通过这几个问题来动摇合议庭对黄某某的供述。

最后一方面，关于三个同案犯在采伐案涉林木的作用问题。

1. 谁去联系采伐的？

黄某某回答：毛某某叫的人。

2. 你们谁做账？

黄某某回答：我做账。

3. 谁联系的买家？

黄某某说：毛某某联系的买家。

4. 谁谈的价格？

黄某某说：买家报价，我和毛某某跟张某某商量，大家同意。

5. 工人是谁去叫的？

黄某某回答：毛某某找的头儿，其他工人由头儿去雇请。

6. 谁发的工资？

黄某某回答：我发的工资。买主把钱给我。

7. 采伐时你和毛某某、张某某谁在现场吗？

黄某某回答：主要是我在现场，毛某某让他父亲去帮忙，张某某去了一趟还是两趟。

8. 卖林木的款项你们怎么分？

黄某某回答：因为资金是我和毛某某投入的，卖了 90 万元，不够我和毛某某投入的成本，所以就由我和毛某某分了，张某某没有分到钱，所以才会一直告我们。

从黄某某关于这方面的回答，让合议庭有个比较清晰的思路，整个滥伐林木的过程，从申请办理采伐证开始，到现场采伐的雇请工人、验收、修路、销售、现场管理、款项的分配等一系列跟滥伐林木有关的事项中，很显然，即便认定张某某事先知道少办证多采伐，也不过是授权黄某某去办证，其他事情均未参与。所以，即便最终张某某被定罪，那么他在共同犯罪中的作用和地位，显然与黄某某和毛某某有着明显的差别。

二、在对毛某某发问时，我设计了五个方面的问题

第一方面是针对身体健康原因进行发问，目的是证明，他的身体状况比张某某更好，因为毛某某是国家工作人员，所以被关押在医院的监管区，而张某某却被关押在看守所。我特意问了他的身体情况，在他的第一份笔录中，明确表明自己身体健康，但第二份笔录就表明因为糖尿病高血压，所以被羁押在医院的监管区，便于治疗。我要求第二被告回答，他的血糖指标和高血

压指标。可是，审判长打断了我的发问，并且指出，我的问题与定罪量刑的事实无关。我抗辩，这个问题跟被告人是否受到公平公正对待有关。审判长再次打断我的发问，甚至不让我继续发问。我只好选择退让，不再继续就这个问题进行发问，但顺带陈述我发问这个问题的理由：张某某服药期间空腹血糖高达 16mmol/L 以上，血压高达 137-217mmHg，伴随着并发症，但张某某却被羁押在看守所，三个月前还曾经被送往医院抢救。结果，审判长再次打断我，说我的话和本案定罪量刑无关。审判长显然发怒了，要求我听从审判长的指挥。

第二方面的问题，主要是通过对毛某某的发问，让合议庭和旁听席了解，黄某某和毛某某与张某某之间存在严重矛盾，黄某某和毛某某之所以被立案，是因为张某某的不断控告。所以，黄某某和毛某某关于张某某事先知道少办证多采伐的供述，很有可能是报复性的供述，目的就是要把张某某拉进去。所以，针对这方面，我设计了几个问题：

1. 你为什么会被监察委调查？

毛某某回答：因为张某某跟黄某某闹矛盾，一直告黄某某，也把我告上去了。

2. 张某某为什么要告你和黄某某？

毛某某回答，因为我们合伙造林，把林木砍伐卖了，没有分钱给张某某。

3. 你知不知道张某某和黄某某之间什么时候开始产生矛盾的？

毛某某回答，早在 2009 年两人就发生矛盾，几乎没有往来。

第三方面的问题是关于张某某事先是否知道采伐证办了多少，是否明知少办证多采伐，所以，关于第三方面，我就设计了一个问题。

你有没有告诉张某某采伐证办了多少面积？

毛某某回答，我没有告诉张某某，当时黄某某在办完采伐证的时候有电话告诉我，我让他告诉张某某，他应该有告诉张某某。

关于这个问题的回答，毛某某与黄某某的回答不一样，黄某某并未供述，他在办完采伐证的时候有电话告诉张某某。

第四方面的问题，是关于为什么采伐证要办张某某的名字，而不是直接办黄某某的名字，或者办张某某与黄某某两个人的名字的问题。针对这一个事实，我设计了以下几个问题对毛某某进行发问：

1. 当时办采伐证的时候，为什么张某某没有去办？

毛某某回答：当时村委会主任是黄某某的干哥哥，黄某某不喜欢做这些事，所以就让张某某写了一张授权委托书给黄某某，让黄某某去办证。

2. 为什么采伐证没有直接办黄某某的名字？

毛某某回答，我也不知道。

3. 你知不知道，谁去村委会申请办理采伐证？

毛某某回答：这个我不知道。

4. 你知不知道张某某和黄某某谁跟村长比较熟？

毛某某回答：黄某某是村长的父亲的干儿子，当然黄某某更熟。张某某与村长在竞选村长时发生过矛盾。

第五方面的问题，是关于地位和作用的，跟对黄某某发问的问题一样，毛某某的回答也跟黄某某能够相互印证。黄某某和毛某某的供述，证明张某某在滥伐林木过程中，只是事先知道少办证多采伐，在采伐期间去过一次，而且没有分到一分钱。

三、在对张某某的发问上，我主要针对三个方面设计了问题

第一方面是关于身体方面，目的是要证明在本案中，张某某受到不公平对待。

1. 你身体怎样？

张某某回答，我高血压，服药的情况下长期低压 130mmHg 以上，高压 230mmHg 以上；血糖长期 16mmol/L 以上，必须定时打胰岛素。医院专家说有向法院提交我的疾病情况。

2. 你在看守所期间，有没有出现什么状况？

张某某回答，我因为身体原因，两次报警，一次被送往医院急救，一次来了医院的专家，增加药量。

第三个问题刚要发问，审判长再次打断我，说不要问跟定罪量刑无关的事实。我再次抗辩，我说《刑事诉讼法》规定辩护律师的职责不仅要维护被告人的合法权益，还要维护他的诉讼权利。依据张某某的身体情况决定是否羁押，是他的诉讼权利。审判长甚至直接问其他辩护人有没有问题发问。另外两个同案犯的辩护律师目瞪口呆，还没反应过来。我再次抗辩，我还没发问完毕。其实，公检法都知道这个事情有问题，张某某这样的病患者关押在看守所，毛某某这样的患者被关押在医院的监管区。在庭前会议时，我就提出对两个同案犯进行体检，查清楚到底哪个被告人需要在医院监管区边治疗边监管。审判长当时也是一口回绝。为了避免与审判长产生更多的矛盾，我

没有坚持纠缠这个方面的问题。

我开始问第二方面的问题，关于采伐证为何委托黄某某去办理的问题。

1. 林权证上的林权人是你和黄某某，为何采伐证上只有你一个人的名字？

张某某回答，我有授权给黄某某去办理林权证，我不知道为什么黄某某不办到自己的名下，却要我授权为他去办。他也是林权人，他完全可以办在自己名下。他从2009年开始和我有矛盾，想陷害我。这个回答超出我的问题，但法官似乎没有阻止，黄某某的辩护律师、公诉人也没有反对，所以我也任由张某某回答。

2. 你什么时候知道采伐证只办了一小部分？

张某某回答，我从头到尾都不知道，是被采取强制措施时，公安人员拿了采伐证和送达回执给我看，我才知道。我委托黄某某的时候，有交代他要办多少砍多少。我看了签收采伐证，但送达回执上的签名，就不是我的签名，是别人冒用我的名字签名的，我申请对签名笔迹进行鉴定，鉴定结论也证实签收采伐证的送达回执并不是我签收的。张某某的回答再次戳中要害。

3. 黄某某在办完采伐证之后，有没有告诉你办了多少亩？

张某某回答，我从2009年跟黄某某就发生矛盾，所有联系都是通过毛某某进行的。签委托书，也是毛某某拿过来给我签的。黄某某从来没有告诉我，采伐证办了多少亩。因为毛某某当时是派出所的所长，关系很好，我认为他肯定会全部都办好的，他不可能少办证多采伐。

4. 采伐期间，你有没有去过案涉采伐林木的山地？

张某某回答，我身体一直不好，不喜欢爬山，我只是在每年清明节上山扫墓，其他时间不爬山。

可以说，张某某的回答，远比我的问题更精彩。当然，这也跟我庭前辅导有相当的关系。但，最为重要的是，我相信张某某回答的都是事实，才会回答得那么理直气壮，那么坦然。

第三个方面的问题，是关于张某某与黄某某、毛某某之间矛盾的事实

1. 你和黄某某关系怎样？

张某某回答，我跟他在合伙种树之前之后都是好朋友，2009年因为一块山地的问题发生矛盾，双方再无往来，连电话都不联系，有什么事都通过毛某某传达。

2. 你和毛某某为什么发生矛盾？

2010 年他们采伐合伙种的树，我没有分到一分钱，2015 年我在监狱服刑期间，他们又采伐第二块林木，没有告诉我，也没有分钱给我。所以我出狱之后就一直控告毛某某和黄某某。黄某某于 2017 年被立案，2018 年被判刑。但毛某某却一直逍遥法外，我不断向林业公安控告都没有用，后来向监察委举报，毛某某才被立案。我们的矛盾就是这样产生的。

我发问这个问题，目的是要证明张某某与黄某某、毛某某之间的矛盾极深，所以黄某某、毛某某对张某某不利的供述，缺乏真实性，可信度比较低。

我多次向公安机关、检察机关和人民法院申请对张某某和毛某某的身体进行检查比较，谁更适合在医院监管区关押，谁更适合在看守所关押，公检法对我的申请均不许可，甚至不予答复。所以，跟张某某多次会见期间，以及跟家属多次商谈，我拟定了骑墙辩护的策略。我们作无罪辩护，但在量刑辩护中也要发表量刑意见，而在量刑辩护中，张某某在滥伐林木一案中的地位和作用，明显比不上黄某某和毛某某，即便最终被认定构成犯罪，也应当属于从犯。所以，经得张某某及家属的同意，我们采用骑墙辩护的辩护策略，并在庭审发问中落实。

第三章 ⟨03⟩ 对程序的发问

第一节　关于非法证据的发问

2012 年修正的《刑事诉讼法》第 54 条，明确规定采用刑讯逼供等非法方法收集的犯罪嫌疑人、被告人供述和采用暴力、威胁等非法方法收集的证人证言、被害人陈述，应当予以排除。收集物证、书证不符合法定程序，可能严重影响司法公正的，应当予以补正或者作出合理解释；不能补正或者作出合理解释的，对该证据应当予以排除。2018 年最高人民法院又颁布实施《人民法院办理刑事案件排除非法证据规程（试行）》《人民法院办理刑事案件庭前会议规程（试行）》《人民法院办理刑事案件第一审普通程序法庭调查规程（试行）》三大规程的实施，更加凸显了程序的重要性。这里讲一起我经办过的黑社会性质组织犯罪案件，我和其他辩护律师是如何对侦查人员进行发问的。

案例4-7　刘某某等组织参加黑社会性质组织罪案

刘某某等在养殖鲍鱼过程中，与其他村民发生矛盾，使用暴力手段争夺滩涂，并且还在矛盾期间，破坏养殖设施。这起案件十八名被告人一审分别被判处 5 年有期徒刑到 15 年有期徒刑不等，我的当事人刘某某也被判决 11 年的有期徒刑，罪名是组织黑社会性质组织、敲诈勒索罪和破坏生产经营罪三个罪名。当时这个案件每一个当事人都称自己被刑讯逼供，并且证人也称公安机关在收集证据时对自己使用暴力或威胁。所以这个案件二审法院决定开庭。于是，每个辩护律师都针对被告人在接受讯问时，侦查人员如何刑讯逼供进行发问。其中第一被告的辩护律师问公安人员怎么刑讯逼供的，这个问题显然是指示性的问题，是会被反对的问题，但是当时公诉人和法官都没有注意到，没有打断辩护律师的发问。

一、关于疲劳审讯方面，我设计了几个问题

1. 看守所特审室的在押犯的作息时间是怎样的？

侦查人员回答，特审室的在押犯没有固定的作息时间，因为侦查人员随时要讯问。

2. 特审室的在押犯如何休息？

侦查人员回答，就坐在椅子上休息，我们经常熬夜提审。

3. 特审室的在押犯有没有回监室过夜？

侦查人员回答，有的有，有的没有。

这个方面的问题是要证明，侦查机关在讯问被告人时，存在不让被告人休息、疲劳审讯的情形。

二、关于刑讯逼供的问题

1. 第一被告为什么会被送去县医院抢救？

侦查人员回答，因为他吞钥匙自杀。

2. 你们什么时候发现第一被告吞钥匙自杀？

侦查人员回答，在特审室要提审时发现他倒在椅子上很痛苦的样子，就送他去医院，去了医院才知道他吞钥匙自杀。

3. 第一被告的钥匙哪里来的？

侦查人员回答，不知道。

4. 嫌疑人进看守所时，身上能不能携带金属物件？

侦查人员回答，都要搜身，不准携带坚硬的物件。

三、关于那把钥匙的来源的事实，我不仅向出庭的民警发问，我还向其他几个被告人发问：

1. 你进看守所时，有没有被搜身？

所有被问的被告人都回答，进看守所要被搜身。

2. 能不能带金属物件进去？

不可能携带金属物件进看守所，连裤裆上的铁拉链都要摘掉。从这些问题和答案上看，被告人被疲劳审讯，被刑讯逼供的事实跃然纸上，虽然中级人民法院最终没有认定这些证据是非法证据，但去掉了涉黑这个罪名，量刑也分别减了 3 年至 5 年不等。

第二节　寻找侦查机关程序瑕疵的前提

关于程序上的发问，除了要求辩护律师要充分阅卷，会见之外，还要熟练掌握《公安机关办理刑事案件程序规定》《人民检察院刑事诉讼规则》，《关于适用〈中华人民共和国刑事诉讼法〉的解释》关于证据部分的规定。《公安机关办理刑事案件程序规定》很详细地规定了证据的收集程序，随着网络时代的发展，网络犯罪，利用网络技术实施犯罪，越来越多，电子数据越来越重要。尽管《关于办理刑事案件收集提取和审查判断电子数据若干问题的规定》《公安机关办理刑事案件电子数据取证规则》对于调取电子数据规定了极为严格的程序，但是，当前侦查人员在收集电子数据时，仍存在不规范现象。

案例4-8　王某某介绍卖淫罪案的庭审发问

2019年4月10日，外省人蓝某某（女，未满18岁）来找老乡王某某介绍工作，王某某问蓝某某想找什么样的工作，蓝某某说想找工作轻松一点，又有钱赚的工作。王某某说，像你这样的条件，想找轻松又有钱赚的工作，除非当陪酒女。蓝某某答应了，而王某某的前夫刚好在王某某家中，也认识了蓝某某。过了几天，王某某的前夫通过微信将蓝某某介绍出去卖淫，赚了几百块钱。王某某事后也知道前夫介绍蓝某某卖淫的事。过了几天，某天夜里，民警到王某某租房的地方，将王某某和蓝某某带走，搜查证上没有王某某和蓝某某的签名，第二天公安机关就直接对蓝某某作出治安拘留的行政处罚。并直接从王某某和蓝某某的衣服口袋里搜走手机和身份证。民警将王某某和蓝某某的手机聊天记录直接提取出来作为证据。

根据上述情况，我在庭审发问时，针对公安机关非法取证方面，设计了几个问题。

1. 民警到出租房，有没有向你出示什么证件？

王某某回答，他们穿着警服，没有出示证件。

2. 几个民警？

王某某回答，两三个，我没有注意。

3. 有没有搜查证？

王某某回答，没有搜查证。

4. 来的民警有没有女民警？

王某某回答，没有。

5. 你的手机放在哪里？

王某某说，我们都已经上床睡觉了，我和蓝某某的手机都收在衣服口袋里，还有身份证也在口袋里都被搜走了。

6. 他们拿走你们的手机，有没有用什么东西封存，让你们签名确认？

王某某说，没有。

7. 他们搜走你的东西，有没有出具扣押清单给你签名？

王某某说，没有。

8. 现场来的人，有没有不是民警的？

王某某说，都穿着警服。

从我的这几个问题，合议庭了解到搜查女嫌疑人的身体的，并不是女民警，而是男民警，这违反了《刑事诉讼法》的规定。而且，没有搜查证，没有见证人，没有扣押清单，没有现场对被扣押的手机进行关机然后封存。整个证据的收集过程不符合《公安机关办理刑事案件程序规定》，也不符合《关于办理刑事案件收集提取和审查判断电子数据若干问题的规定》。但是，法院最终并未否认这些证据的合法性，只是在量刑时充分考虑，对第一被告王某某的前夫处以 6 个月有期徒刑，对王某某处以 4 个月拘役并适用缓刑。

第四章 04 发问的技巧

关于庭审发问，我向许多律师请教过，大多数律师认为，应该用闭合式发问，让被告人回答时只有一个答案，不然的话，往往会出现答非所问的情形。也有律师认为，应当采用开放式的发问，让被告人充分阐述还原事实真相。马静华老师在庭立方的培训中，不断向学员灌输一个思想，被告人的无罪供述，对于法官而言，没有多少参考价值，法官会站在旁观者的角度，他们会更加注重中立证人的证言，更加注重客观证据。所以，被告人必须充分地阐述来还原事实真相，要让被告人充分的阐述，就必须要作好庭前辅导。成安老师更是进一步阐述了发问的技巧，他的观点是，对被告人的发问，应当让被告人用具有画面感的语言来回答，所以辩护律师的发问必须要有技巧，要问到点子上。有律师认为，律师最好的庭审发问，就是让被告人回答是还是不是就好。但这种发问，几乎都会被法官无视，根本起不到任何说服法官的效果。而通过发问，让被告人以讲故事的方式，用画面感的语言，更能打动法官，动摇公诉机关的指控。我推崇顶针式发问为主，结合开放式发问。那种带有指示性发问性质的闭合式发问，我认为意义不是很大，所以不推荐。当然，偶尔穿插一下带有指示性发问性质的闭合式发问，也能起到作用。这里，我重点以实际案例的方式，介绍顶针式发问。

第一节　顶针式发问

几年前，我还是喜欢开放式的发问。因为有没有实施犯罪行为，被告人是最清楚的。但是，被告人的阐述能不能让合议庭相信，用结论性的语言，概括性的语言，基本上打动不了合议庭。所以，一定要辅导被告人用带画面感的语言，讲故事的方式。但是，擅长讲故事的被告人不多。所以，经过一段时间的学习实践，我更倾向于采用顶针式的发问。

一、如何进行顶针式发问？

所谓顶针式发问，就是将想要通过庭审发问了解案件的某一个事实拆分成好几个细节，然后进行发问，让被告人、证人能够顺着问题，不会偏离发问目的回答。这里以一个诈骗罪中，为了说明侦查机关对被告人制作的第一份笔录不真实，不能作为定案根据为例阐述。我设计了十几个问题，层层递进，被告人在回答时，能够如实还原事实真相，让法庭对这份笔录的真实性产生动摇，以达到这份笔录不能被采用的目的。

案例 4-9　杨某某诈骗罪案

杨某某于 2016 年 4 月 22 日在县检察院因其他案件接受询问，当日 15 时 59 分，检察院向县公安局电话报案，县公安局接到电话后受案登记。归案后第一份笔录形成时间是 2016 年 4 月 22 日 16 时 30 分至 17 时 30 分。表面上看，从检察院到公安局制作笔录，半个小时的时间，完全有可能。但仔细阅读笔录内容，最后一段话是，当事人在公安人员的陪同下去银行取款，然后将款项存入纪委廉政账户。我在庭前会见当事人时，了解到当事人并未在办案机关接受讯问的事实。以下，我把庭审过程中就一个事实分解成 15 个问题发问，供读者参考！

1. 公安人员什么时候到检察院带走你的？

杨某某回答：大约下午 4 点出头，我从检察院被带走。

2. 公安局人员有没有把你直接带到公安局？

杨某某回答：没有去公安局。

3. 首先去的哪里？

杨某某回答：首先去邮政银行取款，取了 7 万块钱。

4. 邮政银行取款需不需要取号排队？

杨某某回答：因为 7 万块钱无法在柜员机取款，所以必须到柜台上取款，要先取号，然后排队等候。

5. 取完钱然后去哪里？

杨某某回答：取完款又去农商行取款，一共要取款 19 万元，这次取款 12 万元，因为我的钱存在两个银行里，邮政银行只能取 7 万元，农商行只能取

12 万元。

6. 到农商银行需不需要取号排队，多久？

到农商行同样要取号排队，等了差不多半个小时。

7. 两个银行分别大约花了多长时间？

杨某某回答：两个银行包括路上时间差不多 1 个小时。

8. 取完钱之后又去了哪里？

杨某某回答：取完钱又去中国银行，那是纪委廉政账户，要把款项存入纪委廉政账户。

9. 存钱要不要取号排队？

杨某某回答：肯定要取号排队，等了十几分钟。

10. 存完钱去哪里？

杨某某回答：存完钱去公安局录身份信息。

11. 为什么没有到公安局直接作笔录？

杨某某回答：要先录入身份信息，才能制作笔录。

12. 公安局没有录信息，那去的哪里？录完几点了？

杨某某回答：公安局电脑坏了，所以去镇里派出所录入的身份信息，录完已经六点多。

13. 录入信息后去哪里了？

杨某某回答：录完信息就去县医院体检。

14. 体检完以后几点了？有没有去公安局制作笔录？

杨某某回答：体检完已经差不多七点，没有去公安局制作笔录，直接被送到看守所。

15. 你有没有看到一份笔录？有没有核对？

杨某某回答：我在入所时，公安人员让我在笔录上签名，我根本没有时间看笔录内容，根本不可能核对。

这十五个问题一环接一环，中间缺一不可，按照时间轴顺序，说明笔录记载的这段时间，被告人并未接受讯问，所以这份笔录不具有真实性。

但是，这个案件庭审过程中，法官帮助公诉人对被告人进行提问：被告人，笔录上名字是不是你签的？你有没有看过这份笔录？

被告人回答：笔录上的名字是我签的，我看到了这份笔录。

面对这样的答案，我又是如何应对的呢？我又设计了几个问题，还是顶针式的，层层推进，密不透风，让合议庭无法渗透。

1. 被告人，你什么时候看到这份笔录？

被告人回答：大约 6 点半我在被送进看守所时看到的。

2. 你是怎么看这份笔录的？

被告人回答：公安人员说没时间了，所以直接让我在笔录上签名，并注明以上笔录我看过，和我说的一样。

3. 你花多长时间看这份笔录？

被告人回答：我只看到有这份笔录，没有看内容，公安人员不让我仔细看，我直接在笔录下方签名备注，头尾不到一分钟。

4. 公安人员有没有让你核对笔录的内容？

被告人回答：没有让我核对，笔录内容我都没看。

然后，我在庭上回应了法官关于被告人看过笔录，并在笔录上签名的事实。我说，《刑事诉讼法》第 120 条规定（修正后的《刑事诉讼法》第 122 条），讯问笔录应交给犯罪嫌疑人核对，对于没有阅读能力的，应当向他宣读。如果记载有遗漏或者差错，犯罪嫌疑人可以提出补充或者改正。犯罪嫌疑人承认笔录没有错误后，签名或者盖章。《刑事诉讼法》规定的是核对笔录，而不是看过笔录，这两个词明显不同，核对是要有一定的时间让被告人对笔录内容进行核实对照的。但本案中，这份笔录侦查人员不仅没有对被告讯问，甚至没有让被告人核对。所以，这份笔录依法不能作为定案根据。

这样的发问，是闭合式问题，不是开放性问题，所以，不用担心被告人的答案会跑题。而且，这样的问答，很有画面感，可以让合议庭感受到，被告人在笔录记载的这段时间内，他没有在审讯室接受讯问，而是被公安人员带着到银行取款、存款、再录身份信息、检查身体。假如，我用的是这样的问题发问：2016 年 4 月 22 日 16 时 30 分到 17 时 30 分，你有没有接受讯问制作笔录？被告人回答，没有。这样的问答，显然无法打动合议庭，无法动摇公诉人举证的笔录的真实性。但是，我通过设计上面的十五个问题，加上之后的四个问题，不仅动摇了合议庭，甚至动摇了公诉人自己，也征服了被告人的家属。

二、如何练习顶针式发问？

如何练习顶针式发问？我认为，就是针对某个与定罪量刑有关并且有利于被告人的案件事实，拆分成好几个问题来发问，如上述的案例。这里再介绍一个简单的案例供参考。

案例 4-10　起诉书指控

2018 年 3 月份的一天，赖某某养猪场有一头猪拉稀，不吃不喝，赖某某担心这头猪会病死，所以打电话给一个收购病死猪的人，以 20 块钱的价格卖出。2018 年 9 月，朱某某的屠宰场被查获储存一批病死猪肉，赖某某被指控向朱某某出售病死猪。笔录记载，打电话给朱某某，让朱某某过来收购那头病猪。我在会见时了解到，赖某某是在通讯录里找到一个收购猪的电话，赖某某根本就记不住那个人的电话号码。但是，在讯问笔录中，却是这样记录的，我看到这头猪病得那么严重，就打 13×××××113 这个号码，联系他过来收购病猪。加上在辨认笔录中，11 个混杂在一起的其他人的照片都是"80后"甚至"90后"的，只有朱某某是 1957 年的。与朱某某年龄相差最少的是 11 年 6 个月。这里只针对赖某某是否有打电话联系朱某某这一事实进行设计问题进行发问。如果是设计开放性问题，你怎么联系那个人来收购你那头病猪的？然后，由赖某某来阐述，怕赖某某说不到点子上。如果用闭合式的问题直接发问，"你记不记得住朱某某的电话号码？"赖某某肯定会回答记不住。但是，在笔录里，很明显记载，赖某某供述是直接打朱某某的电话的。即便是开庭时回答记不住，也无法否认当时记得住。无论是开放式的还是闭合式的，都不可能打动法官。所以，我将赖某某如何打电话联系朱某某的事实，拆分成几个问题，既采用闭合式的方式，又采用顶针式的环环紧扣，用细节打动合议庭。

1. 你怎么知道有人收购病猪的？

赖某某回答：之前那个人路过我的养猪场，留了电话号码给我，我把他的电话号码存在手机的通讯录。

2. 那个人姓什么？

赖某某回答：我不知道，我把他的姓名和号码存在手机上了。

3. 你是怎么联系那个人来买猪的？

赖某某回答：我从手机通讯录里找到那个人的电话号码，然后打电话给他，让他过来收购。

4. 你手机上还存着那个人的号码吗？

赖某某回答：我没有删除那个人的号码。

5. 你的手机在哪里？

赖某某回答：我的手机被公安扣押走了。

6. 公安有没有让你辨认手机里那个收购病猪的人的电话号码？

赖某某回答：没有。

结合这个案件的卷宗材料，没有扣押赖某某电话的扣押清单，也没有提取赖某某电话通讯录的电子数据。

我申请调取对赖某某讯问时的同步录音录像，很幸运也调取到了这个同步录音录像，现场播放这个同步录音录像时发现，那个朱某某的电话号码，是公安直接记录在讯问笔录上的，赖某某并未说打哪个号码，而是说从电话通讯录里找到买病猪的人的电话号码。这个案件，通过将赖某某如何打电话联系他人收购病猪的过程拆分成六个问题，能够比笔录更真实地还原案件事实真相。这个案件是作无罪辩护的，将这个事实拆分成六个问题，目的是要证明，起诉书指控赖某某将猪出售给朱某某事实不清证据不足，公诉机关还应当提取赖某某手机通讯录里的电子数据，来证明赖某某当时是不是联系朱某某收购病猪。除了打电话存在事实不清证据不足，赖某某辨认朱某某的辨认笔录也属于带有明显指示性的辨认，不能作为定案根据。而且，赖某某出售的病猪是 3 月份的，朱某某的病死猪肉是 9 月份的，无法证明查扣到的病死猪肉与赖某某的病猪有关联性。

第二节　开放式发问

开放式发问只能针对表达能力比较强的被告人。而且最好是结合闭合式的发问。

我在 2017 年之前，喜欢采用开放式的发问。由于被告人的理解能力和表达能力相差很大，所以，许多时候在庭前辅导上，要做很多功课。发问的核心问题，一定是要还原事实真相，不要试图用谎言来说服法官。根据《刑事诉讼法》的规定，刑事证据总共有 8 类证据，被告人的供述只是其中的一种，而且被告人的无罪或者罪轻辩解，是最不受待见的证据，即便是这个案件事实不清证据不足，被告人的无罪或者罪轻辩解，也不过是起到印证作用。所以，不要试图让被告人翻供，或者虚假供述来给自己作无罪或者罪轻辩解。都说，一个谎言要用无数个谎言来圆谎，更何况一个刑事案件不仅仅有证人证言被害人的陈述等其他主观证据，还有书证、物证、现场勘查笔录、扣押笔录、辨认笔录等侦查笔录，鉴定意见，视听资料和电子数据等客观证据。特别要注意的是，千万不要教唆证人作虚假供述。最近有两个案件，被告人在侦查阶段不仅自己作了虚假供述，还教唆证人作假证，被追究妨害证人作证罪并最终被数罪并罚。

什么情况下适合开放式的发问。

第一个条件是，被告人一定是表达能力比较强的，善于表达。如果不善于表达的，用开放式的问题发问，往往会答非所问。如果被告人善于表达，则可用开放式的发问，能够起到很好的作用。

第二个条件是，用讲故事的方法，将小学作文中要求的六要素讲清楚，即时间、地点、人物、事情起因、经过、结果。只有将这六要素讲清楚，才能说服法官。而六要素当中，要根据不同的案情，有不同的侧重。

案例4-11　陈某故意伤害案

陈某因琐事与被害人发生纠纷，双方互殴，被害人在后退时倒地不起，陈某看到被害人的家属打电话报警，留在案发现场，被出警的警察现场抓获。这个事实，如果被告人善于表达，那么就设计这样一个开放式的问题，你是怎么归案的？然后陈某回答："当时看到被害人倒地不起，我看到他老婆打电话报警，就坐在现场等待警察过来处理。"这个回答，时间是发生在被害人倒地不起，他老婆打电话报警之后，地点是在现场，事情起因是双方互殴，过程是被害人倒地不起，结果是陈某坐在现场等待警察处理。这个陈述，可以证实陈某的行为属于自动投案。加上如实供述的话，就构成自首情节。

案例4-12　岳某某故意伤害案

孙某某叔侄两人因相邻纠纷到岳某某家，对岳某某进行辱骂，并对岳某某施以拳脚，岳某某倒地后，捡起一根木棍反击，将孙某某叔侄打伤，致孙某某轻伤二级。在这个案件中，岳某某的行为存在防卫过当还是正当防卫的争议。如果岳某某表达能力强，针对岳某某发问，可以采用顶针式结合开放式的发问。

1. 你和孙某某叔侄之间有什么矛盾？

岳某某回答：因为我家排水道连着他家屋边的排水沟，他们要我自己另外挖排水沟，从其他地方排水，可是这个排水沟是共用地上的，并非他们家的地。村委会也认为他们家屋边的排水沟是共用的，并非他们家自己的。我继续用那个排水沟，所以他们就怀恨在心，双方因此产生矛盾。

2. 你们是怎么打起来的？

岳某某回答：孙某某叔侄一起到我家，不仅对我进行辱骂，还一起对我拳打脚踢，把我打倒在地还不停手，刚好我倒地的地方有一根木棍，我顺手捡起来就朝孙某某打去，打到孙某某的小腿上，他当场倒地不起，后来鉴定是轻伤二级。

3. 孙某某倒地之后，你有没有继续殴打他？

岳某某回答：看到孙某某倒地哀叫，我们双方都停下来，没有继续打架。

这样，通过开放式的发问，明确岳某某是在受到孙某某不法侵害时，捡起木棍正当防卫，并且在孙某某受伤倒地之后就停止防卫。最终，这个案子公诉机关撤回起诉。

最后总结一下，开放式发问，只能针对表达能力比较好的被告人进行，而且一定要经过庭前辅导，最重要的是，必须还原有利于被告人的事实真相，不能虚假供述。无论是对于证人，还是对于被害人的发问，一定要用闭合式的发问方式，而且最好采用顶针式的发问，将一个事实拆分成几个问题，通过对细节的发问还原事实真相，打动合议庭。因为对证人和被害人而言，在庭前最好不要去接触他们，最好只是在笔录中寻找对被告人有利的陈述，进行核实。对被告人不利的事实，找出不符合常理或者不符合客观事实的地方进行发问。

案例 4-13 邱某虹诈骗罪案

对证人陈某某的发问。陈某某证人证言，要证实邱某虹将借来的钱通过陈某某购买六合彩。我设计了闭合式的问题进行发问。

1. 你和邱某虹是什么关系？

陈某某回答：同事关系。

2. 你知道谁在卖六合彩吗？

陈某某回答：我姑丈。

3. 你姑丈卖六合彩有没有被抓？

陈某某回答：没有。

4. 邱某虹和你姑丈认识吗？

陈某某回答：不认识。

5. 你有介绍邱某虹和你姑丈认识吗？

陈某某回答：没有。

6. 邱某虹怎么向你姑丈买六合彩？

陈某某回答：每次开六合彩之前，她会告诉我要买什么号码，要买多少钱，然后通过我向我姑丈报码。

7. 邱某虹买六合彩的钱怎么给？

陈某某回答：用银行转账给我，然后我转账给我姑丈。

8. 你和邱某虹之间有微信聊天过买六合彩的事吗？

陈某某回答：没有。

9. 邱某虹通过你买六合彩，是盈利还是亏了？

陈某某回答：肯定是亏了。

10. 你在×时的笔录中说，邱某虹通过你向你姑丈买六合彩，肯定有盈利。到底是今天回答的属实，还是笔录里的陈述属实？

陈某某回答，今天属实，当时笔录只是猜测的。

11. 邱某虹通过你向你姑丈买六合彩，有没有记账？

陈某某回答：没有。

12. 你怎么知道邱某虹通过你向你姑丈买六合彩是盈利还是亏了呢？

陈某某回答：我猜的。

陈某某这个回答，很明显就是猜测性的证言，依法不能作为定案根据。这个案件虽然最终邱某虹被判决构成诈骗罪，但没有认定邱某虹将借来的钱用于赌六合彩，而是认定邱某虹明知无偿还能力，还向被害人借款用于放高利贷。

尽管修正后的《刑事诉讼法》将重点放在认罪认罚上，并且绝大多数的刑事案件开始进行认罪认罚。但是，在认罪认罚制度实施之前，聘请律师进行辩护的刑事案件，只占了所有案件的不到 15%。也就是说，超过 85% 的刑事案件，在刑事辩护全覆盖之前，是没有聘请律师进行辩护的。尽管认罪认罚从宽制度实施以后，超过 70% 的刑事案件走认罪认罚程序，但还有不到 30% 的刑事案件走普通程序。

根据最高人民法院颁布实施的三大规程，以及《关于全面推进以审判为中心的刑事诉讼制度改革的实施意见》，庭审发问在普通程序中有着极为重要的作用。庭审发问，一定是要以"还原有利于被告人的案件事实真相"为宗旨，帮助法院查明案件事实真相，帮助法院正确适用法律，维护被告人的合法权益和诉讼权利，维护司法公正。

第五章 05 庭审发问的七个"千万不要"

虽然庭审实质化改革赋予辩护律师更多发问的权利，但如果发问不当，轻者被法官打断，重者可能损害到被告人的合法权益和诉讼权利，所以在发问时，一定要记住"七个千万"：

（1）千万不要发问偏离辩护思路和与案件事实无关的问题；

（2）千万不要发问无法掌控的问题；

（3）千万不要发问猜测性、评论性、推断性的问题；

（4）千万不要泄露被发问人的个人隐私；

（5）千万不要损害被发问人的人格尊严；

（6）千万不要采用诱导式发问；

（7）千万不要威胁和误导被发问人。

庭审发问是为了还原有利于被告人的事实真相，所以，一定要结合辩护思路进行，不能偏离辩护思路，不能与案件无关。为了实现辩护思路，最好要采用闭合式、顶针式的发问。除非作好庭前辅导，把握被告人的答案不会偏离设计问题的目的，最好不要采用开放式的问题。根据《人民法院办理刑事案件第一审普通程序法庭调查规程（试行）》第20条规定："向证人发问应当遵循以下规则：（一）发问内容应当与案件事实有关；（二）不得采用诱导式发问；（三）不得威胁或者误导证人；（四）不得损害证人人格尊严；（五）不得泄露证人个人隐私。"最高人民法院《关于适用〈中华人民共和国刑事诉讼法〉的解释》第88条第2款规定："证人的猜测性、评论性、推断性的证言，不得作为证据使用，但根据一般生活经验判断符合事实的除外。

发问篇就整理到此，接下去是质证篇。再次强调，刑事辩护，是一门综合性的技术活，一定要结合阅卷、会见、发问、质证、辩论和沟通，才能更好地服务当事人，通过这些技能的综合运用，帮助司法部门还原事实真相，正确适用法律，维护当事人的合法权益和诉讼权利，维护司法公正。

第五篇

质证篇

第一章 01 写在质证篇之前

写完发问篇，我长长地嘘了一口气，终于可以开始质证篇了。在开始着手写这本书之前，我预计将其分成六大模块，质证这一篇显然是我最有心得的部分。但是，当我打开文档着手之际，整个脑子却是混沌一片，该从哪里入手呢？

记得刚执业的时候，对于举证、质证几乎没有什么概念，对公安机关和检察机关收集证据的合法性真实性不会有一丝怀疑。所以，在举证质证环节，我一般对证据的真实性没有意见，只是对于部分证据中公诉人要证明的对象进行质证。那个时候，阅卷刚开始是摘录的，所以，基本上也就是摘录被告人对案件事实的供述部分，然后对鉴定意见摘录一下结果。即便是后来，案件到法院审理阶段，卷宗材料可以复印，也不过复印了被告人的供述，以及鉴定文书。所以，质证更像是走过场。

2012年修正的《刑事诉讼法》实施以后，最高人民法院又出台了《关于适用〈中华人民共和国刑事诉讼法〉的解释》，特别是这部司法解释的第四章，从第61条到第112条，总共51个条款，很详细地规定了人民法院在审理刑事案件中，对八大类证据如何审理，哪些证据属于直接不能作为定案根据的非法证据，哪些证据属于可以通过补正或者作出合理解释的瑕疵证据，哪些证据属于可以申请排除的非法证据。公安部出台的《公安机关办理刑事案件程序规定》《公安机关办理刑事案件电子数据取证规则》《公安机关讯问犯罪嫌疑人录音录像工作规定》给了我能够在庭审举证质证中，质疑公诉机关提交的证据的"本钱"。从那时开始，我逐步把庭审质证当成重要的辩护手段，对质证越来越喜爱，其重要性逐步取代庭审辩论。

当然，质证要到位，必须充分阅卷，阅卷是作好其他辩护工作的前提条件，只有对卷宗材料充分了解，并且向被告人了解案件事实，确定辩护思路和辩护策略，然后根据确定的辩护思路和辩护策略，确定对哪些证据不提异议，对哪些证据要充分质疑。并不是对所有的证据提出疑问，而是对定罪量刑有关的，不利于被告人的证据质疑，以实现辩护目的。

本篇写的质证，不仅仅是庭审质证，也可以用在审查起诉阶段与公诉机关进行量刑协商。

第二章 02　对程序部分的证据的质证

哪些证据是程序部分的证据，这些证据该如何质证？我认为像受案登记表、立案决定书、拘留通知书、逮捕通知书等等证据，是程序部分的证据。

第一节　对公安机关的受案登记表、立案决定书的质证

一直以来，对于公安机关的受案登记表、立案决定书大家都不以为然，不仅公安机关不重视，辩护律师也认为这两个法律文书没有什么用处。要知道，受案登记表载明案件是怎么来的，谁报的案，什么时候报的案。假如案件来源不合法，那么就关系到立案是否合法。许多被害人报案时，公安机关甚至不给受案回执，更不要说什么受案登记表。有许多没有被害人的报案，却可以直接填写受案登记表，直接立案。

案例 5-1　某生产销售不符合安全标准的食品罪

受案登记表载明受案时间 2017 年 6 月 20 日 12 时。但是，2017 年 6 月 20 日 11 时 30 分就开始对犯罪嫌疑人制作笔录，而且是讯问笔录。

案件还没有受案，更谈不上立案，还没立案，当事人怎么就已经成为犯罪嫌疑人了呢？同样不可思议的是，在报案人一栏，载明的是匿名，连报案人都没有名字，案件来源于哪里呢？没有来源的案件，公安机关是怎么受案的呢？所以，这份证据在质证的时候发现受案程序不合法，那么之后采取的侦查措施是否合法？最终这个案件判决被告人赖某某犯生产销售不符合安全标准的食品罪，赖某某是自动投案，有自首情节，因此被判处拘役一个月缓刑两个月。

案例 5-2　董某某恶势力犯罪集团寻衅滋事、聚众扰乱社会秩序罪案

这个案件一共有五份受案登记表，其中有四份是 2018 年 12 月 19 日，分别是第 55 号、56 号、57 号、58 号受案登记表，在报案人栏目都载明匿名。在简要案情里面，分别记载着"2018 年 12 月 19 日，民警在侦查中发现，2017 年 11 月至 12 月董某某、林某某纠集……经鉴定，损失 1110 元。2017 年 10 月 8 日至 10 月 16 日，董某某、林某某纠集……经鉴定，损失 732 万元。2017 年 8 月~9 月董某某、林某某纠集……2017 年 12 月~2018 年 10 月，董某某、林某某纠集……经鉴定，损失 270 万元。"这样的受案登记表，合法性在哪里？且不说没有报案人这个问题，在受案登记表记载的简要案情里，竟然记载的是"民警在侦查中发现"。试问，在哪个案件的侦查中？如果是在其他刑事案件的侦查中，那就应当具体载明是哪个案件的侦查中发现的。如果是本案，那么本案尚未受案，何来侦查？更何况，才刚刚受案，哪来的经鉴定损失 1110 元？哪来鉴定损失 732 万元？哪来损失 270 万元？没有受案，就开始侦查，就已经鉴定？不知道公安机关检察院是否审查这个受案登记表？我作为辩护律师提出来，检察院、法院又是怎样的答复呢？这个案件我在审查起诉阶段提出无罪的辩护意见，并对案件中的证据进行质疑，但一直没有得到正面的回复。

这个案件经过二次退回补充侦查，三次延长审查起诉期限之后，案件的 22 个被告人，只有一个没有认罪认罚。

第二节　对传唤证、拘留证和拘留通知书的质证

对于传唤证、拘留证和拘留通知书的质证，多数没有意见。但是对于一些特殊情形之下的拘留证，还是有必要质疑的。也许很多人会对拘留证质证不理解。对这种强制措施质证，对于犯罪嫌疑人（被告人）来说，有什么用呢？我这里通过三个案例来讲讲对拘留证、拘留通知书和传唤证的质证有什么作用？

案例 5-3　黄某某等诈骗罪（涉黑）案

黄某某于 2018 年 11 月 22 日 7 时许被侦查机关从家中带走，没有传唤证，

9时许，侦查人员到黄某某开的汽车销售店搜查，并带走电脑和账本等物品，没有搜查证。25日21时，侦查人员送达拘留通知书给黄某某的家属，告知黄某某23日21时被拘留的事实。12月11日，侦查人员到看守所提审时，让黄某某在搜查证上签名。鉴于上述事实，结合在会见时黄某某的陈述可知，黄某某在汽车销售过程中，与客户之间的纠纷是正常的纠集纠纷，不仅没有非法占有的主观故意，也没有采取欺骗或隐瞒事实的欺骗行为。我两次与侦查人员沟通，侦查人员坚决认为，黄某某的行为已经构成诈骗，并且有三人三起，属于涉黑性质的套路贷，侦查机关成立了专案组在承办这起案件。我向侦查机关办案人员、法制大队提出法律意见，但都没有得到任何书面答复。办案人员口头回复，这是涉黑性质的"套路贷"，不仅要严办，还要深挖。黄某某被拘留后第30天，公安机关向检察机关提请逮捕。我当即向检察机关提交不予批准逮捕黄某某的法律意见书，并与检察机关办理审查批准逮捕的经办人员详细沟通。我的法律意见分为两部分：一部分是针对事实方面；另一部分是针对程序方面。程序方面我在法律意见中提出：

1. 公安机关存在非法羁押犯罪嫌疑人黄某某的情形。11月22日7时许被带走，没有传唤证，即便是口头传唤，也应当向犯罪嫌疑人告知，但侦查人员并未告知黄某某，也未告知黄某某被传唤后的权利义务。即便侦查机关口头传唤黄某某，那么也应当控制在12小时，最长不超过24小时，即使对黄某某采取刑事拘留的强制措施，最迟不能超过11月23日7时许。但根据拘留通知书，侦查机关直至11月23日21时才对黄某某采取刑事拘留的强制措施。

2. 侦查机关没有将对黄某某采取刑事拘留的事实及时告知犯罪嫌疑人的家属。根据《刑事诉讼法》规定，侦查机关应当在对犯罪嫌疑人采取拘留强制措施时起24小时内通知家属，但侦查机关直至11月25日21时才通知家属，大大超过《刑事诉讼法》规定的24小时。

3. 侦查机关存在非法搜查的情形。在没有搜查证的情况下，就对犯罪嫌疑人的店进行搜查，并且没有扣押清单扣押笔录，就将犯罪嫌疑人店里的电脑、账本扣押。检察院的经办人员很耐心听取我的意见，并表示他们会就这个案件是否批准逮捕好好研究。

到了第37天，检察院作出不予批准逮捕的决定，黄某某被取保候审。之后过了一个星期，侦查机关撤销了对黄某某的立案。这个案件最终获得撤案的无罪结果。在扫黑除恶专项活动中，获得这样的结果极为不易。我将拘留证、搜查证、拘留通知书这些程序上证据的质证意见在法律意见书中提出来，在这个案件中，应该起到了一定的作用。当然，我相信最终这个案件无罪是因为事实上无罪。但程序上这些证据存在的问题，在审查批准逮捕时，对于检察院作出不予批准逮捕决定，也起到了一定的作用。

案例5-4　杨某某寻衅滋事罪案

杨某某是未成年人，2017年10月6日，国庆长假期间，与另外两名未成年人，其中一名未满16周岁。骑着摩托车，用弹珠将几条街道两边的广告牌玻璃打碎。10月8日上午到派出所接受调查，当日中午12时许派出所将三名未成年人送公安局刑警大队。受案登记表登记的受案时间是2017年10月8日14时30分，第一份笔录是现场指认笔录，时间是2017年10月8日13时30分至10月8日14时50分。拘留时间是2017年10月9日18时。无论是受案登记表还是拘留证的时间，足以证明侦查人员非法羁押杨某某，而指认现场笔录，没有监护人，甚至没有关工委的工作人员在场，没有见证人，更有甚者，侦查机关在还没有受案的情况下，就开始制作指认现场笔录。

关于上述拘留证的质证，我提出杨某某在2017年10月8日12时许开始至2017年10月9日18时期间，侦查机关既没有对杨某某等三人采取刑事拘留的强制措施，也没有对杨某某等三人进行传唤，这段时间，杨某某等三人是被侦查机关非法羁押。被非法羁押期间，收集的证据属于非法证据，依法应当予以排除。

关于现场指认笔录的质证，我提出杨某某被非法羁押期间制作的笔录，属于非法证据。而且，杨某某是未成年人，笔录没有监护人或者等同于监护人的关工委的人在场，没有无利害关系的人担任见证人进行见证，指认现场笔录不能作为定案根据。

案例5-5　郝某某寻衅滋事罪案

根据到案经过，郝某某等人于2018年3月20日1时在宾馆被浙江省×县当地公安抓获。根据卷宗里的拘留证，2018年3月28日9时，管辖地的公安机关对郝某某等人采取拘留这一强制措施。

根据这两份证据，自 2018 年 3 月 20 日 1 时至 2018 年 3 月 28 日 9 时这段时间，郝某某被限制人身自由、被羁押。但是，公安机关却没有依法对其采取相应的刑事拘留或者逮捕的强制措施。这段时间，很显然郝某某等人是被非法羁押的状态。而且，这段时间内，郝某某等人还被多次制作笔录，笔录抬头是讯问笔录。这个案件受案时间没有问题，问题是对郝某某等人采取强制措施的时间不恰当。

尽管从《刑事诉讼法》《关于适用〈中华人民共和国刑事诉讼法〉的解释》《公安机关办理刑事案件程序规定》等法律、司法解释、部门规章上看，公安机关对郝某某等人从 2018 年 3 月 20 日至 3 月 28 日间的羁押没有法律依据，其间对郝某某等人所制作的笔录也存在违反法律规定而不能作为定案根据的情形，但是，最终，这个案件郝某某等人被判处有期徒刑 2 年至 2 年 9 个月不等。这个案件检察院在提起公诉时，指控四起寻衅滋事的事实，庭审开始后，减少了其中一起，然后在量刑建议时，直接在 5 年以下这个档的中间建议量刑。

第三节　对抓获经过、到案经过的质证

这类证据表面上看只是证明被告人是怎么到案的，对案件定罪量刑所起的作用不大。但是，仔细阅卷，仍可以发现对定罪量刑起到作用的辩护点。下面，我用两个具体案例，针对到案经过，或者抓获经过，寻找辩护空间。

案例 5-6　陈某故意伤害罪案

民警张某某出具的《抓获经过》：我叫张某某，是××派出所的民警。2016 年 9 月 12 日 16 时许，我和民警吴某某接到群众报警，赶到××洗车场时，犯罪嫌疑人陈某坐在死者张某旁边。我和吴某某将陈某抓获归案。民警吴某某出具的《到案经过》：2016 年 9 月 12 日下午 4 时许，××派出所接到群众报警，说××洗车场有人打架，有人被打倒在地，打人的就在现场。我和民警张某某接到指派，前往××洗车场，将犯罪嫌疑人陈某现场抓获。

从这两份文书可以看出，群众报警，犯罪嫌疑人陈某是在现场被抓获的，被害人倒在他身边。根据最高人民法院《关于处理自首和立功若干具体问题的意见》第1条第2点，明知他人报案而在现场等待，抓捕时无拒捕行为，供认犯罪事实的，也应当视为自动投案。所以，《到案经过》和《抓获经过》，有时可以证明被告人是自动投案的证据。

有些《到案经过》和《抓获经过》内容并不一致，而不一致可能涉及对案件的定性问题。有时候《到案经过》是以《情况说明》这种形式出现的，而且从时间上并不一致。这时就要分析，这样的证明类证据，到底能证明什么事实，到底要如何质证，才能还原有利于被告人的案件事实真相。下面就以曾某和焦某盗窃案转抢劫案为例，来说说《到案经过》这样的证据如何质证。

案例5-7　曾某和焦某抢劫罪案

出警民警张某某出具的《到案经过》："我叫张某某，我的警号是×××，我是××派出所的民警。2015年10月31日凌晨4时许，我与民警吴某某巡逻至××小区时，发现两名形迹可疑的男子，于是我和小区保安立即布控守候。凌晨5时30分左右，这两名男子骑两辆电动车欲离开小区，在小区大门口被保安拦下检查，随后我和其他保安赶到门口，将这两名男子控制。经查，这两名男子分别叫曾某和焦某，我们从两人身上查获一个黑色挎包，包里有各种盗窃用的工具，两人对盗窃电动车的行为供认不讳。"后民警将该二人带回派出所内调查。落款时间是2015年10月31日。

另一份《情况说明》同样是这名民警出具的，情况说明这样写的："2015年10月31日凌晨，我和民警吴某某在××小区门口，挡获盗窃电动车的犯罪嫌疑人曾某和焦某，当时我们到门口的时候，门口保安喊了一声他有刀，我和吴某某就立即上前将犯罪嫌疑人按在地上，然后就看见他手上握着一把匕首，特此情况说明。"落款时间是2016年3月18日。

这两份证明类文书，证明内容有着明显的区别，正因为2016年3月18日这份《情况说明》，曾某和焦某被以抢劫罪起诉。因为这份《情况说明》证明犯罪嫌疑人手上握着匕首。根据这份《情况说明》，原本是盗窃罪被转化成抢劫罪。但是，在案发当日出具的《到案经过》却没有提到犯罪嫌疑人持刀的事实，只是提到在两人身上查获一个黑色挎包，包里有各种盗窃工具。刀是哪里来的呢？没有解决好这个刀的问题，曾某和焦某可能被定性为抢劫。两份文书除了有刀和没刀的描述不一致，还有对于如何发现犯罪嫌疑人，如何与保安配合抓获犯罪嫌疑人的描述也不一致。辩护律师对于这两份文书的质证意见是，应当以案发当日出具的文书为准。同时，结合现场勘查笔录和现场勘查图，以及保安的询问笔录，对《情况说明》的真实性进行质疑。

第四节　对不予批准逮捕决定书的质证

很多案件检察院不予批准逮捕，可以说在这个环节已经很严格地把好关了。但是公安机关在没有补充到新的证据的情况下，还是移送起诉，而检察院往往还会根据公安机关的起诉意见，经过两次退回补充侦查，然后起诉到法院。检察院很多时候是以事实不清证据不足为由作出不予批准逮捕的决定，假如说，公安机关在没有新证据的情况下起诉到法院，这个时候，我们认同这份不予批准逮捕决定书的三性，以此来质疑检察院的起诉书里对被告人的指控。我把这个质证意见当成是"以子之矛攻子之盾"，既然检察院以"不予批准逮捕决定书"认定事实不清证据不足，那么在没有新证据的情况下，本案同样也应当被认定为事实不清证据不足，依法不应认定被告人有罪。

第五节　对指定居所监视居住通知书的质证

根据《刑事诉讼法》的规定，监视居住在该犯罪嫌疑人、被告人的住处执行，对于无固定住处的，可以在指定的居所执行。对于危害国家安全罪、恐怖活动犯罪、特别重大贿赂犯罪的，在住所执行可能有碍侦查的，经上一级人民检察院或公安机关批准，可以在指定的居所执行，但不得在羁押场所，专门的办案场所执行。实际上，很多监视居住的案件，办案单位为了更好进行讯问，对于不是危害国家安全，不是恐怖活动，不是特别重大贿赂案件，有固定的住所的情况下，也要对犯罪嫌疑人采取指定监视居住的措施。这种情况下属于非法限制人身自由，而由此收集到的犯罪嫌疑人的供述，属于非法证据，应予以排除。

第三章 03 对言词类证据的质证

言词类的证据主要包括犯罪嫌疑人、被告人供述与辩解，被害人陈述，证人证言三类。其中，犯罪嫌疑人、被告人的供述与辩解是犯罪嫌疑人、被告人及其家属最为关注的。为了防止非法取证，《刑事诉讼法》以及相关的司法解释针对非法证据问题，做了极为详细的规定，下面就针对这三大类言词证据质证问题，用实际案例的形式，来说说我在实践中如何对其进行质证。

第一节 对犯罪嫌疑人、被告人供述与辩解的质证

一、结合同步录音录像对证据的合法性进行质证

在对犯罪嫌疑人、被告人的供述与辩解进行质证之前，一定要与被告人核对笔录的合法性问题，也就是笔录是不是违法取得的。下面，我以几个案件为例，讲讲我是怎么对犯罪嫌疑人、被告人的供述与辩解进行质证的。

案例 5-8 杨某某诈骗罪案

这个案件我在前面的发问篇中，已经用了比较详细的篇幅，讲述了我如何用庭审发问的形式，对侦查机关对杨某某制作的第一份讯问笔录质疑。侦查机关在笔录中载明的时间，是归案后当日 16 时 30 分至 17 时 30 分，而这段时间杨某某并不在审讯室，从 16 时开始他在侦查人员的陪同下到银行取款存款，然后到公安局电脑室录入信息，公安局电脑不能用，又赶到派出所去录入信息，接着去体检，体检完已经超过 18 时，最后直接送看守所。所以在笔录记载的时间内，被告人并没有接受讯问，笔录没有经过被告人的核对，属于不能作为定案根据的证据。我提出了排除非法证据申请，合议庭当庭启动排除非法证据程序。

同案犯罗某某于归案前在检察院制作了两份询问笔录，我对这两份笔录的合法性也质疑。罗某某归案前两份询问笔录是检察机关制作的，但这个案件涉嫌的罪名是诈骗罪，公安机关才享有侦查管辖权，而在公安机关立案之前，检察机关对本案没有侦查权。我发表完质证意见后，公诉人解释说，这是检察院在办理其他案件中，对罗某某进行询问制作的询问笔录。我针对公诉人解释的那个案件的立案决定书和受案登记表的形成时间继续提出质疑，因为依据公诉人的解释，询问笔录是在某职务犯罪中，罗某某以证人的身份制作的笔录。但是，根据卷宗材料，那个案件是在罗某某的笔录之后才受案的。所以，公诉人的解释不符合事实。

因为杨某某和罗某某的笔录，对于罗某某杨某某是否有罪有着重大作用，所以我申请排除罗某某和杨某某的笔录。但是，法院却以罗某某的辩护律师并未申请排除非法证据为由，拒绝对罗某某的两份询问笔录启动排非程序。法院的说法显然没有法律依据，只要是非法证据，被告人和辩护律师都有权提出申请。根据《人民法院办理刑事案件排除非法证据规程（试行）》的规定，经办法官在收到案件之后，应当对证据的合法性进行审查，法官原本就有主动审查证据合法性的义务。但是，最终的结论是，法院对罗某某的两份询问笔录没有启动排非审查程序。

于是一年内，这个案件经过三次庭审和审委会的研究，最终判决罗某某和杨某某犯诈骗罪，处有期徒刑3年缓刑4年。在当地，涉案金额6万元一般被判处有期徒刑3年至10年。罗某某和杨某某涉案金额为40万元，法院在判决书中认定罗某某和杨某某具有自首和积极退赃情节，所以作出上述判决。

案例5-9　杨某某寻衅滋事罪案

杨某某与其他两名同案犯林某某和杨某的讯问笔录（询问笔录）存在内容复制粘贴问题。杨某某等三名未成年人在2017年10月8日12时许被抓获，2017年10月8日14时10分至15时3分指认现场，同案杨某于2017年10月8日15时3分至16时5分指认现场，同案林某某于2017年10月8日16时5分至17时指认现场。这三份笔录很显然是不合法的。

第一个问题是，没有监护人在场。三个同案犯都是未成年人，在讯问（询问）未成年人时，应当有监护人在场。然而，这三份指认现场笔录，没有一份有监护人在场。

第二个问题是，没有见证人。指认现场笔录按照证据分类，我认为应归属于辨认笔录，而辨认笔录是要求由没有利害关系的第三人见证的。这三份指认现场笔录都没有见证人见证。

第三个问题是，时间上不符合常理。我们看指认现场笔录的时间，三名同案犯是一个接一个指认现场，没有间歇时间，再看指认现场，一共八个作案现场，从杨某某指认最后现场到杨某开始指认第一个现场有十分钟车程。杨某指认最后现场到林某某指认第一个现场也有十分钟车程。所以，三名同案犯指认现场在时间上不符合常理。

第四个问题是，没有个别进行。无论是《公安机关办理刑事案件程序规定》，还是《刑事诉讼法》都有规定，对被告人、证人的讯问必须个别进行。这个案件在庭审发问环节，我对三名同案犯提问，他们是怎么指认现场的，三名同案犯都供述，是坐在同一辆警车，一起去指认现场的。

第五个问题是，笔录严重复制粘贴。这三份指认笔录，除了三名同案犯的开头介绍的基本情况部分不一样，其他部分全部一模一样，连标点符号都一样。

所以，这三份笔录的合法性存在问题，但这次我没有申请排除非法证据申请，而是在质证中质疑。

因为指认现场笔录涉及作案地点、毁坏的广告牌数量、价格，起诉书指控的八个作案现场的广告牌是否都是三名同案犯毁坏的，涉及量刑的问题。所以，有必要对指认现场笔录质疑。

最终，这个案件的犯罪嫌疑人分别被判1年到1年3个月不等，我的当事人被判1年有期徒刑，缓刑1年6个月。

二、关于犯罪嫌疑人、被告人的供述与辩解，我们还要审查它的内容对定罪量刑的影响

被告人的供述与辩解，不仅仅涉及自己是否实施了犯罪行为，还会涉及被害人是否有过错、在共同犯罪中的地位和作用、是否具有自首、立功的情节、是正当防卫还是防卫过当等问题。在质证的时候，一定要注意被告人的供述与辩解的事实，结合公诉机关的起诉书对被告人的自首、立功、正当防卫或防卫过当，被害人是否存在过错的情节，以及认罪悔罪态度，进行认定。

如果起诉书已经有认定，那么在质证的时候，就无须再提。

三、对被告人的供述与辩解的形式进行质证

首先，对聋哑犯罪嫌疑人进行讯问，应当有通晓聋哑手势的人参加，并且将这种情况记明笔录。

其次，对笔录对签名进行质证。我曾经见过一些被告人的讯问笔录，侦查人员要求犯罪嫌疑人签名之前，要写明"以上笔录我看过，和我说的相符""以上笔录我看过，和我说的一致"。但是，许多犯罪嫌疑人极为聪明，就在侦查人员的眼皮底下表达了笔录的不合法。我见过的犯罪嫌疑人的供述与辩解的合法性存在问题的表述：

"以上笔录你见过，和你说的一致。"
"以上笔录我看过，和你说的相符。"
"以上笔录我看过，和我说的二样。"
"以上笔录我看过，和我说的不符。"

最后，对笔录的时间进行审查，特别是针对那种在深夜，多次讯问，并且讯问时间与提审证不符的情形，要质疑该笔录的合法性和真实性。

这里对犯罪嫌疑人、被告人供述与辩解就不再赘述。

第二节　对被害人陈述的质证

被害人的陈述，绝大多数是直接证据，是能够直接证明犯罪行为、犯罪后果以及犯罪行为和后果之间因果关系的证据。而因为被害人与案件危害结果有直接的因果关系，但为了让自己的利益得到最大程度的满足，或者让犯罪嫌疑人、被告人得到最严厉的处罚。所以，被害人陈述时往往会夸大危害后果、危害行为。那么，该如何对被害人的陈述进行质证呢？

一、从形式上对被害人的陈述进行质证

第一，如果被害人是未成年人，其在接受询问的时候，是否有监护人在场。如果没有监护人在场，那么这份笔录就不能作为定案根据。

第二，如果被害人是精神病人，不能对后果辨别是非、不能正确表达或者是被害人醉酒、吸毒状态下所作的笔录，是不能作为定案根据的。

第三，如果被害人是聋哑人，就应当审查是否有翻译人在场、翻译人的资质。

第四，被害人是否识字，如果不识字，是否有念给被害人听。在胡某某故意伤害罪案中发现，被害人陈述的第一份笔录是由现场目击证人代为签名，第二份是由民警代为签名。就算是要由人代签名，也应该是由没有利害关系的第三人。这两份笔录显示，侦查人员在对被害人询问制作笔录的同时，将被害人的笔录内容也告知了目击证人，并未个别进行询问。根据《刑事诉讼法》第 124 条第 2 款、第 127 条规定，询问被害人应当个别进行。被害人的第一份笔录违反了这个规定，依法是不能作为定案根据的。

第五，对被害人陈述中属于主观猜测性、评论性、推断性的陈述，是不能作为定案根据的，但根据一般生活经验判断符合事实的除外。

二、对笔录的内容进行质证

被害人的陈述，真实性比合法性更重要。所以，一定要对被害人的陈述中，不符合常理常情的，不符合逻辑的地方进行质疑。对被害人的陈述的质证，首先应当找出被害人陈述中相互矛盾的地方，质疑它的真实性。同时应当结合证人证言，以及客观证据来质疑它的真实性。这里以胡某某故意伤害罪案被害人的陈述为例，解读对被害人的陈述是如何质证的。

案例 5-10 胡某某故意伤害罪案

被害人蓝某文的询问笔录的质证意见。总体质证意见为：蓝某文的陈述不真实，不合法。

（1）蓝某文的陈述前后不一致。①被打的次数不一致。在第一、二次陈述时，其主张自己跟朱某元与朱某龙一起去村委会之后被胡某某和朱某明殴打一次。而第三、四、五次陈述时，却主张被殴打两次，第一次被殴打时，朱某元在场。等朱某元和朱某龙去村委会后，再次被打。②被打的后果前后不一致。第一次陈述称自己被打后晕倒在地，醒来后大家都走了，然后由朱某成和朱某治将其带去卫生院诊治。第二次陈述称自己被打倒在地，第三次到第五次陈述，称自己被打倒在地，气都喘不过来，喊着要死了、要死了。

（2）形式上不合法，①对被告人胡某某的指控依法不能作为定案根据。第一次笔录，由朱某元代签名，说明询问并未个别进行，依法不能作为定案根据。②第二次笔录由民警代签名，而具体由哪个民警代签，并未注明。③通过庭审调查，我们发现蓝某文不止听力差，而且听不懂普通话，民警是用什么方式将笔录念给蓝某文听，是普通话还是本地话，蓝某文是否有听清楚，无法证明。

（3）与朱某元的笔录相矛盾，朱某治的证词、朱某成的证词和蓝某福的证词相矛盾。①朱某元于2018年2月23日的第一次询问笔录，和2018年12月13日的第二次询问笔录均证明，其不清楚也没有看到蓝某文被殴打。且朱某元曾经在2018年1月3日代蓝某文签过蓝某文的第一次笔录，朱某元是在蓝某文作完笔录之后接受询问的。由于朱某元是蓝某文的丈夫，假如确实存在胡某某殴打蓝某文的事实，朱某元作为现场目击证人、蓝某文的丈夫，不可能作出没有看到胡某某殴打蓝某文的证词。为此，朱某元作出的有利于胡某某的陈述，更加客观真实，依法应当作为定案根据。②蓝某文的陈述，其拦住胡某某，蓝某桃抱住蓝某文，抓住蓝某文的双手。但朱某成的询问笔录却未谈到，蓝某桃抱住蓝某文或者抓住蓝某文的双手这一重要情节。③朱某治的第一次笔录证明，胡某某对蓝某文殴打一次，当时朱某元在场。

（4）蓝某文的笔录不符合常理。①蓝某文的第一次笔录是在2018年1月3日制作的，不仅没有提起2017年12月15日和2017年12月18日在市第一医院拍片检查事宜，而且还在笔录中要求伤情鉴定。但是，根据鉴定意见，早在2017年12月19日，鉴定机构就接受委托对蓝某文的伤情进行鉴定，在半个多月后的2018年1月3日，蓝某文又要求伤情鉴定，显然与常理不相符合。②蓝某文的5份笔录，均没有提起朱某成向边防派出所报警、到边防派出所接受询问、制作询问笔录的事实。③蓝某文及朱某治、朱某成均证实，2017年12月14日14时许发生纠纷之后，蓝某文被打倒在地，朱某成和朱某治将蓝某文送到蓝某福的卫生所诊治。根据受案登记表记载，朱某成在2017年12月14日15时许到边防派出所报案，并接受询问。这就存在朱某成同时在蓝某福的卫生所和在边防派出所报案接受询问的矛盾，朱某成如何分身？④蓝某文的第二次笔录时间是2018年2月23日，其于2018年1月15日作了第三次全程检查，而且在2018年2月8日就签收了鉴定意见通知书。但是，在笔录中，蓝某文并未对自己做了三次检查、检查结果，还有签收鉴定意见通知书做任何的表述，侦查人员也未对此进行发问，明显与常理常情常识不相符合。

（5）蓝某文的陈述不符合常理。蓝某文陈述，胡某某要过去阻止朱某成打石头，蓝某文阻拦，然后被蓝某桃抱住。假如蓝某文的陈述是真实的，那么这个时候，胡某某完全可以过去阻拦朱某成打石头，怎么突然开始殴打蓝某文，这在逻辑上说不通。

（6）公诉机关已经确认蓝某文的陈述与事实不相符合。蓝某文主张受到朱某明的殴打，公诉机关却认定朱某明殴打蓝某文的事实不清、证据不足，故作出不予批准逮捕朱某明的决定。

第三节　对证人证言的质证

我把证人分为三类：第一类是控方证人，也就是跟被害人有亲戚同学朋友等利害关系，有利于公诉机关指控犯罪的证人。第二类是辩方证人，与犯罪嫌疑人存在亲戚同学朋友等利害关系的证人。第三类是跟被害人、犯罪嫌疑人、被告人没有利害关系的中立证人。如何对这三类证人的证言进行质证呢？根据最高人民法院《关于适用〈中华人民共和国刑事诉讼法〉的解释》第74条第3项规定，证人与案件当事人、案件处理结果有无利害关系是着重审查的内容。所以，中立证人的证言更为客观公正。控方证人对犯罪嫌疑人、被告人不利的证言以及辩方证人对犯罪嫌疑人、被告人有利的证言真实性存疑。控方证人对犯罪嫌疑人、被告人有利的证言，辩方证人对犯罪嫌疑人、被告人不利的证言，更具有真实性。所以，质证时，要根据这三类证据的特征进行质证，提出对当事人有利的承认或者质疑的质证意见。

一、对于控方证人证言的质证

对于不利于犯罪嫌疑人、被告人的陈述部分，形式上的质证意见和对被害人的陈述质证意见是一样的。这里不再赘述。以胡某某故意伤害罪案为例，这个案件中，控方证人包括被害人蓝某文的丈夫朱某元，儿子朱某成，儿媳妇朱某治。这里分别对他们的证言进行质证，我把书面质证意见摘录下来。

1. 被害人的丈夫朱某元的证言，第一次第二次的证言更为客观公正，依法应当作为本案定案根据。第三次的证言因为受到污染，与第一、二次笔录相矛盾，不具有真实性，依法不能作为定案根据。

朱某元不仅是现场目击证人，是被害人的丈夫，而且是在 2018 年 1 月 3 日代蓝某文签名之后作的笔录，其接受询问之前，已经见过蓝某文"关于胡某某殴打蓝某文的"陈述，却仍旧证实并未看见被告人胡某某殴打蓝某文。朱某元的证言更为客观公正，依法应当作为本案的定案根据。由此可见，胡某某并未对蓝某文实施殴打行为。而朱某元的第三次证言是在本案退回补充侦查之后，作出了与之前相互矛盾的证言，在这份笔录中，朱某元看见胡某某实施对蓝某文殴打行为，很明显这份证言是受到污染而作出的与事实不相符合的陈述，没有证明力，不能作为本案定案根据。同样，朱某元的第一次笔录没有陈述蓝某文在医院接受两次检查，也没有谈起于 2017 年 12 月 19 日委托鉴定机构对蓝某文的伤情进行鉴定的事实，明显不符合常理，依法不能作为定案根据。

2. 被害人蓝某文的儿子，朱某成证言的真实性、合法性均存在问题，依法不能作为本案定案根据。

（1）朱某成的第一次笔录并非于笔录记载时间形成，是非法证据。笔录时间是 2017 年 12 月 16 时 10 分至 2017 年 12 月 14 日 17 时 15 分。但根据其证言，在 2017 年 12 月 14 日 14 时许双方纠纷之后，蓝某文受伤，其与朱某治将蓝某文送往蓝某福的卫生所诊治。按照常理，蓝某文的伤是肋骨骨折，在卫生所治疗不可能那么快，而且治疗完之后，不可能直接到边防派出所去接受询问。所以，在同一个时间内，朱某成不可能分身，一边带蓝某文去诊治，一边到边防派出所去接受询问。

（2）朱某成的第一次笔录是非法证据。辩护人早在审查起诉期间就申请提取朱某成第一次笔录的初次形成时间，虽然民警提交一份情况说明欲证实朱某成的第一次笔录形成时间，但该情况说明属于自证其说，没有证明力。根据电子数据的提取方法，辩护人在给法院的法律意见书中，也把如何提取朱某成第一次笔录的初次形成时间，以图文并茂的方式指出来。公诉机关要证明该笔录初次形成时间，依法应当以符合电子数据提取办法的形式提取，而非以自证其说的形式，用情况说明来替代。

（3）朱某成的证词前后相互矛盾。第一次笔录陈述，胡某某与朱某明殴打蓝某文一次，第二次笔录却陈述，胡某某和朱某明两次殴打蓝某文。

（4）朱某成的证词已被市人民检察院所否认。尽管朱某成三次笔录中，均主张朱某明参与实施殴打蓝某文的事实，但是市人民检察院却认定朱某明殴打蓝某文事实不清证据不足，因此作出对朱某明不予批准逮捕的决定。

由此可见，朱某成的证人证言的真实性合法性存在不真实不合法的问题，依法不能作为定案根据。

3. 被害人蓝某文的儿媳妇朱某治的证人证言，内容与朱某成、被害人蓝某文不一致。足以证实蓝某文和朱某成对胡某某实施伤害行为的指控不符合客观事实。

（1）朱某治的笔录是 2017 年 12 月 16 日制作的，其并未提到，案发当日，朱某成有到边防派出所报案并接受询问的事实，不符合情理。

（2）朱某治第一次笔录陈述证实，双方只发生一次肢体冲突，与朱某成第二次笔录、蓝某文第三到第五次笔录陈述不一致。

上述三名证人与被害人蓝某文有利害关系，而且是现场目击证人。鉴于此，朱某元前面两次没有看见胡某某对蓝某文实施伤害行为的证言更符合客观事实，更应当作为本案的定案根据。

二、对于辩方证人证言的质证

由于辩方证人与犯罪嫌疑人、被告人存在利害关系，证言往往对犯罪嫌疑人、被告人有利。所以，质证时最好能够找到该证人能够与其他证据相互印证的地方，增加它的可采信度。

对于辩方证人证言的质证，重点在于对取证程序和形式上的合法性进行质证。程序和形式的合法性，可以增强内容的可信度，当然，如果可以结合其他证人证言，或者客观证据加以印证，更能增加被采信的可能。

三、对中立证人证言的质证

中立证人因为跟双方没有利害关系，所以中立证人证言的可信度比较强。中立证人证实的与犯罪嫌疑人、被告人有关的事实最为可靠。

那么，假如中立证人的证言对犯罪嫌疑人、被告人不利，而且结合客观证据进行分析判断，有可能存在中立证人的证言不真实的情况。这个时候应该如何质证？

1. 还是对中立证人接受询问的状态进行分析：是不是成年人，是不是聋哑人，是否具有相应的辨别能力和明确的表达能力，是不是精神病人，是不是在醉酒或者吸毒状态下接受询问的。如果存在上述这些情况，那么中立证人的证言就存在不能作为定案根据的情形。

2. 中立证人的证言是亲眼看见的目击证人，还是道听途说的传来证据（传闻证据），如果是目击证人，那么他们的证言就更有真实性。如果是道听途说，那么这样的证言就缺乏真实性，还必须溯源，分析这些证言来源的真实性。然后加以质证，提出质疑。

3. 中立证人的证言是看到的、听到的，还是自己根据所看所听作出的判断猜测推断的？如果是后者，根据最高人民法院《关于适用〈中华人民共和国刑事诉讼法〉的解释》规定，证人证言中，属于猜测性、评论性、推断性的证言不能作为定案根据。

这里，我以经办的邱某虹诈骗罪案为例，来说说我是如何针对中立证人作出的对被告人不利的证言进行质证的。

案例 5-11　邱某虹诈骗罪案

中立证人郑某某、洪某某、陈某某证实，邱某虹通过陈某敏向他人购买六合彩的事实，而郑某某、洪某某和陈某敏都是听陈某敏说的。

我质证时，画了一张图，将郑某某、陈某某和洪某某的证言来源正本溯源，证明他们的证言内容均来源于陈某敏一个人，都是传来证据。实际上就是陈某敏一个人的证言，而陈某敏与邱某虹有利害关系，而本质上看，关于邱某虹通过陈某敏购买六合彩这个事实只有陈某敏予以证明，属于孤证，不能作为定案根据。

后来，两级法院对于郑某某、洪某某、陈某某和陈某敏证言中邱某虹通过陈某敏购买六合彩的事实均不予采信。

第四章 04 对鉴定意见的质证

一、关于鉴定意见的思考

这几年的刑事案件中，无论是盗窃、故意伤害等普通刑事案件，还是职务犯罪，生产销售伪劣产品案件，绝大多数案件都会有鉴定意见。如何寻找鉴定意见的突破口？这个问题相信有很多律师也在思索，某些律师事务所甚至还有专门针对鉴定意见如何质证的培训。

我记得我第一个很用心去突破鉴定意见的案件，是一起职务犯罪案件，公诉机关以价格事务所的价格鉴定报告为根据，认定被告人购买的农村集体土地价格超过市场价 20 万元，该部分被作为受贿款。我一方面主张农村集体土地是不能买卖的，即便要认定价格，也应当按照土地类别基准价去认定，而不是按照所谓的市场价去认定，另一方面向法院申请重新鉴定，但一审法院不支持。上诉后，二审法院拟发回重审，结果被告人却撤回上诉。这个案件是我执业近二十年来，最憋屈的一个。因为二审法院也认为这个价格鉴定报告是不能作为定案根据的，一旦不被采信，那么这个案件的受贿数额就可能减少 20 万元。这个案件发生在《刑法修正案（九）》出台之前，那时的规定是受贿 10 万元就要判决 10 年以上了。因为被告人还具有自首和积极退赃的情节，受贿数额少 20 万元被告可能会被判处低于 3 年的处罚，并适用缓刑。只可惜，后来被告人主动撤回上诉，最终那个价格鉴定报告被作为被告人受贿的依据。

鉴定意见作为第三方机构对专业性的问题作出的意见，被法院采信的概率极高，无论是对定罪还是量刑，都显得特别重要。为了更好地学习和掌握鉴定意见的质证，2018 年 10 月 6 日，以醉驾案件闻名全国的浙江李鸣杰律师应我邀请，在我们律所会议室分享了主题为"刑事案件中鉴定意见的审查与认定"沙龙。李鸣杰律师结合自己办过的案件，就如何审查鉴定意见进行解读。其实，关于鉴定意见的审查与认定，核心就是最高人民法院《关于适用

〈中华人民共和国刑事诉讼法〉的解释》第 97 条和第 98 条的规定。李律师根据这两条规定，对鉴定意见的审查分成以下几个部分进行解读：

1. 关于鉴定机构和鉴定人的法定资格与条件。如何对鉴定机构和鉴定人的法定资格与条件进行形式审查和实质审查，如何进行静态审查和动态审查。结合全国人民代表大会常务委员会《关于司法鉴定管理问题的决定》第 5 条规定，以及经办案例进行解读。

2. 关于鉴定资料的审查。李律师阐述了需审查检材的来源、取得、保管、送检过程是否符合法定程序，提取、扣押物品清单是否可靠。酒精测试或毒品不仅要审查检材是否具有同一性，是否有被污染的可能，还要特别注意检材的提取是否合法，是否依法采取了保存措施。

3. 鉴定意见的形式要件审查，要注意形式要件是否完备，是否注明鉴定提起的事由，鉴定委托人，鉴定机构，鉴定过程，鉴定方法，鉴定日期等，而没有签名或盖章的应当排除。李律师分享时说，有时鉴定意见实际上没有鉴定人，签名的人并不一定就是鉴定人，所以要好好利用申请鉴定人出庭的机会发问。

4. 关于鉴定程序的审查。李律师说，在审查检材时，鉴定机构存在无视检材的同一性或者被污染，违规受理的问题。有时实际鉴定人只有一个，但鉴定文书上签名的却有两人，而且随意使用鉴定标准。

5. 关于鉴定过程和鉴定方法的审查。2012 年至 2017 年我办理的一个生产销售伪劣产品案件最终无罪，也就是因为鉴定机构没有具体的鉴定过程，没有对各种参数进行比对，没有载明采用何种方法进行鉴定，所以最终那个案件获得无罪判决这一最佳结果。

6. 鉴定意见的关联性审查。关联性问题和检材的同一性有关，如果检材不具有同一性，那么鉴定意见就与案件无关联性。但如果检材具有同一性，关联性问题是针对定性，还是定量而言呢？这个问题还需要进一步探讨。

7. 鉴定意见的明确性与其他证据的关系方面的审查。李律师讲到，许多时候鉴定结论不是一个具体参数，而是一个范围。比如说，酒精含量是每毫升 82 毫克，这个时候就要注意，鉴定单位采用的鉴定方法误差值是多少，如果上下误差超过 3 毫克，那么尽管鉴定意见载明结论是 82 毫克，但有可能因为误差，其实就只有 79 毫克。而 79 毫克是不构成醉驾的。所以，根据疑罪从轻和疑罪从无的原则，假如鉴定结论结合误差值，可能是无罪的，建议作无罪辩护。

以下，我以两个案例，谈谈对鉴定意见如何质证。

案例 5-12　胡某某故意伤害罪案

这份鉴定意见从检材的真实性到鉴定过程都存在严重问题，我多次向法院提出调取被害人医院的病例材料，但都被法院拒绝。我申请核实检材的真实性与被害人之间的关联性，也被拒绝。以下是我对这份鉴定意见的质证意见。

1. 没有鉴定检材的收集和提取的证据，检材来源不合法，导致鉴定意见不具备合法性。

作为本案鉴定意见的检材，是一组被害人的病案资料，属于《刑事诉讼法》规定的书证。本案卷宗材料，没有收集这些检材的程序性的证据，无法证明这些检材的真实性，以及和被害人之间的关联性。整个庭审调查发现，本案既没有公安机关的扣押笔录扣押清单，也没有公安机关向持有单位提取证据的介绍信，以及检材持有人的盖章，不能确认检材的真实性、被害人关联性。根据《刑事诉讼法》第 141 条、第 142 条规定，在侦查活动中，发现可以证明犯罪嫌疑人有罪或者无罪的各种财物、文件，应当查封扣押。对于查封扣押的财物、文件，应当会同在场见证人和被查封扣押财物、文件持有人查点清楚，当场开列清单一式二份，由侦查人员、见证人和持有人签名或者盖章，一份交给持有人，另一份附卷备查。根据《公安机关办理刑事案件程序规定》第 62 条规定，如果是侦查人员向医院直接调取的证据，则应当有公安机关调取证据的通知书，并由医院在调取证据通知书上签名盖章。如果是办案民警向被害人收集、调取的证据，也应当有公安机关的调取证据通知书，并由被害人在通知书上盖章签名。本案无论是卷宗材料，还是庭审调查过程，均无法作为检材的证据。

由于检材的真实性和检材与被害人之间的关联性没有依法予以确认。所以本案被害人的鉴定意见不具备合法性。

2. 鉴定意见所依据的检材相互矛盾。

根据鉴定意见所附材料，2017 年 12 月 15 日的 CT 报告为左侧肋骨第 4、5、6 肋骨骨折，2017 年 12 月 18 日的检查报告则为左侧第 4 肋骨骨折，2018

年1月15日的检查报告又变成左侧第2、3、4肋骨骨折。尽管鉴定人出庭表明，三次检查报告都是被害人的，并且承认第三次是带着被害人全程检查的。但辩护人对其发问时，鉴定人改口，说他没有带被害人全程检查，而是嘱咐办案民警带着被害人全程检查。鉴定人只对办案部门提交的检材负责，对检材的真实性不负责。由此可见，尽管鉴定人说检材是被害人的，但是正确的流程应当是鉴定人及专家带被害人到医院拍片检查，然后再根据拍片结果作出认定。无论是鉴定人还是专家，均未对被害人是否真实拍片进行核实。加上三次检查报告结果不一致，无法排除鉴定意见的不合理性。

3. 鉴定人和办案单位的情况说明里的陈述不符合常理。

办案民警建议被害人在受伤后一个人到市医院去全程检查，但卷宗里并无相关的证据，特别是侦查机关在2018年1月3日对被害人进行第一次询问笔录中，并没有让被害人在受伤后到市医院全程检查的建议。第二次笔录是在2018年2月23日作出的，也未提起2018年1月15日被害人到市医院全程检查的事实。而情况说明和鉴定人出庭说明问题，均是在辩护人对鉴定意见质疑后，才作出的解释。因此被害人的第一次和第二次笔录，办案部门的情况说明和鉴定人出庭说明，均属于不合理解释，不能作为定案根据。

4. 鉴定检材依据的被害人的病案材料，被害人左侧第2、3、4肋骨骨折不符合常情常理常识。

根据病案材料，2017年12月15日第一次检查出被害人左侧第3、4、5肋骨骨折，2017年12月18日第二次检查是左侧第4肋骨骨折。在第一医院住院时间是2017年12月15日至12月26日，2017年12月27日却转院到下一级卫生院住院，明显不符合常情常理常识。都说伤筋动骨一百天，都已经查明是肋骨骨折，却从县一级医院转院到乡镇一级的卫生院，明显不符合常情常理常识。

5. 2018年1月15日挂急诊号全程检查，不符合常理。

辩护人注意到，2018年1月15日是星期一，每个科室医生都有上班。按照鉴定人庭上陈述及办案民警的情况说明，被害人是接受嘱咐在伤后一个月后到市医院全程检查。而且鉴定人还振振有词说是由办案民警带被害人到市医院全程检查的，那就应当挂外科号，而不应是急诊号。即便被害人第三次检查，确实是左侧第2、3、4肋骨骨折，鉴于其挂的是急诊号，不能排除是其在乡镇一级卫生院住院期间造成的伤情。但是，鉴定人当庭陈述，其只对办案民警提交的检材负责，对于检材是否为被害人本人的，鉴定人不负责。

6. 民警与被害人一同于 2018 年 1 月 15 日前往市医院拍片这一事实缺乏证据证明。

无论是卷宗材料，还是庭审调查期间，除了情况说明，没有其他任何证据能够证明该事实。根据最高人民法院《关于全面推进以审判为中心的刑事诉讼制度改革的实施意见》，现有证据材料不能证明证据收集合法性的，人民法院可以通知有关侦查人员出庭说明情况。不得以侦查人员签名并加盖公章的说明材料替代侦查人员出庭。该案中某派出所 2019 年 4 月 24 日出具的《情况说明》，称"由我所民警与被害人一同前往市医院拍片"，但说明中并未载明民警的具体姓名，所以，由民警陪同被害人拍片明显证据不足。

7. 作为鉴定意见载明的检材，与体现出来的检材不一致。

（1）鉴定书中的鉴定材料注明：检材 1，第一医院病历材料 2017F1352-001；检材 2，市医院病历材料 2017F1352-002；检材 3，市医院医学影像会诊报告单，2017F1352-003。但是在送检材料情况里却载明：CT 号 6001083375，检查日期为 2017 年 12 月 15 日；CT 号 6001083375，检查日期为 2017 年 12 月 18 日。不同时间检查的 CT 号不可能是同一个 CT 号。

（2）根据鉴定书附件 1 照片五显示，片号是 330498 被害人 0-072Y，拍摄时间是 2018.1.17.14：52：00；图片六显示，片号是 330498 被害人 0-072Y，拍摄时间是 2018.1.17.14：49：01，鉴定机构到底是根据被害人 2017 年 1 月 15 日的检查报告，还是根据 2017 年 12 月 18 日的检查报告，或者是根据 2018 年 1 月 15 日的检查报告作出的呢？如果根据附件 1 照片五和照片六体现出来的时间，检查时间是 2018 年 1 月 17 日。附件里并没有 2017 年 12 月 15 日、2017 年 12 月 18 日和 2018 年 1 月 15 日的片子。

8. 2018 年 1 月 15 日的检查报告没有片子相印证，并与作为鉴定书附件的 2017 年 12 月 26 日的出院记录相矛盾。

根据鉴定书附件中的 2017 年 12 月 26 日出院记录中出院诊断载明：左侧多发性肋骨骨折（第 4~6 侧肋），但鉴定结论和 2018 年 1 月 15 日的检查报告却载明，左侧第 2、3、4 根肋骨骨折。到底是医院误诊，还是实际上就没有 2018 年 1 月 15 日的检查，公诉机关没有作出任何合理解释。

9. 鉴定意见并未通知被告人，侦查机关剥夺了被告人的知情权和申请重新鉴定、补充鉴定的权利。

庭审调查时，被告人表明侦查机关并未送达鉴定意见的通知书给被告人。尽管在鉴定意见的最后一页，鉴定意见通知书上载明犯罪嫌疑人拒绝签署捺指印，但是，侦查机关并没有适用执法记录仪将送达的过程记录下来，并且，在鉴定意见通知书上载明通知被害人的时间是 2018 年 2 月 8 日，但 2018 年 2 月 26 日向被告人送达传唤证时，以及在 2018 年 4 月 19 日向被告人第一次讯问时，并未载明该事实。明显，该通知书上注明的犯罪嫌疑人拒绝签名捺手印与事实不相符合。

我见过故意伤害罪案件伤情鉴定 6 次的、4 次的，甚至还有法院审理期间，侦查人员在法院没有启动重新鉴定程序的情况下，私自带被害人去重新鉴定的。甚至在同一个海域，同样的海砂价格，有每立方米被鉴定不到 7 元钱的（裁判文书网上生效判决书认定），每立方米 70 元钱（同样在裁判文书网上生效判决书认定），同一个法院受理的案件，有每立方米 7 元的，也有每立方 8.5 元。再找下生效判决文书中鉴定意见，在同一个时间段，有价格 20 元，有 40 元的，最高的每立方米 115 元。在某非法采矿罪一案中，海砂的价格鉴定意见是由某价格认证中心来价格认证的。海砂价格竟然是假设该海砂是被淡化净化后的价格，而海砂就是海里直接抽取的海砂，并非净化的，用净化的价格来作为刚从海里抽取出来的海砂价格依据并不合理。而且我看到该案侦查机关某海警局侦查给犯罪嫌疑人的鉴定意见通知书上竟然载明：聘请有关人员对涉案海砂价格进行鉴定。有关人员是否有资质？有关人员有鉴定机构吗？为什么不是鉴定机构？鉴定主体首先应该是有资质的鉴定机构，然后鉴定机构里有资质的鉴定人员作出的鉴定意见才是可以采信的。办案单位委托的是有关人员，这有关人员可以鉴定价格吗？按照最高人民检察院《关于办理非法采矿、破坏性采矿刑事案件适用法律若干问题的解释》第 13 条规定，价格认证中心、省级人民政府主管部门才有资格出具报告，而关于生态环境损坏的鉴定意见只有具有资质的司法鉴定机构、省级人民政府国土主管部门才能出具。

鉴定乱象，难以想象。所以，对于鉴定意见的质证，显得尤为重要。

案例 5-13　谢某非法经营罪案

鉴定鉴别检验报告载明，鉴定卷烟机是伪劣产品，鉴定机构是国家烟草质量监督检验中心，两名鉴定人员是国家烟草质量监督检验中心的工作人员。根据现场勘查照片，载明制假烟机是由烟草专卖局查扣的，《证据先行登记保存通知书》移交人和交接人是王某某和李某某。在鉴定鉴别检验报告中的送检人是杨某某和朱某某。鉴定报告载明存在安全隐患，存在风险，即鉴定机械并非完整的机械，但鉴定机构并未拆装比对。鉴定人员鉴定过程并未对卷烟机和接烟嘴机的各个组装部分，零部件进行鉴定，包括机器是否完整无缺，或者缺少哪些零备件，是否可以正常运转均未作出任何说明，鉴别方法和鉴别过程均未予以说明。该鉴定鉴别检验报告只有鉴定机构的公章和鉴定人员的私章。

针对这份鉴定鉴别检验报告我作如下的质证。

1. 本案鉴定人员不具备相关的鉴定资质，依法该鉴定结论不能作为定案依据。鉴定机构国家烟草质量监督检验中心的资质认定证书载明，其可以向社会出具具有证明作用的数据和结果。而根据该机构的《中华人民共和国事业单位法人证书》所载明的宗旨和业务范围是"为社会提供烟草质量监督检验服务，烟草成分及释放物检验，国际实验室合作研究方法验证授权范围内烟草产品质量监督检验。国内销售或查获国内外卷烟产品、烟机、烟机零部件，烟叶和烟用材料鉴别与仲裁，新检测技术、方法研究开发"，无论是资格证书，还是其宗旨和业务范围，均无烟草专用机械鉴别检验人员资格的认证资格，更无价格鉴定资质。而《鉴定鉴别检验报告》中的闪红光和戴硕荣，其资格均系由不具备鉴定人员认证资质的国家烟草质量监督检验中心颁发的，国家烟草质量监督检验中心本身只是鉴定机构，并非《烟草专卖品鉴别检验管理办法》第11条规定的国家烟草专卖局产品质量监督主管部门，并非鉴别检验人员资质的认证单位。公诉机关以不具备《烟草专卖品鉴别检验管理办法》规定的鉴定人员作出的《鉴定鉴别检验报告》来认定涉案机械的品类是不合法的。根据最高人民法院《关于适用〈中华人民共和国刑事诉讼法〉的解释》（2012年）第85条第1项规定，《鉴定鉴别检验报告》依法不能作为本案的定案依据。

2. 本案存在扣押与鉴定的烟机不具有同一性的问题。根据最高人民法院《关于适用〈中华人民共和国刑事诉讼法〉的解释》（2012年）第84条第3项规定，检材的来源、取得、保管、送检是否符合法律、有关规定，与相关提取笔录、扣押物品清单等记载的内容是否相符，检材是否充足、可靠有关。

本案存在检材来源、取得、保管、送检均不符合法律有关规定，相关提取笔录、扣押物品清单等记载的内容不相符。首先，侦查机关载明的本案涉案机械是烟草专卖局现场查扣的，根据卷宗126页××区烟草专卖局的《情况说明》记载，××区烟草专卖局与××市烟草专卖局直属队联合行动查扣，拍摄的照片写明是制假窝点和制假烟机。但在《鉴定鉴别检验报告》中载明鉴定的机械是烟草专卖局和××区公安分局治安大队联合办案查获的机械。其次，根据2016年6月7日×烟存通字［2016］第0000655号《证据先行登记保存通知书》，无论是移交证据的还是交接证据的人当中，均无杨某某此人，但在委托国家烟草质量监督检验中心检验鉴别中的联系人变成杨某某。既然证据已经先行保存，并且交由李某龙、姚某某保管，那么送检的联系人也应该是保管该证据的李某龙、姚某某，而不是杨某某。而且，根据被告人的供述，当时的烟机尚未拼装，是散装的。但根据现场勘查照片，烟机是已经拼装好的。由此可见，辩护人有充分理由认为涉案机械并非鉴定鉴别检验报告中的机械。辩护人认为，该检材与被告人购买的机械存在不一致的情形，故根据《刑事诉讼法》第85条规定，该鉴定鉴别报告依法不能作为定案依据。

3. 本案鉴定鉴别检验报告形式上不合法，也没有检验过程和检验方法的记载，依法不能作为定案根据。根据最高人民法院《关于适用〈中华人民共和国刑事诉讼法〉的解释》（2012年）第84条第4项规定，对鉴定意见应当着重审查"鉴定意见的形式要件是否完备，是否注明提起鉴定的事由、鉴定委托人、鉴定机构、鉴定要求、鉴定过程、鉴定方法、鉴定日期等相关内容，是否由鉴定机构加盖司法鉴定专用章并由鉴定人签名、盖章"。本案鉴定鉴别检验报告当中，并未提供相关鉴定过程，也无鉴定方法。特别是本案鉴定机械系非法拼装的，鉴定报告载明存在安全隐患，存在风险，即鉴定机械并非完整的机械，但鉴定鉴别机构并未拆装比对。鉴定人员鉴定过程并未对卷烟机和接烟嘴机的各个组装部分，零部件进行鉴定，包括机器是否完整无缺、或者缺少哪些零部件、是否可以正常运转均未作出任何说明、鉴别方法和鉴别过程均未予以说明。该院审理过程中，如何对于鉴别过程，鉴别方法进行着重审查呢？可见，该鉴定鉴别检验报告不符合本条规定的形式要件。

第五章 05 对物证、书证的质证

有关对物证书证的审查，我认为在最高人民法院《关于适用〈中华人民共和国刑事诉讼法〉的解释》第82条到第86条里面规定得很详细，那么如何进行质证呢？

1. 对物证是否为原物原件进行质证。物证是否经过辨认、鉴定，照片、录像、复制品或者书证的副本是否与原物原件相符。

关于这一点，我在2017年底曾经代理过一起盗窃罪案件，被盗物品并不存在，公安人员以被害人提供的照片作为被盗物品的物证，委托鉴定。仅有照片无法确定与被盗物品相符，以此来鉴定物品价格更显得缺乏事实和法律依据。后来这个案件以事实不清、证据不足为由不予起诉。类似这种无法与原件原物核对的物证，在许多案件中都存在，有些法院、检察院把关严格一些的，就不会把这样的物证书证作为定案根据。

2. 对书证的真实性进行质证。关于物证的同一性问题，在绝大多数刑事案件中，无论是毒品犯罪案件，还是醉驾案件，都存在同一性的问题。而书证，由于它是以文字、图画图表数字等表达的思想内容来证明案件事实的特殊性，所以首先审查其真伪，也就是对书证的真实性进行审查质证。

2019年张某某滥伐林木罪案，有份书证，是签收《采伐证》的送达回执，公安机关收集的这份送达回执要证明的是张某某明知申请的《采伐证》许可采伐林木的面积只有一部分，却依旧采伐全部林木，所以证明张某某对于滥伐林木主观上是明知的，具有主观故意。那么，签收《采伐证》送达回执上的签名笔迹是否与张某某签名一致，是能够证明张某某是否明知少办证多采伐的关键事实。为此，我们以申请笔迹鉴定来对这份送达回执进行质证。经过笔迹鉴定，该送达回执并非张某某所签。由此我们质证时认为张某某对"少办证多采伐"的事实并不知情，从而认为张某某对于滥伐本案涉案林木不具备主观故意。

3. 对物证和书证的程序取证合法性进行质证。最高人民法院《关于适用

〈中华人民共和国刑事诉讼法〉的解释》第82条第2项规定，物证、书证的收集程序、方式应当着重审查以下内容：经勘验、检查、搜查提取、扣押的物证、书证是否附有相关笔录、清单，笔录、清单是否经调查人员或者侦查人员、物品持有人、见证人签名，没有签名的，是否注明原因；物品的名称、特征、数量、质量等是否注明清楚。所以，对于物证书证的取证程序，就根据这个规定进行审查，然后提出质证意见。关于物证的提取，有两类案件特别要注意，一类是毒品犯罪案件，另一类是醉驾案件。

（1）毒品犯罪案件。《办理毒品犯罪案件毒品提取、扣押、称量、取样和送检程序若干问题的规定》有专门的规定，比如，该规定第4条第3款规定，提取、扣押时，不得将不同包装物内的毒品混合。第5条第1款规定，毒品的扣押应当在有犯罪嫌疑人在场并有见证人的情况下，由两名以上侦查人员执行，第2款规定，毒品的提取、扣押情况应当制作笔录，并当场开具扣押清单。第3款规定，笔录和扣押清单应当由侦查人员、犯罪嫌疑人和见证人签名。犯罪嫌疑人拒绝签名的，应当在笔录和扣押清单中注明。第6条规定，对同一案件不同位置查获的两个以上包装的毒品，应当根据不同的位置分组……第9条规定，现场提取、扣押等工作完成后，一般应当由两名以上侦查人员对提取、扣押的毒品及包装物进行现场封装，并记录在笔录中。封装应当在有犯罪嫌疑人在场并有见证人的情况下进行；应当使用封装袋封装毒品并加密封口，或者使用封条贴封包装，作好标记和编号，由侦查人员、犯罪嫌疑人和见证人在封口处、贴封处或指定位置签名并签署封装日期。有个例外规定，就是确因情况紧急、现场环境复杂等客观原因无法在现场实施封装的，经公安机关办案部门负责人批准，可以及时将毒品带至公安机关办案场所或其他适当的场所进行封装，并对毒品移动前后的状态进行拍照固定，作出书面说明。特别要注意的是，作为证据使用的毒品，对取样后剩余的毒品及包装物，应当及时送至公安机关保管场所或者涉案财物管理场所进行妥善保管，直至不起诉决定或者判决、裁定发生法律效力后方可处理。有关毒品的提取、扣押、称量、取样和送检程序规定得比较详细，这里不一一摘录，只简要摘录我认为比较特别的地方。在办理毒品犯罪的时候，就要好好对照下侦查机关在扣押、提取和送检毒品的整个过程，找出对犯罪嫌疑人（被告人）有利的地方，对公安机关取证的合法性质疑，若无法补正或者作出合理解释的，且对定罪量刑有重大影响的，应当对证据的合法性质疑，提出排非申请，即便法院不启动排非程序，也要提出，只有律师锲而不舍坚持提排非，才能帮助法官重视证据的合法性。如果一次两次申请排非被拒绝，就不再提，那么法院就不会重视证据的合法性问题。

（2）醉驾案件。公安部《关于公安机关办理醉酒驾驶机动车犯罪案件的指导意见》规定，对当事人血样提取过程应当全程监控，保证收集证据合法、有效。提取的血样要当场登记封装，并立即送往县级以上公安机关检验鉴定机构或者经公安机关认可的其他具备资格的检验鉴定机构进行血液酒精含量检验。对送检的血样，检验鉴定机构应当在 3 日内出具检验报告。由于醉驾案件的特殊性，血样应当使用抗凝管作容器，并添加抗凝剂。作为当今第一大罪，醉驾案件每年超过 10 万起，判决无罪的寥寥无几。首先是因为醉驾案件最高刑期只有拘役 6 个月，而正常的情况下就是判决 2 个月至 3 个月，还有相当一部分案件是判决缓刑的。所以绝大多数当事人对于这样的案件并不重视，除非是公职人员的身份，否则没有谁愿意为了两三个月的拘役，甚至可能判缓刑的案件去争取无罪。所以，尽管醉驾案件对于物证提取和鉴定程序规定得很详细很具体，但从当事人到辩护律师到司法机关，极少有重视的。我们以醉驾案件为例，无论是《公安机关办理刑事案件程序规定》，还是办理行政案件程序规定，都要求 2 名有执法资格的民警查醉驾。但实际上经常是 1 名民警加上 1 名辅警进行，有时甚至由 2 名辅警进行。假如被查醉驾的驾驶员敢将装血样的容器砸了，或者拒绝让带走血样，则构成妨害公务，轻者行政处罚，重者追究刑事责任。我们可以质疑取证的合法性，但不能拒绝民警的取证行为。

4. 对取证瑕疵的质证。最高人民法院《关于适用〈中华人民共和国刑事诉讼法〉的解释》第 85 条和第 86 条规定，物证书证的取证程序存在瑕疵，不能补正，无法作出合理解释的，才是不能作为定案根据的非法证据。

1. 有些物证书证是最高人民法院《关于适用〈中华人民共和国刑事诉讼法〉的解释》直接规定不能作为定案根据的，但法院却一直将这样的证据作为定案根据。这个问题让人非常纠结，就是我们经常在扣押物品清单、扣押笔录中看到见证人，但如果见证人是侦查机关的工作人员，或者与案件有利害关系，那么这个见证人就不具备资质。见证人没有资质，那么，这份扣押清单或者扣押笔录就不能作为定案根据的证据。见证人不具备见证人资格的问题，本来应当比没有见证人问题更大，没有见证人的扣押清单和扣押笔录，最高人民法院的解释，要求补正，或者作出合理解释。

2. 最高人民法院《关于适用〈中华人民共和国刑事诉讼法〉的解释》第86 条规定，对于物证、书证的来源、收集程序有疑问，不能作出合理解释的，该物证书证不能作为定案根据。所以，根据这一规定，我们在对物证书证进行质证时，应当着重审查物证书证的来源和收集程序。

第六章 06 对各类笔录的质证

第一节 对现场勘验笔录的质证

2015 年 10 月 22 日，公安部专门针对现场勘验检查制定了《公安机关刑事案件现场勘验检查规则》。根据该规则第 24 条规定，公安机关对刑事案件现场进行勘验、检查不得少于 2 人，勘验、检查现场，应当邀请 1 名至 2 名与案件无关的公民做见证人，由于客观原因无法由符合条件的人员担任见证人的，应当在笔录材料中注明情况，并对相关活动进行录像。勘验、检查现场应当拍摄现场照片，绘制现场图，制作笔录，由参加勘查的人和见证人签名，对重大案件的现场，应当录像。根据这条规定，基本上也就是见证人身份，以及是否存在见证人的问题。所以，在对现场勘验笔录的质证，首先就要针对见证人，见证人的身份是否符合条件等。

案例 5-14 朱某某诈骗罪案

2016 年 4 月 20 日 23 时许，公安民警进入朱某某住处搜查，有个见证人来自 50 公里外。在深更半夜时分，竟然有 50 公里外的与本案没有利害关系的人来充当见证人，不符合常理。后来了解到，这个见证人就是公安机关的辅警。根据最高人民法院《关于适用〈中华人民共和国刑事诉讼法〉的解释》规定，办案机关聘用的工作人员是不能担任见证人的。

现场一般分为原始现场和变动现场，原始现场更符合客观事实。很多时候，侦查机关对现场进行勘查时，现场已经被破坏了，有时是被其他人破坏，有时是被侦查人员自己破坏的。

案例 5-15　某生产销售伪劣产品罪案

公安民警联合烟草专卖局执法人员还有镇政府工作人员，他们到现场联合执法。但是，在现场勘查笔录里，却只有 2 名民警和 1 名现场保护人员兼见证人签名。根据《公安机关办理刑事案件程序规定》第 215 条和第 216 条规定，现场勘查的民警不少于 2 人，应当邀请与案件无关的公民作为见证人。但是，现场加入了烟草专卖局的执法人员和镇政府工作人员，已经破坏了原始现场。所以，这份现场勘查笔录明显就不属于原始现场，而是变动现场，所以其真实性存在疑问。

第二节　对扣押笔录和扣押清单的质证

我一直认为，对于扣押笔录，应当结合现场勘查笔录，扣押清单和扣押决定书一起质证。

首先，还是从它的形式上来质证。扣押笔录形式上要求必须要有 2 名以上侦查人员进行扣押，而且必须邀请与案件无关的人员做见证人。对于见证人的身份分析，先看他的住所地与扣押场所距离多远，再核对扣押笔录制作的时间，分析见证人出现在扣押笔录上是否合理。比如，如前所述，朱某某诈骗案中，见证人是远在 50 公里外的，却在深更半夜出现在扣押现场，明显不符合常理，很有可能就是侦查机关聘用的工作人员。因此质疑要求对该见证人的身份信息进行补正。核对扣押笔录时间与现场勘查的时间，搜查证的时间是否有冲突。假如搜查证的时间在后，或者现场勘查时间在后，扣押笔录在前，则明显不合常理。而且，假如扣押笔录在前，现场勘查时间在后，则说明已经破坏了原始现场，这样扣押物品是否来源于现场也就存在疑问。

其次，对于扣押笔录内容的审查质证，我们要看看扣押笔录有没有罗列扣押的物品，与扣押清单里的物品是否一致。扣押清单有的，如果扣押笔录没有则该物品不能作为定案根据。扣押笔录有的，扣押清单没有的，则要分析该证据对案件事实是否具有重大影响。比如某生产销售伪劣产品罪案，在现场扣押物品清单里有一本记账单，这本记账单记录了犯罪嫌疑人销售运输假烟的数量、次数、时间，以及对方确认已经收到假烟的账本的情况。但在扣押笔录中，却没有关于扣押这本记账单的记录。那么，这本记账单的真实性和合法性就都存在问题。又假如在扣押笔录里有记载扣押一本记账单，但在扣押清单中，却没有看到记账单。我们有理由对其他证据要证明的被告人涉案数量和金额质疑。

最后，我们对被扣押的物品状况进行审查质证。比如，在扣押的物品笔录和清单中，要审查扣押的物品处于什么状态，是否进行封存，是否有清点。如果有扣押手机，但手机并未关机，也未封存，那么，对于从手机里提取电子数据的真实性，同一性都应该提出疑问。又比如，对作案工具、沾有血迹、精液精斑的物品的扣押，还应当有这些物品的鉴定，是否与被害人、犯罪嫌疑人有关联。在许某某强奸罪案中，在扣押笔录和扣押清单中，有粘着被害人精液精斑的纸巾，应确定纸巾上的精液精斑与犯罪嫌疑人是否为同一个人。但是，侦查机关并未对粘有精液精斑的纸巾进行 DNA 鉴定，很显然，这个案件事实不清、证据不足。

第三节　对辨认笔录和指认现场笔录的质证

了解如何对辨认笔录和指认现场笔录进行质证，需要先了解《公安机关办理刑事案件程序规定》和最高人民法院《关于适用〈中华人民共和国刑事诉讼法〉的解释》中，有关辨认笔录的规定。根据上述规定，我把它归纳一下，应当注意以下几个点：

一、辨认笔录是否个别进行

特别是有同案犯的时候，侦查机关很有可能没有遵守《公安机关办理刑事案件程序规定》第 259 条第 2 款规定的"几名辨认人对同一辨认对象进行辨认时，应当由辨认人个别进行"。

案例 5-16　梁某某抢劫案

三名犯罪嫌疑人对同案犯梁某某的辨认笔录。辨认地点都在同一个看守所，辨认时间紧紧相连。张三对梁某某的辨认笔录时间是 2015 年 4 月 27 日 15 时 45 分至 15 时 55 分；李四对梁某某的辨认笔录时间是 2015 年 4 月 27 日

15 时 55 分至 16 时 10 分；王五对梁某某的辨认笔录时间是 2015 年 4 月 27 日 16 时 12 分至 16 时 27 分。我们知道，在看守所从监室里提一个在押的犯罪嫌疑人到讯问室，两分钟是远远不够的，至少也需要五分钟。本案中张三和李四两个犯罪嫌疑人的辨认时间是一分不差紧紧相连的，李四和王五的辨认时间仅相隔 2 分钟。所以，这个案件很有可能就是三个同案犯被同时从监室里提出来，就在同一间讯问室排队等候审讯。这就违背了个别进行的规定。所以，以此为证据，申请调取当时侦查机关提审犯罪嫌疑人的监控录像，就可以直接证明这三份辨认笔录违反了个别进行的规定。根据最高人民法院《关于适用〈中华人民共和国刑事诉讼法〉的解释》第 90 条第 3 项规定，依法不能作为定案根据。

二、辨认笔录是否混杂辨认

根据《公安机关办理刑事案件程序规定》第 260 条规定，辨认时，应当将辨认对象混杂在特征相类似的其他对象中，不能给辨认人任何暗示。

案例 5-17　赖某某生产销售不符合安全标准食品罪案

赖某某在辨认向其购买病猪的朱某某时，公安机关一共混杂了 11 张照片，辨认对象是 1955 年出生的，其他被混杂在一起的，跟辨认对象最为接近的是 1980 年出生的，与辨认对象相差 25 岁，其他的多数是 1990 年左右出生的，跟辨认对象相差 30 岁以上。由此可见，这份辨认笔录中的照片违反了《公安机关办理刑事案件程序规定》第 260 条规定，也违反了最高人民法院《关于适用〈中华人民共和国刑事诉讼法〉的解释》第 90 条第 5 项规定，明显给辨认人暗示。由于这个案件的辨认对象和混杂在一起的其他对象具有明显的差别，不符合特征相类似的要求。所以，最终在法院判决中，这组证据没有作为定案根据。

三、对指认现场笔录的质证

关于指认作案现场笔录，我们仔细看《刑事诉讼法》和《公安机关办理刑事案件程序规定》，以及最高人民法院《关于适用〈中华人民共和国刑事诉讼法〉的解释》规定，刑事案件八类证据中并没有指认现场笔录这一证据种类。但是，在公安机关办理的刑事案件中，只要有作案现场的，都会让犯罪嫌疑人去作案现场指认。我把指认现场笔录看作是辨认笔录，所以我一直认为，作案现场在哪里，应当由犯罪嫌疑人带着侦查人员去指认。但是，在司法实践中，指认现场，往往是侦查人员带着犯罪嫌疑人到现场去指认。假如是侦查人员带着犯罪嫌疑人到现场的，那么实际上就是让犯罪嫌疑人直接承认他就是在这个现场进行作案的。所以，我认为，既然是指认现场，那么这个现场就应当是犯罪嫌疑人给侦查人员带路，而不是侦查人员带路。记得在某个被平反的冤案——强奸杀人案中，有份指认现场的视频，犯罪嫌疑人坐在警车上，到作案现场途中有岔路，但并不是犯罪嫌疑人指路，而是由侦查人员直接开过去。我在 2017 年 12 月份接到一起林某某涉嫌盗窃罪一案，林某某一直喊冤，他是企业的老板，却被指控涉嫌策划盗窃一根价值 3900 多元的木头。在会见时，林某某说起侦查人员带他去指认现场的过程。他说，一名司机开车，一名公安人员带他去现场，前面一辆白色的本田 CRV 带路，林某某有留意有探头的路口，从公安局到作案现场有二十几公里路，他记住了几个路口，白色本田 CRV 一直在前面带路，到现场时，经办民警从本田 CRV 里走出来。为了对这份指认现场进行质证，我到公安交警支队车管所调取本田 CRV 的车主，发现这部车的车主就是经办民警。于是我申请调取指认现场途中几个监控摄像头的监控，确认指认现场是由民警带路还是由犯罪嫌疑人带路。这个案件由于各种证据的取证极不规范，而且还有价格认证竟然是由一个林业局的工作人员，凭借一张照片来进行价格认证的。最终，这个案件检察院作出了不起诉决定。

我认为指认现场笔录就是辨认笔录中的一种，在指认现场笔录中，都会有一名见证人。而这个见证人必须符合与其他扣押笔录、现场勘查笔录、辨认笔录中的见证人一样的资格。最高人民法院《关于适用〈中华人民共和国刑事诉讼法〉的解释》第 67 条，对什么样的人不能担任见证人作出明确的规定，最主要的就是不能是侦查机关的工作人员和与案件有利害关系的，可能影响案件公正处理的人。最常见的不符合见证人身份的情形是，侦查机关经常用辅警来充当见证人。辅警充当见证人，对于侦查机关来说，比较便捷，招之即来挥之则去，不需要找周边的没有利害关系的第三人。而且由于是辅警，甚至可能是没有编制的辅警。所以，我们经常看到家在几十公里外的见证人，跑来为某个案件做见证人。甚至见证人今天在现场勘查笔录扣押笔录中的见证人，过两天又在辨认笔录中做见证人，再过几天还有可能在指认现场笔录中做见证人。一个跟案件没有利害关系的人，辛苦跑到现场，到办案机关，到看守所来充当见证人就已经很不可思议了，竟然几天后还来充当见证人，有时甚至深更半夜从异地过来现场充当见证人，匪夷所思。我一直认为，所谓的见证人，应当是周边与案件没有利害关系的第三人来充当，所以，若出现除非职业见证人，否则就是这个见证人太有公德心了，身在异地都可以过来案发现场充当见证人，甚至隔三差五随传随到前来充当见证人。所以，一旦认为案件事实存在问题，那么指认现场笔录也很有可能存在问题。而见证人的身份是否存在问题，则仔细查看见证人的住址与作案现场的距离，包括充当见证人的时间是否合理，然后追根究底。所有的冤案，指认现场笔录都是存在严重问题的，指认现场笔录对案件定罪量刑存在重大影响，甚至影响到有罪无罪。所以，除非被告人认罪认罚的，对指认现场笔录没有任何争议的，对案件定罪量刑没什么影响的，可以不去质疑见证人的身份。

第七章 07 对视听资料和电子数据的质证

电子数据是 2012 年的《刑事诉讼法》新增加进来的，视听资料和电子数据的区别在于，视听资料是以模拟信号的方式在介质上进行存储的数据。电子数据是以数字信号的方式在介质上进行存储的数据。视听资料主要限于模拟录音录像设备比如磁带录像机、磁带录音机和胶卷相机等设备形成的数据。电子数据则更强调是用电子方式记录的数据。关于视听资料和电子数据的质证，主要还是最高人民法院《关于适用〈中华人民共和国刑事诉讼法〉的解释》第 108 条至第 115 条规定进行。随着数据化的发展，电子数据在案件的证据所占的比例越来越大，越来越重要。所以，2016 年"两高一部"联合出台了《关于办理刑事案件收集提取和审查判断电子数据若干问题的规定》，2019 年 1 月公安部也专门为此出台了《公安机关办理刑事案件电子数据取证规则》。"两高一部"的司法解释和公安部的规定，为我们对电子数据的质证提供了法律依据。

第一节 对视听资料的质证

根据最高人民法院《关于适用〈中华人民共和国刑事诉讼法〉的解释》第 108 条第 1 款规定，对视听资料的审查，有六个方面的问题。那么我们就围绕这六个方面的问题进行质证。

第一，是否附有提取过程的说明，来源是否合法。这一点说明，视听资料是否有提取过程的说明，涉及其来源是否合法。视听资料的提取，我认为，应当参照物证书证的扣押提取，应当有扣押笔录和扣押清单，还要有见证人。鉴于视听资料的特殊性，还应当封存，避免被更改篡改。这里说的提取过程的说明，指的是应当证明有经过合法的扣押收集手续。那么根据扣押物证书证的规定，对于提取视听资料的过程，要由两名侦查人员进行，还要有无利害关系的第三人做见证人，以及有视听资料原件的持有人签名确认。

第二，是否为原件，有无复制及复制份数；是复印件的，是否附有无法调取原件的原因、复制件制作过程和原件存放地点的说明，制作人、原视听资料持有人是否签名。我们见过的视听资料，基本上都是复制件，就算是有持有人的签名校对，鉴于视听资料的可修改特征，如何确保是一致的，仅凭持有人的签名或者盖章确认，很难证实复制件与原件是一致的。所以，最高人民法院《关于适用〈中华人民共和国刑事诉讼法〉的解释》第108条第2款规定，"对视听资料有疑问的，应当进行鉴定"。

第三，视听资料的制作过程是否存在威胁、引诱当事人等违反法律、有关规定的情形。这个制作过程包括原件的制作过程，也包括复制件的制作过程。是否存在威胁、引诱当事人等违反法律、有关规定的情形，应当通过对当事人的调查、询问来证实。

第四，是否有写明制作人、持有人的身份，制作时间、地点、条件和方法。我们在审查的时候，就要详细审查分析，制作人、持有人是否一致，他们制作和持有的依据是什么？符不符合常理？针对注明的制作时间、地点、条件和方法，要看看时间上是否合理，地点是否合理合法，制作的条件和方法是否符合技术规范。比如，视听资料是在制作人家中制作的，当事人是异地的，没有合理的理由，当事人离开住处来到制作人家中制作该视听资料，这显然不符合常理。

第五，内容和制作过程是否真实，有无剪辑、增加、删改等情形。我们审查视听资料的时候，一定要仔细看，整个过程是否完整，是否有剪辑的地方。在上官某某强奸罪一案中，有一份微信聊天记录的截屏，这样的证据应当归为电子数据。但是，因为是截屏成照片，跟视听资料又有所关联。所以可以将这份证据当成视听资料来质证。这里先介绍一下案情。

案例5-18　上官某某强奸罪案

被害人陈某某是高一学生，于2019年8月间，与犯罪嫌疑人上官某某在车上发生性关系，之后又到宾馆继续发生性关系。2019年10月25日17时31分，被害人陈某某在干妈何某某的陪同下到公安机关报案。但是没有精液精斑的物证，也没有陈某某受伤的物证。在侦查机关提交的证据上，有一份何某某的微信聊天截屏，是上官某某于2019年10月25日17时10分至40分发给何某某的几段聊天记录。在记录中，上官某某没来由就告诉何某某，他与被害人发生性关系，突破底线，给被害人造成伤害，愿意承担相应的法律后果，并赔偿被害人的损失。这样的聊天记录有违常理，犯罪嫌疑人为何突然给何某某发微信，是不是存在何某某先挑起上官某某与被害人发生性关系的事，是不是言语中带有威胁，或者诱导性话题，导致犯罪嫌疑人给何某某发了那样的微信。所以，这个聊天记录存在被篡改的情形，至少是何某某的部分聊天记录被删除。因为这个案件除了被害人的控告和犯罪嫌疑人的供述与辩解，就是这份微信聊天记录。而这份证据形成时间又是在被害人报案之后一个多小时内，在被害人制作笔录之前两个小时，所以可能是在证人何某某诱导、逼迫下嫌疑人上官某某违背自己意愿作出的陈述。所以，鉴定这份证据有无存在剪辑、增加、删改等情形，从而可能是非法证据的情形非常重要。我们可以通过委托鉴定，对何某某的微信聊天记录是否存在篡改、删减等情形进行鉴定，若存在篡改删减的情形，则应当将这份证据作为非法证据，申请予以排除。

最后，最高人民法院《关于适用〈中华人民共和国刑事诉讼法〉的解释》第114条规定，经审查无法确定真伪的，不能作为定案根据。制作、取得的时间、地点、方式等有疑问，不能提供必要证明或作出合理解释的，也不能作为定案根据。但是，这里法官有充分行使自由裁量权的地方，即什么是合理解释。这个主观上的问题，到底合不合理谁说了算？怎样才是合理，是否需要客观证据和客观事实来确认？比如在洪某某介绍卖淫罪案中，男性侦查人员通过对女犯罪嫌疑人进行搜查，扣押手机，在深更半夜找一个异地的人作见证人，很显然不符合常理。

第二节　对电子数据的质证

关于电子数据的质证，我认为，首先应当了解哪些证据属于电子数据。根据"两高一部"《关于办理刑事案件收集提取和审查判断电子数据若干问题的规定》第1条第1款规定："电子数据是指案件发生过程中形成的，以数字化形式存储、处理、传输的，能够证明案件事实的数据。"电子数据包括但不限于网页、朋友圈、贴吧、网盘等网络平台发布的信息，还包括即时通信、通讯群组等网络应用服务的通信信息，包括用户注册信息、身份认证信息、电子交易记录、通信记录、登录日志等信息，包括文档、图片、音视频、数字证书、计算机程序等电子文件。我们应当审查以下四个方面的内容。

一、对电子数据的原始介质进行质证

对电子数据的原始介质进行质证是指审查电子数据是否有随原始介质移送；在原始介质无法封存、不便移动或者依法应当由有关部门保管、处理、返还时，提取、复制电子数据是否由二人以上进行，是否足以保证电子数据的完整性，有无提取、复制过程及原始存储介质存放地点的文字说明和签名。这里有两个问题，第一个问题是有没有可以封存移动的原始介质，如果原始介质可以移动，就要看看原始介质是否有经过封存。没有依法封存的话，那么这个电子数据就存在同一性的问题，存在真实性的问题。第二个问题是，当这个原始介质无法封存、不便移动或者依法应当由有关部门保管、处理、返还时，就要审查提取、复制电子数据是否由二人以上进行，是否采取了足以保证电子数据的完整性的措施，还要看看电子数据有没有提取、制作过程及原始介质存储地点的文字说明和签名。但是，在很多刑事案件中，往往没有对电子数据的原始介质进行质证。

二、电子数据收集过程的合法性

过程的合法性是指电子数据的收集程序、方式是否符合法律及有关技术规范，是否附有笔录、清单，并经侦查人员、电子数据持有人、见证人签名，没有持有人的，要注明原因。这方面的问题，"两高一部"《关于办理刑事案件收集提取和审查判断电子数据若干问题的规定》和公安部《公安机关办理刑事案件电子数据取证规则》都有明确的规定。

关于收集提取电子数据的问题，根据《关于办理刑事案件收集提取和审查判断电子数据若干问题的规定》第 8 条规定："收集、提取电子数据，能够扣押电子数据原始介质的，应当扣押、封存原始介质，并制作笔录，记录原始存储介质的封存状态。封存电子数据原始存储介质，应当保证在不解除封存状态的情况下，无法增加、删除、修改电子数据。封存前后应当拍摄被封存原始存储介质的照片，清晰反映封口或者张贴封条处的状况。封存手机等具有无线通信功能的存储介质，应当采取信号屏蔽、信号阻断或者切断电源等措施。"但是,许多刑事案件的电子数据,不仅没有封存,甚至连扣押笔录都没有,更不要说采取信号屏蔽、信号阻断或者切断电源等措施。在张某某涉嫌诈骗罪一案中,有一份电子数据,仅仅是从犯罪嫌疑人的手机上提取的微信聊天记录。但对手机的扣押笔录扣押清单都没有,更不要说对手机进行封存。根据这一司法解释的规定,无论是扣押笔录还是封存措施,用的都是"应当"这个词,所以,没有封存,也没有扣押笔录,依法不应当作为定案根据。

三、电子数据的完整性

完整性是指电子数据内容是否真实、有无删除、修改、增加等情形。这方面的审查,就要根据电子数据所体现的内容是否符合常理,有无违背常理的地方。假如发现存在有违常理的地方,可能存在删除、修改、增加的情形,则可以通过申请鉴定予以核实。根据《关于办理刑事案件收集提取和审查判断电子数据若干问题的规定》第 28 条规定,"电子数据系篡改、伪造或者无法确定真伪的;电子数据有增加、删除、修改等情形,影响电子数据真实性的;其他无法保证电子数据真实性的情形"的,不能作为定案根据。而第 27 条也作出了类似的规定:"电子数据的收集、提取程序有下列瑕疵,……不能补正或者作出合理解释的,不得作为定案根据:(一)未以封存状态移送的;(二)笔录或者清单上没有侦查人员、电子数据持有人(提供人)、见证人签名或者盖章的;(三)对电子数据的名称、类别、格式等注明不清的;……"其中第 2 项,是指签名与盖章任选其一即可,不像鉴定意见那样必须签名和盖章。这里我想强调的是,在判断什么是合理解释、什么是补证、没有什么标准等情形时,法官有较大的自由裁量权。

四、电子数据的关联性

关联性是指电子数据与案件事实有无关联,与案件有关联的电子数据是否全面收集,有无遗漏。关于关联性问题,一定要结合对案件的定罪和量刑进行评判和质证。比如,电子数据涉及涉案数额分工、嫌疑人主观犯意等方面的内容,对定罪、量刑有较大影响。

案例 5-19 陈某某等涉嫌诈骗罪案

电子数据显示，在诈骗行为已经实施完毕后，赃款到了陈某某的银行账上，陈某某到银行账上取款，提留约定部分的提成之后，将余款返还给同案犯。那么陈某某的行为到底是诈骗罪中的共犯，还是掩饰隐瞒犯罪所得罪中的主犯呢？由于涉案数额达到 300 万元，假如陈某某的行为被定性为诈骗罪，根据这个涉案数额，最低的刑期是 10 年。即便陈某某被认定为从犯，减一档刑期，最低刑期也是 7 年左右。但假如根据电子数据分析，陈某某的行为更符合掩饰、隐瞒犯罪所得罪，这个罪最高刑是 3 年到 7 年这一档的 7 年。那么，根据其犯罪所得和涉案金额，则在量刑时有可能是 3 年。这样的电子数据与本案定罪量刑有关联，但到底是跟掩饰、隐瞒犯罪所得罪有关，还是跟诈骗罪有关联呢？这就需要好好评判。

根据《公安机关办理刑事案件电子数据取证规则》第 8 条规定，除了"两高一部"规定的提取方法之外，还可以采用打印、拍照或者录像等方式固定相关证据。第 9 条规定应当在相关笔录中注明采取打印、拍照或录像等方式固定相关证据的原因，电子数据的存储位置、原始存储介质特征和所在位置等情况，还应由侦查人员、电子数据持有人的签名或盖章，并由见证人签名或盖章。

第八章 08 质证的禁忌

解读完各类证据的质证，最后谈谈质证的禁忌。我认为，质证有以下两个禁忌：一是不知所云的质证；二是偏离辩护思路的质证。

第一节 切忌不知所云的质证

2020年6月10日，某敲诈勒索案庭审质证时，公诉人打包了一组证据：被告人的户籍信息、被告人到案经过、拘留证、逮捕证、被告人的前科劣迹材料。结果辩护律师在质证时如此质证："对公诉人举证的这一组证据真实性和合法性没有意见，对关联性有意见。"我在旁听席听了，不禁摇了摇头。审判长也很惊讶地问辩护律师："您的意思是，公诉人举证的户籍信息、到案经过、拘留证、逮捕证、前科劣迹材料与案件无关联，还是与被告人无关联？"这个时候，辩护律师才醒悟过来，赶紧回答："对这一组证据的关联性也没有意见。"

法官往往会要求辩护律师围绕证据的真实性、合法性和关联性进行质证。如果辩护律师只是提出真实性有异议，合法性有异议，关联性有异议，这样的简单的质证意见，简直就是不知所云。现在的庭审质证，不仅仅要对证据的三性进行质证，还应当对证据的"证明能力"和"证明力"进行质证。在法庭上，更重要的是要说明，对证据三性或者两力有异议的理由和依据，而不是仅仅发表对三性有异议。像前述这个案例，辩护律师的质证是典型的不知所云。

第二节 切忌质证偏离辩护思路

整个辩护过程，都是要围绕辩护思路来进行，质证同样要围绕辩护思路进行。如果是作无罪辩护的，则首先应当从证据的合法性（证明能力或证据资格）来质疑它，其次从它与案件的关联性来质疑它，最后从证据内容上来质疑它的真实性。如果是罪轻辩护，则对定罪证据不加以质疑，但对量刑部分的证据，有利于被告人的，则肯定它，不利于被告人的，则否定它并说明理由。千万不要偏离辩护思路来质证。

2019 年 8 月份，有个生产销售伪劣产品罪案件，一共有 29 名被告人，有30 几名辩护律师。在庭审发问的时候，有 20 几名辩护律师对被告人的供述与辩解的质证，都主张被告人受到刑讯逼供，因此质疑证据的合法性，并提出无罪辩护。但庭前会议的时候，审判长询问辩护律师是否提出排除非法证据申请，没有一名辩护律师提出排除非法证据申请。这样的质证，表面上来看紧扣无罪辩护，但实际上，既然主张是刑讯逼供所取得的非法证据，如果没有提出排除非法证据申请，这样的质证意见，简直就是为了质证而质证，而不是围绕辩护思路来质证的。

以上是关于质证篇的分享。在庭审调查中，质证是核心部分，既要结合前面庭审发问，也要配合后面的庭审辩论，并围绕辩护思路进行。质证的目的或要求之一是让刑事案件的庭审形式多样化，内容具体化，做到有理有据，打动审判员。

第六篇

辩论篇

第一章 01 辩论篇概述

　　无论是民事案件、行政案件还是刑事案件，都会有一个环节，就是在庭审调查之后，法庭会归纳出双方的争议焦点，然后让双方围绕争议焦点发表辩论意见，这就是法庭辩论。而在刑事案件中，法庭调查分为发问环节和举证质证环节，如果有证人出庭，则还要对出庭作证的证人进行发问，以及对证人证言进行质证。庭审辩论是法庭调查之后单独的一个环节。案件经历庭审调查之后，无论是控辩双方，还是居中的法官，都对案件事实有了一定的判断。这个时候，辩护律师发表的辩护意见主要是围绕法庭归纳的争议焦点，包括查明的事实和适用法律方面发表有利于当事人的意见。

　　关于庭审辩论，无论是民事案件、行政案件还是刑事案件，在举证质证之后，审判长通常会总结庭审调查内容，然后总结争议焦点，再之后进入庭审辩论阶段。接下来就是律师洋洋洒洒发表辩论意见的时候。

　　普通程序的案件至少会经过两轮的辩论，有时还可能恢复庭审调查，然后再进行辩论。经历了近二十年的执业，我对庭审辩论有了比较客观的了解。我认为，应当把庭审辩论拆分成几个部分，贯穿于庭审过程。更多的时候，结合庭审发问和举证质证期间，将辩论意见拆分，分散到各个环节，而不是集中在辩论阶段。当然，在辩论阶段发表的辩论意见，是综合的，但要言简意赅，不宜冗长。许多时候，我会先在开庭之前提交庭前辩护意见，让经办法官先了解我的初步辩护意见。然后在庭审过程中，再根据庭审调查中出现的新情况，综合发表意见。庭后，再把详细的辩护意见整理成书面的，向法院提交。

　　在制作辩论意见的时候，我还一直在思索着能不能让庭审辩论可视化，能不能用图表或者思维导图让辩论更加形象化。我在几个案件添加进了这样的画图、照片、截图，试图用这样形象化的意见来打动法官。但可惜的是，我有三个案件采用这样的方法，却没有取得任何效果。在陈某某强奸罪一案中，我还曾经用抒情散文的方式，为当事人做无罪辩护，发表辩论意见的时候，赢得合议庭和公诉人的赞赏，但是最终法院还是做了有罪判决。后来，我将当事人的名字隐去，将辩护词发布到今日头条中，阅读量超过88万，点赞6272个。这篇辩护词的标题是："本案只关风月，无关强奸"。虽然这个案件的当事人不认罪，而且是累犯，但最终法院只判了3年有期徒刑。这个案件在对当事人的定罪量刑时是否考虑了我的辩护词，不得而知，但我有理由认为，这份辩护词对法院最终的量刑还是有一定的作用的。

在跟很多律师及法官探讨如何撰写辩护词的时候，有一个声音绝对不能忽视：就是我们要说服的对象是法官，假如我们的辩护词动辄就是几千字甚至上万字，法官在庭上是否有足够的耐心听我们的长篇大论？法官是否有足够的心思阅读我们撰写的辩护词呢？要知道我们一年承办的刑事案件无非二三十个，基层法院每个法官承办的刑事案件可是上百个以上。那样长篇大论又不是带有生动情节的小说，而是枯燥无味各种论证说理，不会提起法官的兴趣。所以，是否可以将书面的辩护意见写得生动形象富有情感，让法官看辩护词的时候像是在看小说，或者在看散文？假如必须长篇大论，能不能学习某大律师的辩护词，给一个目录，前面一个简约版的辩护词，这个辩护词也可以在庭审辩论时发表。而详细的辩护意见，则在庭后提交。这里，我想分成几个部分来阐述我关于辩护的建议。

第二章 02 可视化辩护意见

一、制作现场图作为辩论意见的附件供法官参考

关于可视化辩论意见，我在 2018 年开始有初步的想法，2018 年，有一起非法侵入他人住宅罪的案件二审。因为二审很少开庭，为了说服法院开庭审理，我挖空心思，除了整理辩护意见之外，还特意到案发现场绘制一幅图画，并且拍摄现场照片，并将整个现场以及证人证言、被告人的供述与辩解、被害人的陈述等言词证据作为附件，附在辩护词之后。这是我第一次采用可视化的形式向法院提交法律意见。这个附件就作为我可视化辩护意见尝试的案例，可惜，二审法官对我的辩护意见不加置评，不作回应，只是简单写道："辩护人的辩护意见不符合事实和法律规定，不予采信。一审法院认定事实清楚，证据确凿充分。"为此本案被裁定维持原判。虽然最后这个案件二审并未被改判无罪，但作为一种尝试，我想，今后我还会继续。现将这个附件收入辩论篇之中，希望能够作为一种新尝试在今后的辩护意见中继续采用。

假如这个可视化的辩护意见在一审阶段提交，这个案件是自诉案件，可能会取得不一样的效果。下面我就把这个案件中作为辩护意见的附件部分，也就是可视化部分摘录下来，作为参考。

案例 6-1　陈某启非法侵入他人住宅罪案

陈某启非法侵入他人住宅罪案辩护意见的附件

（一）案件发生现场示意图

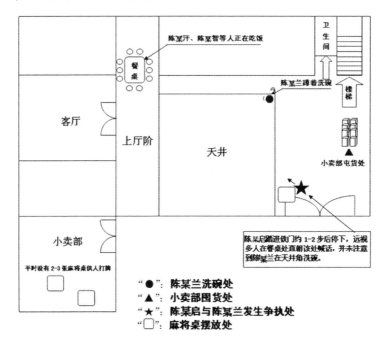

"●"：陈某兰洗碗处
"▲"：小卖部囤货处
"★"：陈某启与陈某兰发生争执处
"□"：麻将桌摆放处

（二）案件发生现场日常情况

1. 陈某汗家院子铁门每天从早到晚长期开着，案发当时属该门户正常敞开状态下。（见视频资料1）

2. 陈某汗家开小卖部，平时囤货在院门内天井边，该处时有客人进出取货，该区域相对开放，属小卖部功能延伸区域，即相对公共区域。（见视频资料2）

3. 陈某汗家小卖部中长期设有2桌至3桌麻将，人多时也增设1桌至2桌于院门内天井边；且其家中仅位于楼梯转台下一处卫生间，常有他人自由进出上卫生间。该区域属小卖部日常经营功能延伸区域和对外开放活动区域（见视频资料3、4）。

这是我第一次尝试可视化的辩护意见，很可惜没有成功说服二审法官。

二、利用卷宗的监控录像，制作可视化辩护意见的材料作为辩护意见的附件提交

就在陈某启非法侵入他人住宅罪案之后，刚好有一起故意杀人罪案件。这起故意杀人案争议很大，被害人是被杨某某的同案犯上官某文一刀毙命。当时的公安机关认为是一起故意伤害致人死亡案件，杨某某不仅是未成年人，其殴打对象是被害人的同伴，而且杨某某与被害人之间并无身体上的接触。所以刚开始的时候，公安机关对杨某某采取取保候审的强制措施。但后来检察院改了定性，将原来定为故意伤害致人死亡改变为故意杀人，杨某某也被执行逮捕。这个案件案发现场刚好有一个监控录像，虽然不怎么清晰，但可以看到差不多一分钟左右的斗殴过程。当事人也是在二审的时候找到我，为了说服二审法官能够开庭审理，我到省高院阅卷，说服法官将监控录像复制回来。然后，我花了5个小时仔细看这短短的不到1分钟左右的监控视频，足足看了不下100遍。然后将20几秒钟监控视频分解为15帧截屏照片的方式，解读整个斗殴过程中，杨某某并未与被害人有任何接触。然后将这个截屏以及说明附在辩护意见之后，提交给二审法官。

我将整个斗殴过程分解成15帧照片，整个过程足以证实，我的当事人杨某某在整个打斗过程中，未与死者接触。更要证实，是上官某文与对方发生争斗之后，杨某某才加入战团。根本就不符合一审法院认定的事先预谋打架的事实。我的辩护意见试图要证明被害人的死亡，跟杨某某无关。

为了启动二审开庭审理，在提交这份可视化的辩护意见之后，我又向二审法官提交了一份补充辩护意见，一份认为应当开庭的法律意见书。这里将补充辩护词和建议开庭审理的法律意见书一并附在后面。我的目的就是希望说服二审法官开庭审理本案。

我担心法官不喜欢看之前提交的可视化的辩护意见，所以就归纳了我的辩护观点，简明扼要表达。可以说，为了打动法官，我绞尽脑汁，想尽办法。其实，我作无罪辩护的意见，但内心却是希望法官会改变本案的定性，将故

意杀人改为故意伤害致人死亡，从而在刑期上有所改变。本案定性为故意杀人，明显不妥。

三、善用时间轴等思维导图的方式发表辩护意见

尽管两次可视化辩护都没有取得效果，但是，无论如何，我还是会一如既往思索，如何用更为可行的可视化发表辩护意见，来说服法官。据说，某位律师曾经采用思维导图时间轴的方式制作一张三米长的辩护词在庭审辩论时发表，这样的做法如同前述采用 PPT 的方式进行辩论一样。据说这个案件最终获得无罪的有效辩护结果。也许将来的某一天，真的可以采用这种方式，让控辩双方都能采用 PPT 这种方式来打动法官，从而说服法官。

其实，所谓的发表可视化的辩护意见，除了采用图表式的，还可以采用充满画面感的语言，以讲故事的方式来进行。所谓的法律无外乎人情，说服法官的除了事实和证据，还有情感。许多人对煽情嗤之以鼻，认为那不是法律人应该做的。但是，我们看斯伟江律师的一些金句，无不充满煽情的味道，比如，"正义也许不在当下，但我们等得到"。我 2002 年在一个涉黑案件中发表辩论意见时，也是用了煽情的话来结尾，结果赢得全场的掌声。所以，我建议在庭审辩论时，在争议较大的案件中，一定要有一两句画龙点睛的、能够煽情的辩护词。

第一节　用抒情的方式打动法官的辩护意见

　　写完可视化的辩护意见一章，我脑海里就浮现出 2017 年那个强奸罪案件的辩护，浮现出被告人陈某某愤愤不平，宁可被重判，也不认罪的神情。这个案件整个庭审过程差不多 3 个小时，我在庭审调查过程中，突然来了一股灵感，就在发问和举证质证期间，完成了一篇辩论意见。这篇辩护意见，夹叙夹议夹情，自己认为是一篇极好的辩护意见，也成功打动了公诉人和审判员。只是最终没能取得无罪判决，深感遗憾。但一说起强奸罪的辩护意见，经办这起案件的法官与检察官，都会将这篇辩护意见拿出来讲述一通。所以，这个章节，我想围绕这个案件的辩护意见，说说如何夹叙夹议夹情地发表辩护意见。

案例 6-2

一、案情简介

　　2016 年 10 月 14 日晚上，被告人陈某某（未婚，累犯）在 KTV 与朋友喝酒唱歌，朋友叫来陪酒女蓝某文。陈某某见蓝某文情绪不佳，就不断安慰她。10 时许，陈某某约蓝某文到海边散心。按照 KTV 对陪酒女的管理规定，离开 KTV 必须经过领导同意。但是，蓝某文并没有通过领导的同意，就直接坐上陈某某的车到海边。在海边踏浪戏水之后，陈某某与蓝某文在路边发生关系。其间，蓝某文的情夫打电话找蓝某文但她没有接。事后蓝某文微信告诉自己的情夫，要他来救，之后又告诉情夫没事了。回去路上，还有跟领导通电话，说没事。但是，蓝某文的情夫向公安机关报案，结果陈某某将蓝某文送到派出所附近，就自行回去。过后陈某某自动到公安局投案。

二、争议焦点

1. 蓝某文身上有伤，这个伤是发生关系时采用暴力形成的，还是两人在发生关系时兴奋所致？

2. 蓝某文和陈某某之前并不认识，当晚第一次见。

3. 蓝某文为何不是主动报案，而是由情夫报案？

4. 蓝某文回复情夫的话，以及回复领导的话是否表明自愿？

5. 蓝某文当晚的情绪，以及发生关系的环境，是否可以证明双方发生关系是情不自禁，还是陈某某违背了蓝某文的性意愿？

这个案子的证据不多，对陈某某最不利的证据就是蓝某文的阴道有伤、膝盖有伤，以及两人是在案发当晚才认识的。我在庭前已经归纳了这个案件的争议焦点，有了比较清晰的辩护思路。所以才会在庭审调查期间，写下自以为不错的辩护词。

只是，陈某某最终被定罪，判了3年有期徒刑。这个案件如果构成犯罪的话，由于陈某某是累犯，加上不认罪，并且造成蓝某文轻微伤的结果，量刑应当是4年比较正常。假如陈某某自愿认罪，这个案件应该会判决2年以内的刑期。我执业近20年，几乎每年都会接一个强奸罪的案件，有过两起在检察院争取到不批捕的代理案件，代理过程中坚决作事实不清、证据不足的辩护，直至公安机关撤案。对于一个律师而言，在所接的不到20个强奸罪案件中，有两起公安机关撤案，很不容易。但只要被检察院批准逮捕的强奸案，没有一个无罪。曾经有不下于4个（包括本案）努力作无罪辩护，但法院均不予采信。而那些作无罪辩护却被定罪科刑的案件中，陈某某的量刑无疑是最轻的。回想2002年某涉黑案件我作无罪辩护，在庭审辩论时，我夹叙夹议夹情，在辩论的结尾用了几句煽情的语言，赢得全场的掌声，而当事人最终也是没有被认定参加黑社会性质组织，只认定了寻衅滋事罪一罪。所以我一直在思考这个问题，在发表辩论意见的时候，夹杂一些煽情的语句会起到画龙点睛的作用，还是画蛇添足。我想，这应该是如何遣词造句的问题，而不是能不能用的问题。所以，千万不要把煽情的词句用成画蛇添足。

第二节　避免把抒情用在对抗法官上

我一直在反思，把情绪用在对抗经办人员身上是否妥当？原本是法官坐在中间居间裁判的，如果我们选择与其对抗，即便再有理有据，把原本居中裁判的法官推向公诉人一方，很显然无法取得有效辩护。这里，就以一个在发表辩护意见的时候，我情绪化地对抗法官的失败的案件为例。

案例 6-3　梁某某抢劫罪案

起诉书指控梁某某于 2005 年 3 月间参与 4 起抢劫案件，这个案件的其他同案犯中有早在 2005 年被判处死刑立即执行的，有被判处 14 年有期徒刑的，有被判处无期徒刑的。但是，在被指控的 4 起抢劫罪中，有 3 起属于事实不清，证据不足。起诉书倾向性认为梁某某有罪，因此我在发表辩护意见的时候，开篇就充满火药味，也导致这个案件判决结果走向不利于被告人的方向。我是这样开始发表我的辩护意见的。

尊敬的审判长、人民陪审员：

作为梁某某的辩护人，在庭前会议之后会见被告人时，被告人说："同监室的室友都在说，每个落到本案审判长手上的那些被告人，都说判得特别重。"我说："相信法律，法官跟你们无冤无仇，相信合议庭会根据查明的事实，结合法律，对你作出公正公平的判决，对你的量刑会罚当其罪。"查清案件事实真相，是合议庭的义务。最高人民法院《关于全面推进以审判为中心的刑事诉讼制度改革的实施意见》第 1 条就明确规定："坚持证据裁判原则，认定案件事实，必须以证据为根据。重证据，重调查研究，不轻信口供……"第 3 条规定："坚持疑罪从无原则，认定被告人有罪，必须达到犯罪事实清楚，证据确实、充分的证明标准。……"所以，辩护人告知被告人，要相信法律，相信合议庭。现根据庭审查明事实，结合法律规定发表以下辩护意见。

这起案件，当时没有申请回避，显然就是错误的。在后面的辩护我再次抨击审判长，该部分的意见如下：

合议庭存在可能影响客观公正判决的情形。

1. 合议庭在庭前准备时，没有核对公诉人的身份，却核对辩护人的身份，显然是对辩护人的一种歧视。《人民法院办理刑事案件第一审普通程序法庭调查规程（试行）》第2条规定，法庭应当坚持居中裁判原则，不偏不倚地审判案件，保障控辩双方地位平等。但审判长在庭审准备的时候，就已经明显不公平。

2. 审判长在对被告人进行发问时，带有未审先定罪的情形。审判长问被告人对起诉书指控罪名与事实有没有异议后，被告人回答有异议。审判长竟然法庭上问被告人："你知道你的同案犯被判多久吗？于某某被执行死刑，罗某和娄某一个被判15年，一个被判13年，被判13年的是3起抢劫，你被公诉机关指控的是4起抢劫。"辩护人认为，审判长在这里充当了第一公诉人的身份，明显可能影响本案的公正判决。而本案合议庭是由审判长和两名陪审员组成的合议庭，两名陪审员在庭审上一言不发，任由审判长充当公诉人的角色。

3. 本案涉及被告人否认了公诉机关指控4起抢劫罪中的3起，而这3起都有同案犯的存在。这3名同案犯的供述，恰恰是指控被告人是否构成其他3起抢劫罪的关键证据。而合议庭简单粗暴拒绝辩护人的申请，除非对这3名同案犯的供述不作为本案的定案根据，否则，合议庭拒绝辩护人的申请，明显有违客观公正。

辩护人建议，通知罗某、娄某、刘某某到庭接受询问，并且对辩护人未质证的证据重新组织质证。判得重不等于公平公正，让被告人罚当其罪才是公平公正的体现。

现在回想起来，这样明显跟审判长对抗对立，显然是做错了。既然选择庭审时跟审判长对抗对立，就应当申请回避，没有选择申请回避，就不要跟审判长较劲。因为即便辩护意见发表得很精彩，赢得当事人及其家属的赞赏，但"叫好不叫座"。最终，被告人被判处13年6个月的有期徒刑。也许，审判长认为，参加3起抢劫罪的娄某都判了13年有期徒刑，梁某某判13年6个月也很是合情合理。我想，成功的经验固然重要，失败的教训更值得铭记，以免重蹈覆辙。所以，我在写这本书的时候，原先只是准备写辩论意见这一章节。但是经过这样的几次失败，我想还是必须增加沟通篇这一章节。我认为在梁某某抢劫罪一案，我在发表辩护意见的时候，夹叙夹议夹情，自以为很精彩。但是实际上是一次走偏了的失败的辩护，所以在之后的辩护意见中，我不再重复这样的失误。

为了表明我并非一味强调从情绪上去影响审判庭，而是在仔细研究卷宗材料，并用心参加庭审调查案件之后，对整个案件定罪和量刑方面进行分析论证之后，才加以抒情。我想，还是把我如何论证其中三起抢劫事实不清证据不足的辩护意见摘录下来，以供参考。

一、辩护人与公诉人无争议的几点事实

1. 被告人参与实施公诉机关指控的第 4 起抢劫罪。

2. 被告人在乌江派出所制作的第一份笔录中承认了其伙同娄某、罗某在晋江实施抢劫的事实。

3. 被告人被上网追逃是因为晋江市公安局以其涉嫌"卢某某被抢劫一案"。

4. 在执行拘留期间，乌江派出所民警对被告人进一步审查发现，梁某某伙同罗某等人，曾经抢劫过一个老板的摩托车和手机的犯罪事实。之后，经过全国在逃人员信息网查询，发现被告人系晋江市公安局刑侦大队网上通缉在逃嫌疑人（涉嫌抢劫卢某某）。

上述事实证明，被告人对于公诉机关指控的第 4 起抢劫罪，是乌江派出所未掌握的，而且是在执行行政处罚过程中主动交代的。在交代该起抢劫案之后，乌江派出所才在全国在逃人员信息网查询到被告人涉嫌抢劫被追逃，被告人的行为符合最高人民法院关于自首与立功的解释中，被盘查过程中主动交代自己的犯罪事实，是自首。故，辩护人认为，就公诉机关指控被告人第 4 起抢劫案而言，被告人具有自首情节。

二、公诉机关指控被告人实施抢劫的第 3 起事实不清，证据不足

1. 直接证明被告人参与该起抢劫的，只有同案犯刘某某的供述。

2. 尽管公诉机关主张，根据梁某游的供述，被告人与罗某、娄某一起将一部摩托车出售给梁某游时，也送给他一部诺基亚手机。这部手机恰恰是卢某某所有。但是，梁某游并未直接表明该手机是被告人提供的，而是"他们"。"他们"指的是包括罗某、娄某在内的他们，到底是其中哪个人，梁某游并未指明。而且，梁某游供述其拿诺基亚手机的时间是 2005 年 3 月 10 日左右的一天，而被害人卢某某被抢劫的时间却是发生于 2005 年 3 月 14 日晚上，也就是说，该部手机至少是 2005 年 3 月 15 日才可能送到梁某游手

上。而事实上，被告人梁某某及罗某、娄某却是 3 月 10 日左右的一天，案发前去找的梁某游。

3. 最为关键的是，被害人卢某某对于两个实施抢劫的嫌疑人的外貌特征予以描述：关于刘某某的描述是，23 岁至 24 岁，身高 150 厘米左右。刘某某是 1982 年出生的，年龄与卢某某描述相符。被害人陈述，其是将车停在刘某某以外的另一个嫌疑人旁边，有摩托车当参照物，而且近距离面对另一个嫌疑人，故其对刘某某之外的那个嫌疑人的外貌特征的感知，是客观真实的。被害人关于另一个嫌疑人的描述是，身高 160 厘米左右，年龄 21 岁左右。而梁某某不仅案发时已经 27 周岁，大大超过 21 岁，身高也超过 170 厘米，比卢某某描述的高了 10 厘米以上。所以，被害人卢某某实际上已经通过对嫌疑人的外貌特征的描述，否认了被告人梁某某是另一个对他实施抢劫的嫌疑人，而是另有他人。

4. 被告人刘某某的供述与被害人卢某某的陈述明显矛盾。首先，刘某某供述，其让被害人停车，马上卡住被害人的脖子。而被害人供述却是，被害人先熄火，坐在后面那个人下车，走到十几米远的地方，说就要到了。然后被害人再次发动摩托车开到先下车的那个人旁边。其次，刘某某供述，是被告人拿刀捅了卢某某。但被害人卢某某却陈述，其身上 3 处伤是两个嫌疑人拿刀捅的，两个嫌疑人都有拿刀捅。

为此，辩护人认为，公诉机关指控的本起抢劫，同案犯供述与被害人陈述明显不符，而且同案犯刘某某与本案有直接利害关系，同时也是孤证。故其作出的对被告人不利的供述，依法不能作为认定被告人实施本起抢劫罪的根据。而被害人卢某某已经通过对嫌疑人外貌特征的描述，排除了被告人梁某某的嫌疑。故，公诉机关指控梁某某伙同刘某某参与本次抢劫事实不清，证据不足。

三、关于公诉机关指控被告人伙同罗某、于某某抢劫林某某的事实。辩护人认为，公诉机关的指控也明显存在事实不清，证据不足

1. 公诉机关指控被告人伙同罗某、于某某参与对林某某的抢劫，直接证据只有同案犯罗某和于某某的供述。但是，在关键的抢劫时间上，两名同案犯却作了不同的供述。罗某的供述，与公诉机关起诉书指控的时间，与同案犯于某某供述的时间，与被害人林某某陈述的时间不相符合。罗某供述，其是参与本案起诉书中第 4 起对洪某某的抢劫之后两天，实施对林某某的抢劫。

而起诉书指控、于某某供述、被害人林某某的陈述，该起抢劫发生于2005年3月10日，是2005年3月16日对洪某某实施抢劫前6天。罗某的供述与于某某的供述发生时间不一致，因为对有关被告人梁某某供述部分，不能排除是作了虚假供述。

2. 就本起案件而言，罗某与于某某都供述，梁某某参与了控制林某某，是于某某和罗某实施了抢劫。但只有同案犯的供述，没有其他证据予以证实，无法证明梁某某共同参与该起案件的抢劫。

罗某与于某某尽管都供述梁某某参与该起案件的抢劫，但因为供述的时间不一致，所以该证据依法不应予以采信。公诉机关指控梁某某参与该起抢劫事实不清、证据不足。

四、关于公诉机关指控的第1起抢劫

虽然有同案犯娄某、于某某的供述，也有梁某游的供述相印证，根据公诉机关提交的证据，公安机关认为，没有梁某某的照片供被害人辨认。但是，2005年4月7日，于某某、刘某某、娄某、罗某却对被告人进行辨认。故公诉机关主张因为当时没有梁某某的照片，所以无法提供给被害人辨认。明显公诉机关指控梁某某参与该起案件事实不清，证据不足。

五、关于被告人梁某某在共同犯罪中的作用与地位

1. 关于公诉机关指控的第4起，抢劫洪某某的案件。同案犯罗某供述，其负责抱住摩托车工，其他人（包括被告人梁某某和娄某）帮忙，河某捅刀。于某某的供述是，罗某卡脖子，于某某拿警棍，娄某帮忙，梁某某骑摩托车。娄某的供述，梁某某帮忙按住摩托车工。尽管三个同案犯对于梁某某共同参与抢劫的供述有不同的说法，但都证明，在共同犯罪中，梁某某只是帮忙，按住，骑走摩托车。与另外三个同案犯的作用与地位明显不同。

2. 关于公诉机关指控抢劫的第1起和第2起抢劫。娄某、罗某和于某某的供述，梁某某只是骑走摩托车，娄某捅刀，罗某卡脖子。于某某关于第1起的供述，于某某卡脖子，娄某控制，梁某某骑摩托车载于某某逃离现场。即便法院认为梁某某参与实施该两起抢劫，梁某某在共同犯罪中，也仅仅是起到次要的作用，是从犯。

六、关于本案的证据认定以及证人出庭作证的事宜

1. 关于辨认笔录。辩护人在庭前会议之前就向贵院书面申请将辨认笔录

作为非法证据予以排除，虽然合议庭在庭前会议已经明确驳回辩护人的申请，但辩护人认为，即便不予以排除，也不应当作为本案认定被告人梁某某参与实施抢劫的定案根据。

首先，存在违反单独辨认的情况，辨认人之间可能相互污染。其次，被辨认人的顺序都没有变动。2005 年 4 月 27 日 15 时 45 分至 15 时 55 分，卷三罗某辨认笔录中记载，罗某将 5 号照片案外人梁某建（1981 年 12 月 16 日出生）当成同案犯的梁某某，辨认地址是晋江市看守所，现场民警李某某、蔡某某。紧接着，2005 年 4 月 27 日 15 时 55 分至 16 时 10 分，娄某的辨认笔录中，也记载娄某将 5 号照片的案外人梁某建辨认成同案犯梁某某，现场民警也是李某某、蔡某某，地点是晋江市看守所。紧接着，2005 年 4 月 27 日 16 时 12 分至 16 时 27 分，于某某辨认笔录中，同样记载于某某将 5 号照片梁某建辨认成同案犯梁某某，现场民警李某某、蔡某某。地点是晋江市看守所。不仅 3 名嫌疑人辨认时间紧紧相连，而且辨认的照片位置都没有调换。根据本案梁某某归案后的同步录音录像显示，从侦查人员打开同步录音录像设施，到被告人进入讯问室，时间是 5 分钟，加上办理提押换押手续，侦查人员不可能在短短的 2 分钟内完成提人换人工作。故本案无法排除辨认人是被集中在一起辨认的，违反了单独辨认原则。

2. 合议庭驳回辩护人通知证人出庭作证的申请，是认为该证人证言对案件定罪量刑不起作用。

辩护人在庭前申请贵院通知同案犯罗某、娄某、刘某某出庭作证的问题。合议庭在庭前会议驳回了辩护人的申请。辩护人认为，根据最高人民法院《关于全面推进以审判为中心的刑事诉讼制度改革的实施意见》第 14 条规定："控辩双方对证人证言有异议，人民法院认为证人证言对案件定罪量刑有重大影响的，应当通知证人出庭作证。……"合议庭拒绝通知罗某、娄某、刘某某出庭作证，根据上述法律规定，该三名证人证言对被告人定罪量刑属于不起重要作用的。而离开这三名证人证言，公诉机关指控被告人梁某某 4 起抢劫罪显然不能成立。

根据《人民法院办理刑事案件第一审普通程序法庭调查规程（试行）》第 13 条的规定，为依法维护被告人质证权，准确查明案件事实，必要时应当通知证人、被害人、鉴定人、侦查人员或者有关人员出庭。合议庭拒绝通知证人出庭，显然剥夺了被告人的质证权。而根据上述规程第 48 条第 1 款规定："证人没有出庭作证，其庭前证言真实性无法确认的，不得作为定案的根据。"

3. 有必要在这里重提《最高人民法院刑事审判参考》第 497 号指导案例。先到案共同犯罪人的证据，不能直接作为后到案的共同犯罪人的认罪证据，而应当围绕有争议的证据进行质证。但合议庭以打包举证的方式出示证据，辩护人没有质证视为放弃质证权利，显然违背了该指导案例的指导意见，剥夺了被告人的辩护权。所以，关于公诉机关提交的第一组证据，对于被告人不利的证据，辩护人由于没有听清楚，而没有质证的，不能视为辩护人放弃质证权利，而应当视为剥夺了被告人的辩护权。

这个案件我做了最坏的打算，至少其中第 3 起抢劫罪案件中，被害人卢某某对实施抢劫的同案犯外貌特征的描述，与本案梁某某有着实质性的差别，而且只有同案犯刘某某的供述能够证明梁某某参与该案的抢劫。我信心满满地想，至少这起抢劫不应该被认定。但是，万万想不到的是，不仅这个案件公诉机关指控的 4 起抢劫罪都被认定，甚至公诉机关量刑建议是 11 年至 13 年有期徒刑，法院却比公诉机关的量刑建议还多了 6 个月。假如我没有针对审判长进行对抗，质疑审判长的公平公正，这起案件应该会在公诉机关量刑建议的范围内量刑，好一点的结果是 11 年，坏一点的结果是 13 年，但绝不会是 13 年 6 个月。

所以，这里讲的是夹叙夹议夹情的辩护意见，千万记住，假如要质疑审判人员的公平公正，最好是申请回避。假如没有申请回避，千万不要当庭质疑，甚至不要去质疑。

第四章 04 围绕证据的辩护意见

第一节　如何构建辩护意见框架

　　围绕证据据理力争的辩论意见，往往都是长篇大论事无巨细，篇幅冗长，未繁简分流，但是，如果不是长篇大论，又怕写不清楚。所以，我一直强调，一定要有总的辩护思路、辩护观点，然后分成若干个分辩点。每个分辩点一定要有小标题，那样易于法官阅读。许多时候法官会选择一些碎片化的时间来看辩护意见，假如辩护意见并不长，他们也许会一口气看完。假如辩护意见是长篇大论的，法官根本不可能一口气读完。所以，在辩护意见中，给每个分辩点一个小标题就显得非常重要。因为法官会选择性地，从几个小标题当中选择自己认为最有价值去看的。我们有自己认为是核心辩护观点，法官也有自己认为的影响定罪量刑的核心事实和证据，他们对于案件的争议焦点问题，也会有一些自己想了解的事实和证据，以及对法律的适用方面的理解。所以，他们会从我们辩护意见中的小标题挑选出他们最想看的部分，从中发现他们最想要的东西，假如他们看完最想看的部分之后，对其他部分有疑问，他们会从其他分辩点去找他们想要的答案。在长篇大论的辩护意见中，我们最想让法官看到的内容要放在哪里呢？以前，我的答案是在最前面。我相信有很多律师的选择跟我一样，也是最前面。但是，现在的我通常会先把控辩双方没有争议的定罪量刑的事实简要总结，让法官对这些事实不再费时间去阅卷，去分析判断。然后把控辩双方争议的焦点简单提炼出来，告诉法官我们和控方的观点争议在哪里，接下来才把最想要让法官知道的关于控辩双方争议焦点问题展示出来。根据不同情况，我有时会把程序上的问题放在前面，有时会把鉴定意见放在最前面，但一定会给每个小辩点归纳一个小标题。

第二节 按照时间轴梳理整个案件过程

关于构建辩护意见的框架问题，曾经在我举办的漳州刑事沙龙上，有律师建议在发表辩护意见的时候，最好先总结下跟控方意见没有异议的地方，也有人建议给每一份辩护意见都归纳一个标题，让控辩审三方都能洞察这份辩护意见的核心内容，有人建议如果辩护意见太长，先做一个简单的总结，简介自己这份辩护意见的总观点是什么，由几个分观点组成，然后做一个目录。根据多年的执业经验，我对这些提议都表示认同，这些建议完全可以一并运用。所以，遇到疑难案件，争议较大的案件，我会采用这样的做法。我还是用邱某虹诈骗罪案来阐述我对于这类案件是如何组织辩护意见的。

案例 6-4 邱某虹诈骗罪案

邱某虹于 2013 年 7 月至 2014 年 4 月间，多次以帮客户垫资赚取高额回报为由，向其表哥郑某远借款，实际上将借来款项交给同事陈某敏，以及留学期间认识的省外朋友胡某飞，赚取高额回报。2014 年 5 月，邱某虹通过转账、现金存款的方式多次打款给胡某飞，合计 100 万元，之后胡某飞突然消失无法联系。邱某虹资金链断裂，借高利贷还表哥，截至 2014 年 6 月份，邱某虹尚欠表哥郑某远近 90 万元。郑某远怀疑邱某虹将款项用于赌六合彩，于是找到陈某敏和邱某虹的父母，要求邱某虹的父亲还款。经过多次协商，邱某虹的父亲答应替女儿分期归还本息约 130 万元款项。但是，2015 年 3 月初，郑某远向公安机关报案，称邱某虹骗取其款项用于赌六合彩。邱某虹自动到公安机关投案，被采取刑事拘留的强制措施。之后，邱某虹的父亲委托我为辩护人为邱某虹辩护。2015 年 5 月 2 日，经过努力，邱某虹被取保候审。2016 年 5 月 2 日，公安机关将邱某虹移送起诉。2016 年 6 月 16 日检察院退回补充侦查。2016 年 7 月 17 日，公安机关再次移送起诉。2016 年 9 月 2 日，检察院再次退回补充侦查。2016 年 10 月 2 日，公安机关第三次移送起诉。2017 年 5 月 4 日，检察院解除对邱某虹的强制措施。

对这个案件从案发到起诉到法院的时间轴进行梳理，目的是想通过梳理，让法官内心确信，这个案件认定邱某虹的行为是借款而非诈骗。截至这个时间段，假如邱某虹的家属设法偿还余下近90万元债务，这个案件很可能就此终结。甚至，如果邱某虹的父亲没有四处举报公安机关经办人员，举报检察院公诉科的公诉人员，这个案件也许也能就此终结。但是，在解除强制措施之后，邱某虹的父亲不仅不去还余下的欠款，甚至不断上访，举报控告经办人。导致2017年7月18日邱某虹被采取逮捕的强制措施。尽管我尽力辩护，最终邱某虹仍被法院判处10年6个月的有期徒刑。这个案件我就是采用庭前提交初步辩护意见，庭审期间详细发表，庭后补充发表辩护意见的方式进行的辩护。以下重点阐述，我在庭审辩论中，如何详细针对公诉机关的公诉意见进行辩驳，作无罪辩护的。

第三节 围绕争议焦点，拟定辩护提纲

在遇到与公诉机关指控的犯罪事实和罪名有重大分歧、对定罪或者量刑存在重大争议的情况下，我在设计辩护意见的架构时，会先围绕争议焦点，拟定辩护提纲。

这里还是以邱某虹诈骗罪案为例，来解读我是如何围绕争议焦点，拟定辩护提纲的。本案的焦点问题是：

1. 邱某虹是否具有非法占有的目的，邱某虹是否用借来的款项通过陈某敏赌六合彩。

2. 本案是否存在公诉人回避的问题。

3. 本案是否存在非法证据的问题。

一、辩护意见的开篇

我在作无罪辩护，设计这些问题的同时，尽可能就自首的问题，作了一些铺垫。所以，辩护意见的开篇如下：

贵院受理的邱某虹诈骗罪一案，福建悦华律师事务所依法接受邱某虹及其家属的委托，指派曾献猛律师担任其一审的辩护人。辩护人向法院提交管辖权异议、回避申请书以及非法证据排除申请书，法院于2018年9月10日上午召开第二次庭前会议，解决了非法证据申请。2018年11月30日开庭时因

未能解决公诉人回避事宜，推迟至 2018 年 12 月 13 日方始顺利开庭。辩护人认为，邱某虹被指控诈骗罪一案，依旧存在侦查机关无侦查权收集的证据依法不具备证据资格、公诉机关严重超期限审查起诉，同时，公诉人存在与本案有利害关系依法应当回避等事宜。辩护人认为，公诉机关指控邱某虹犯诈骗罪事实不清、证据不足，且存在利用公权力解决民事纠纷的问题。借助法学界流行的一句话"一次不公正的判决，其危害后果超过十次犯罪"，辩护人恳请贵院现根据庭审查明的事实，对邱某虹作出无罪判决。理由如下：

我首先总结了控辩双方没有争议的事实：

1. 邱某虹虚构"垫付保费"的事实，让报案人多次转账给邱某虹。

2. 公诉机关指控邱某虹从 2013 年 7 月份开始至 2014 年 4 月份期间，总共偿还报案人 2 773 345 元。2014 年 9 月，胡某飞转账 98 万元给邱某虹。

3. 邱某虹自动投案，并一直如实供述自己的行为。2015 年 5 月 2 日，邱某虹被取保候审。2016 年 5 月 2 日，公安机关将邱某虹移送起诉。2016 年 6 月 16 日检察院退回补充侦查。2016 年 7 月 17 日，公安机关再次移送起诉。2016 年 9 月 2 日，检察院再次退回补充侦查。2016 年 10 月 2 日，公安机关第三次移送起诉。2017 年 5 月 4 日，检察院解除对邱某虹的强制措施

这部分内容，目的是想证实：（1）邱某虹虽然是虚构垫付保费，但一直在偿还，并不是以非法占有为目的。（2）公安机关没有侦查权非法取证。紧接着，我针对本案最核心的非法占有为目的进行论证。

二、对于定罪的核心部分

这部分由于与公诉机关存在重大争议，所以必须详细论述。下面，还是以邱某虹诈骗罪一案为例，公诉机关指控邱某虹犯诈骗罪，是因为邱某虹没有偿还能力，借款后将款项用于非法活动，所以具有非法占有为目的。我针对公诉机关的指控，就邱某虹不构成非法占有为目的这一定罪核心事实进行剖析。

第一部分　邱某虹不具备非法占有为目的，不构成诈骗罪

第一，应区分民事欺诈行为和刑事诈骗行为，并非将所有的不诚信的欺诈行为均纳入刑事打击和处罚范畴。

《民法总则》（当时有效）第 148 条规定："一方以欺诈手段，使对方在违背真实意思的情况下实施的民事法律行为，受欺诈方有权请求人民法院或者仲裁机构予以撤销。"《合同法》（当时有效）第 52 条和第 54 条规定，一方以欺诈手段签订的合同，受害方有权请求撤销，损害国家利益的无效。据此，普通的民事欺诈行为，要么被认定为可以撤销的行为，要么被认定为无效行为，并非一旦欺诈就纳入刑事打击和处罚范畴。《合同法》在缔约过失责任中就规定，故意隐瞒与订立合同有关的重要事实或提供虚假情况的，给对方造成损失应当承担赔偿责任。本案中的被告人，尽管虚构了"代为垫付保险费"的投资事由，但实际上也是将钱投资给陈某敏和胡某飞。

第二，本案被告人一直履行还款义务。

1. 报案人通过银行转账给被告人始于 2013 年 7 月 5 日，终于 2014 年 3 月 22 日，共计 315 万元，并非起诉书认定的 360 万余元。而被告人从 2013 年 7 月 28 日开始，一直履行还款义务至 2014 年 4 月 19 日，仅通过银行转账的形式就归还报案人 226 万元，加上被告人以现金等方式支付给报案人的款项，双方款项往来相差只有 60 万元。

2. 因为被告人将 100 多万元投给胡某飞，2014 年 5 月份，胡某飞突然失去联系，才导致被告人一时资金周转困难，也由此导致报案人找到被告人的父亲，与被告人的父亲协商由被告人的父亲偿还剩余款项。这一事实，有报案人与被告人的父亲之间的邮件往来可以证实。也正是因为这些证据的存在，2015 年 5 月 4 日，检察院才以"事实不清、证据不足"为由作出不批准对邱某虹逮捕的决定。

3. 被告人完全有能力偿还欠款。如果报案人不是找被告人的父亲讨钱，被告人也完全有能力偿还该款项。2014 年 9 月份，胡某飞还给被告人 98 万元，所以，被告人完全有能力偿还拖欠报案人的款项。

4. 即使被告人虚构了投资垫付保险费的事实，但被告人确实是拿着款项投资在胡某飞和陈某敏身上，而且一直在履行还款义务。故，被告人的行为只宜认定为违反诚实信用原则的民事欺诈行为，而不宜认定为诈骗犯罪行为。

第三，本案应当区分占用和占有的区别。

被告人不具备非法占有为目的，只是占用报案人的资金进行投资营利活动而已。被告人只是为了让报案人对投资产生错误认识并作出将款项借给自己的有利于自己的民事行为。其主观目的是通过利用报案人提供的资金进行投资来赚取间接财产利益，并非非法占有对方的财物。这与直接占有对方财物为故意内容的诈骗罪存在本质的区别。

第四，关于履约能力、履约行为和态度。

诈骗罪的行为人没有履约能力或虽有履约能力但并无承担约定民事义务的诚意，只是想使对方履行根本不存在的民事法律关系的单方义务，虚构的事实、隐瞒的真相主要内容或基本内容是虚假的。反观被告人，不仅一直履行还款义务，甚至在因为投资胡某飞导致一时资金无法周转时，还在向高利贷借款来履行还款义务。而且，根据截至 2014 年 4 月 19 日为止双方账目往来款，被告人尚差报案人 90 万元左右，而被告人被胡某飞拖欠了 100 万元左右。结合 2014 年 9 月份胡某飞通过叶某军转给被告人 98 万元看，被告人不仅一直在履约，而且完全具有履约能力。

第五，公诉机关指控被告人将报案人的钱用于赌六合彩明显事实不清，证据不足。

1. 所有认定被告人将款项用于赌六合彩的，都来源于证人陈某敏的证词。而陈某敏的笔录前后矛盾。

（1）2015 年 4 月 2 日，陈某敏的笔录第 2 页记载"2013 年 7 月份的时候，邱某虹找到我，对我说她想买六合彩，但没有地方买，叫我帮忙问问有没有收六合彩单的庄家"。问："你有没有从中获利"，答："我没有"，第 3 页"邱某虹叫你帮忙买六合彩的事情，还有谁知道？"答："陈某水也知道，但陈某水没有问我具体是在帮哪个同事买"，"我本人并没有找陈某水买六合彩，不会跟陈某水发生银行交易。2013 年 7 月 19 日这一笔陈某水转过来的133 110 元，就是当时邱某虹买六合彩赢的钱，后来这些钱我都通过现金取现方式或银行转账的方式给了邱某虹，这一笔应该是第一笔"。陈某敏之后的笔录又说自己抽 5%，与这份笔录陈述存在矛盾。陈某敏又说："从陈某水账户进入到我的账户总共是 69 笔，共 6 804 690 元，从我的账户出去到陈某水的账户总共是 42 笔，共 4 952 480 元，差额部分是我拿现金给了陈某水。"陈某敏 2017 年 4 月 28 日的笔录说是直接转给邱某虹，自己从中抽点数，与 2017 年 4 月 2 日的笔录存在矛盾。

（2）2017 年 4 月 28 日的笔录记载："后来我看了一下我跟陈某水以及邱某虹之间的往来账户，发现陈某水打给我以及我再打给邱某虹的钱，实际上比邱某虹打给我的钱更多，邱某虹应该是有从买六合彩这里赚到钱才对。"

2017年5月22日陈某敏笔录说邱某虹赌六合彩是输钱的，对于赌六合彩是输是赢说法前后矛盾。

（3）陈某敏的笔录"我和邱某虹有经济往来，就是她叫我帮她找六合彩的庄家买六合彩，她的钱先转到我银行卡上，再由我转给庄家陈某水，反过来如果邱某虹有赢钱，那庄家陈某水会把钱转到我银行卡上，我再转回去给邱某虹"。问："你当时找的六合彩庄家的具体情况?"陈某敏答："一开始我是找我姑姑陈瑞某，后来是找陈某水，他是我老公的姑姑的老公，也是我老公的姑丈，因为陈瑞某和陈某水和我们都是亲戚关系，大概2013年6月邱某虹对我说她朋友要买六合彩，问我哪里有收单的庄家，因为我姑姑有在收单，我就找到我姑姑，我姑姑当时也同意收，于是邱某虹就通过我报码给陈瑞某，在陈瑞某那买六合彩。到了后来我姑姑不做了，但邱某虹还是要我帮她找庄家赌六合彩，我就问我老公，他后来问了陈某水，于是我再告诉邱某虹，于是后来才到陈某水那里买六合彩。"这些证言与其在前面笔录所说的"只有我知道"相互矛盾。

2. 陈某敏的丈夫、陈某敏的姑姑、报案人夫妻认为邱某虹赌六合彩，均来源于陈某敏的陈述。因此侦查机关用于佐证邱某虹赌六合彩的这些证人证言，均属于传来证据，而且是证人主观臆断，根据最高人民法院《关于适用〈中华人民共和国刑事诉讼法〉的解释》相关规定，证人猜测性、判断性、推断性的证言不得作为证据使用。但根据一般生活经验判断符合事实的除外。而这些主张邱某虹赌六合彩的证言，均不属于一般生活经验判断，故这些证言均不能作为定案根据。

3. 公诉机关仅凭侦查机关向异地公安局提供的线索，就对陈某水、陈某敏涉嫌非法经营罪（开设赌场罪）立案，就证实邱某虹涉嫌赌六合彩。证据不足。

（1）尚无生效法律文书认定，陈某水、陈某敏犯非法经营罪或者开设赌场罪。也就是说，陈某水、陈某敏是否涉嫌销售六合彩仍未被依法认定，公诉机关指控的事实仍属于待证事实。而且，该事实又是属于侦查机关向异地公安局提交所谓的线索所引起的异地公安局的立案。故其不能证明陈某水、陈某敏有销售六合彩的行为。

（2）即便陈某水、陈某敏有销售六合彩，也无证据证明，邱某虹向其购买六合彩。而这一事实，仍必须要有生效法律文书证实，方能认定。

故辩护人认为，公诉机关指控被告人虚构借款用途，将借来的款项用于赌六合彩事实不清证据不足，被告人不能证明被告人有非法占有目的。

第四节　做无罪辩护，一定要针对公诉机关指控构成犯罪中最薄弱的部分进行辩驳

把邱某虹是否将借来的款项用于赌六合彩作为重中之重加以辩驳，是因为公诉机关起诉时，认为邱某虹将借来的款项用于赌六合彩就是用于非法活动，根据最高人民法院《全国法院审理金融犯罪案件工作座谈会纪要》《关于审理非法集资刑事案件具体应用法律若干问题的解释》《关于办理涉互联网金融犯罪案件有关问题座谈会纪要》的规定，将借款用于从事非法活动的行为，会被认定为主观上具备非法占有目的。而检察院在 2015 年 5 月 4 日作出不予批准逮捕决定直至 2018 年 7 月 23 日提起公诉这长达三年多的时间内，公安机关一直针对邱某虹赌六合彩这个事实收集证据，并未补充收集其他事实方面的证据。而 2015 年 5 月 4 日检察院作出不予批准逮捕决定的理由是事实不清、证据不足。这一切表明，辩护的关键，就是赌六合彩这一事实。至于其他事实，因为没有收集新的任何证据，加上检察院当时作出不起诉决定的理由是"事实不清、证据不足"，所以，否定邱某虹将借来的款项用于赌六合彩的事实认定，就等于否定邱某虹主观方面具有非法占有目的。可以说，在针对邱某虹是否用借来的钱赌六合彩问题上，我的辩护非常成功。法院最终判决没有对这一事实进行认定。

第五节　结合排除非法证据的申请，进行无罪辩护

为了实现无罪的辩护目的，一定要提非法证据排除申请。还是以邱某虹诈骗罪案为例，解读我是如何申请排除非法证据的，在法庭辩论时，我将这部分内容作为第二重点发表辩论意见。该部分的法律意见如下：

关于本案非法证据部分。

辩护人认为，侦查机关在侦查终结后就没有侦查权，故其自行侦查收集的各种证据都属于非法证据。

1. 根据《刑事诉讼法》第 160 条的相关规定，公安机关侦查终结的案件，应当做到犯罪事实清楚，证据确实、充分，并且写出起诉意见书，连同案卷材料、证据一并移送同级人民检察院审查决定，同时将案件移送情况告知黄某某及其辩护律师。

本案侦查机关侦查权终止期间是 2016 年 5 月 2 日至 6 月 17 日期间、2016 年 7 月 17 日至 9 月 2 日期间、2016 年 10 月 2 日之后。

第一，2016 年 5 月 2 日，公安机关已经侦查终结，并向人民检察院移送起诉。这段时间是人民检察院审查起诉期间，本案侦查机关侦查权已经终止，不再拥有侦查权。

第二，2016 年 6 月 17 日，人民检察院退回补充侦查，至 2016 年 7 月 16 日，此期间因为人民检察院退回补充侦查，故侦查机关又享有侦查权。

第三，2016 年 7 月 17 日至 2016 年 9 月 1 日，公安机关二次移送起诉，这段时间是人民检察院审查起诉期间，公安机关侦查权已经终止，不再拥有侦查权。

第四，2016 年 9 月 2 日至 2016 年 10 月 1 日，人民检察院将案件退回补充侦查，故这段时间，公安机关再次享有侦查权。

第五，2016 年 10 月 2 日，本案第三次移送起诉，两次补充侦查终结。本案侦查机关的侦查权到此终止，公安机关不再拥有侦查权，故没有调查取证的权利。

2. 根据《公安机关办理刑事案件程序规定》第 296 条："对人民检察院退回补充侦查的案件，根据不同情况，报县级以上公安机关负责人批准，分别作如下处理：（一）原认定犯罪事实不清或者证据不够充分的，应当在查清事实、补充证据后，制作补充侦查报告书，移送人民检察院审查；对确实无法查明的事项或者无法补充的证据，应当书面向人民检察院说明情况；（二）在补充侦查过程中，发现新的同案犯或者新的罪行，需要追究刑事责任的，应当重新制作起诉意见书，移送人民检察院审查；（三）发现原认定的犯罪事实有重大变化，不应当追究刑事责任的，应当撤销案件或者对犯罪嫌疑人终止侦查，并将有关情况通知退查的人民检察院；（四）原认定犯罪事实清楚、证据确实充分、人民检察院退回补充侦查不当的，应当说明理由，移送人民检察院审查。"

但，本案卷宗并无人民检察院出具的退回补充侦查的意见，侦查机关也未依照上述规定依法作出处理。由此可见，公安机关从本案立案时起至 2016 年 5 月 2 日时止，2016 年 6 月 17 日起至 2016 年 7 月 16 日止，2016 年 9 月 2 日起至 2016 年 10 月 1 日止这几段时间拥有侦查权，其余时间，侦查权已经终止，无权继续行使侦查权收集调取证据。

3. 根据《刑事诉讼法》相关规定，人民检察院发现提起公诉的案件需要补充侦查的，提出建议，可以延期审理。人民检察院应当在一个月内补充侦查完毕。该规定已经明确，此时拥有侦查权的机关是人民检察院，而非公安机关。

4. 本案于 2015 年 5 月 4 日，检察院以事实不清证据不足为由，不予批准逮捕被告人邱某虹。至 2016 年 11 月 17 日，经过两次退回补充侦查，该案件三次延长审查起诉期限届满，并无新证据。人民检察院依法应当作出起诉或不起诉的决定，但人民检察院却拒绝作出，并允许公安分局自行调取证据，并一直拖至 2018 年 7 月 23 日才提起公诉。这严重违反《刑事诉讼法》相关规定。

5. 尽管本案经过两次庭前会议，一次关于回避的庭前会议，还有 12 月 13 日一整天的庭前会议，公诉机关仍未能提供以下程序合法的证据。

第一，公诉机关两次退回补充侦查，没有提供相关退回补充侦查的证据。公诉机关到底以什么理由退回侦查机关补充侦查，而且没有相关证据证明，公诉机关曾经两次退回补充侦查的证据。同时也没有侦查机关第二次，第三次移送起诉的证据。

第二，本案公诉机关审查起诉期间直至 2016 年 11 月 17 日终止，但公诉机关拒不作出起诉或不起诉决定，也拒绝为此作出说明。

第三，被告人于 2015 年 5 月 4 日被公安机关取保候审，直至 2017 年 1 月 9 日之前，长达一年 8 个月期间，除了对被告人制作四份笔录，没有任何其他证据。而 2017 年 1 月 9 日之后收集的 18 份证据，属于已经没有侦查权收集的证据，而且该证据完全可以在 2015 年 5 月 4 日至 2016 年 10 月 2 日期间进行收集。该证据的合法性明显存在问题，依法应当予以排除。

第六节　围绕罪与非罪的核心事实详细发表辩论意见

很多同行认为，辩护意见写得多，法官不一定会看，所以认为辩护意见应当言简意赅。但是相信绝大多数的法官，为了让判决更贴近事实真相，更符合公平公正，会用心看律师的辩护意见的。所以，在一些争议极大，特别是我们在作无罪辩护的案件，我建议围绕定罪的关键证据，一定要将辩护意见写细、写透。我曾经有一个极为成功的案例，那是一起生产销售伪劣产品罪的案件，法官将我的核心辩护意见写进判决书，最终判决对包括我的当事人在内的几个当事人均无罪。下面就分享一下，陈某、林某、陈某生产销售伪劣产品罪一案中，我对定罪核心证据提出的法律意见。

案例 6-5

我们认为，本案是由于车辆配置的发动机型号或标识与《动车注册登记技术参数表》载明的发动机型号及对应的企业（标识）不相符所引发的案件。本案应当围绕着"销售伪劣产品罪"罪名的认定展开论述。主要的争议焦点在于：被告单位替换发动机、对部分发动机的编码进行挫改后销售的行为是否属于销售伪劣产品罪，涉案的 61 辆货车是否属于伪劣商品。具体而言，包括：（1）涉案货车是否属于"在产品中掺杂、掺假"的情形；（2）涉案货车是否属于"以假充真"的情形；（3）涉案货车是否属于"以次充好"的情形；（4）涉案货车是否属于"以不合格产品冒充合格产品"的情形。

（一）涉案货车是否属于"在产品中掺杂、掺假"的情形

"在产品中掺杂、掺假"，是指在产品中掺入杂质或者异物，致使产品质量不符合国家法律、法规或者产品明示质量标准规定的质量要求，降低、失去应有使用性能的行为。

在本案中，一方面，某安汽车厂生产的配置玉柴发动机、锡柴发动机或大柴发动机的样车均经过国家汽车质量监督检验中心整车产品定型试验，样车的主要技术参数和基本性能指标符合企业标准的要求。被替换的发动机是正规产品，不存在掺杂、掺假的情形。另一方面，涉案 61 辆货车均由市公安局交通警察支队车辆管理所予以检验并登记号牌，至案发时已上路行驶了数年。涉案货车的产品质量符合国家法律、法规或者产品明示质量标准规定的质量要求，替换发动机的行为并未导致涉案货车性能降低、失去应有使用性能。因此，涉案货车不属于"在产品中掺杂、掺假"的情形。

（二）涉案货车是否属于"以假充真"的情形

"以假充真"，是指以不具有某种使用性能的产品冒充具有该种使用性能的产品的行为，如将党参冒充人参、将猪皮鞋冒充牛皮鞋等。

涉案车辆既可选配玉柴发动机，亦可选配锡柴发动机或大柴发动机，且配置的玉柴发动机、锡柴发动机或大柴发动机均是符合行业标准的合格产品，并不是以不具有发动机性能的产品进行替换安装。因此，涉案货车不属于"以假充真"的情形。

（三）涉案货车是否属于"以次充好"的情形

"以次充好"，是指以低等级、低档次产品冒充高等级、高档次产品，或者以残次、废旧零配件组合、拼装后冒充正品或者新产品的行为。

一方面，替换原玉柴发动机的锡柴发动机品质较高，锡柴发动机的耗油量较玉柴发动机低、且车辆运行时更有劲。根据卷宗记载，购车用户在购车时，被告人林某向其推荐锡柴发动机时，购车用户就知道货车配置的是锡柴发动机。

另一方面，根据市场价格，同种马力的锡柴发动机比玉柴发动机贵3000元，被告单位替换贵3000元的锡柴发动机卖给客户、减少了自己的可得利润，不是为了销售伪劣产品，而是为了提高销售车辆的品质。

因此，涉案货车不属于"以次充好"的行为。

（四）涉案货车是否属于"以不合格产品冒充合格产品"的情形。

"不合格产品"，是指不符合《产品质量法》第26条第2款规定的质量要求的产品。《产品质量法》第26条第2款规定："产品质量应当符合下列要求：（一）不存在危及人身、财产安全的……国家标准、行业标准的，应当符合该标准；（二）具备产品应当具备的使用性能，但是，对产品存在使用性能瑕疵作出说明的除外；（三）符合在产品或者其包装上注明采用的产品标准，符合以产品说明、实物样品等方式表明的质量状况。"

应当注意的是，"不合格产品"着重在于产品质量是否符合国家标准、行业标准。而综合公诉机关提供的涉案61辆车辆的鉴定意见来看，仅以"实车的发动机型号或标识与《机动车注册登记技术参数表》载明的发动机型号及对应的企业（标识）不相符"来认定涉案61辆车不合格，并未根据涉案车辆整车是否存在产品的内在质量问题进行实质性鉴定，也没有综合评判《汽车公告产品主要技术参数》《底盘公告产品主要技术参数》及国家汽车质量监督检验中心整车产品定型试验报告等车辆产品的国家标准、行业标准来对涉案车辆是否属于伪劣产品作出进一步的认定。

我们认为，被告人及所在单位将机动车编码挫改的行为并未导致涉案车辆的使用性能、内在质量的降低，公诉机关提供的鉴定意见与《刑法》上"不合格产品"的认定存在因果关系的认知错误。鉴定意见中将"实车的发动机型号或标识与《机动车注册登记技术参数表》载明的发动机型号及对应的企业（标识）不相符"认定为"不合格产品"，是一种以外观形式上的认定标准，以违反产品包装上的要求来认定涉案车辆是不合格产品；而《刑法》上"不合格产品"应当从产品的内在质量及是否达到产品所应当具备的使用性能上来认定是否属于"不合格产品"。而本案中，涉案车辆的使用性能、内在质量并未降低和丧失，并不属于"不合格产品"的情形。

这部分的辩护意见，被直接写进判决书里，实现了"最好的辩护，就是将辩护词写进判决书"的理想。

一、庭前初步辩论意见

就程序上的问题与被告人充分协商，就案件中程序上存在的问题提出初步法律意见。

当案件起诉到法院之后，如果不是在审查起诉阶段已经认罪认罚，法院会适用普通程序进行审理，这时就要好好研究程序上的三大问题：是否存在回避问题、是否存在管辖问题、是否存在非法证据问题。

1. 申请回避。就如同前面提到的"梁某某抢劫罪案"中，审判长当庭偏离居间裁判原则，站在公诉人一边指控被告人梁某某时，我就应该当庭要求书记员将审判长违背居间裁判原则，对被告人进行指控的言辞记录在案，然后当庭申请审判长的回避。审判长这种行为，符合法官应当回避的情形。所以，当庭就要申请审判长回避。

2. 管辖权问题。关于管辖权问题，我曾经在邱某虹诈骗罪案中提出，但被驳回，也在张某某滥伐林木罪案中提出，同样被驳回，而张某某滥伐林木罪案中，我也同样提出了管辖权异议，同样被驳回，但是没有书面驳回的裁定。

3. 申请排除非法证据问题。非法证据排除是一大难题，依照《人民法院办理刑事案件排除非法证据规程（试行）》相关规定，辩护人申请排除非法证据，应当在开庭审理前提出，但在庭审期间发现相关线索或材料的除外。我多次申请过排除非法证据，只有一个申请法院启动了排除非法证据的程序，虽然最终没有一个成功排除，但也有部分证据没有被作为定案根据。

4. 如果存在上述这三种情形的，我建议，在庭审之前向法院提出，法院应当召开庭前会议，解决上述问题。而在庭前会议上，也可以补充对上述的问题发表辩护意见。

5. 庭前的辩护意见，首先是对程序部分提出意见，其次，当然也可以对定罪和量刑部分提出概括性的辩护意见，或者针对其中争议较大的部分提出法律意见。

6. 我还会在庭前向法院提交初步辩护意见，排除非法证据申请，回避申请或者管辖权异议申请，甚至会把我制作的阅卷笔录、质证意见提前提交给法官。其实，这些法律意见严格意义上讲，也是属于辩论意见。

二、庭审阶段的辩护意见

庭审阶段发表辩论意见可以贯穿整个庭审。

1. 随着庭审实质化的改革全面推进，在庭审发问的时候，就可以通过庭审发问的方式，将辩论观点在发问中展示。比如，我在之前的发问篇中提到我在杨某某诈骗罪案的庭审发问中，从被告人的回答里，发现非法证据的线索，然后当庭申请排除非法证据。

2. 在质证过程中，我不仅会对证据三性中的关联性、真实性及合法性问题发表质证意见，同时还会提出质证的理由和依据。其实，这就是辩论意见。有时遇到公诉人会提出反对意见，有时法官也会打断我的意见，认为那是辩论意见，等到辩论阶段再发表。这个时候我会提出，那是我的质证意见。

3. 庭审辩论阶段的辩论意见才是重中之重。假如庭审发问和庭审质证中，合议庭已经允许辩护律师充分发问和充分质证，那么在庭审辩论这个环节，就不需要耗费那部分的精力发表详尽的辩论意见。因为通过这样的庭审调查，法官已经十分疲惫。所以，在这个阶段应该抓住核心部分，将主要辩论观点发表出来，对于论证和论据部分，不一定需要在庭审辩论中发表。在这个阶段发表辩护意见，尽可能不要重复在庭审发问和质证中已经发表的细节方面的辩论意见，当然核心部分除外。

三、庭后补充辩护意见

庭审的辩护意见往往比较简洁，把辩护观点发表出来即可。但是，对于细节方面的，尽管在发问和质证中已经做了比较充分的论证，但我建议是在庭后提交辩护意见或者补充辩护意见的时候，再进行详尽的论证。

第六章 06 二审的辩护意见

一、争取二审开庭的法律意见

根据我多年来的经验，刑事二审不开庭的案件属于绝大多数。2018 年某中级人民法院年终总结时曾经有过统计，二审开庭率不到 5.76%。所以，二审的辩护意见，首先要争取二审同意开庭审理。刑事案件二审开庭审理的依据来源《刑事诉讼法》第 234 条规定，看是否存在被告人、辩护人对一审查明的事实或者证据有异议，且这些事实和证据对定罪和量刑有重大影响。所以，二审阶段，就要先向法院提交开庭审理的法律意见。我曾经写过一篇文章，就是关于如何推动二审开庭的问题。根据《刑事诉讼法》第 234 条第 2 款规定，法院决定不开庭的前提下，应当听取辩护律师的意见。而结合第 1 款规定，听取辩护律师的意见不是经办法官，更不是法官助理，而是合议庭。所以，假如二审法院坚决不开庭，那么我们应当向二审法院提交"由合议庭听取辩护意见"的申请书。假如二审法官继续坚持不开庭也不听取辩护律师的辩护意见，在经被告人同意后，可以以"合议庭拒绝依法听取辩护律师的辩护意见"为由申请二审法官（合议庭）回避。

当然，为了推动二审开庭，可以的话，尽可能提交新证据。

二、庭审阶段的辩护意见

如果二审成功开庭，则跟一审同样的道理，在整个庭审过程中，从程序上的管辖、回避、排除非法证据，到发问、质证和庭审辩论阶段，充分发表辩论意见。特别是有新证据的，要抓住新证据发表意见，推动二审法院作出改判或者发回重审的裁决。

第七章 07 庭审辩论的禁忌

法庭审理到了庭审辩论阶段，往往已经临近下班的时间，这个时候，无论是法官还是公诉人，即便是辩护律师，也会有种疲惫感。就算是很精彩很生动的辩论，法官也很有可能会走神。所以，这个时候应当切忌以下三种庭审辩论：

一、拖拉绵长，重复啰唆的辩论意见

即便准备了长篇大论的辩论意见，也最好不要在法庭上充分发挥。2002年我引以为傲的涉黑案件的辩论意见，我洋洋洒洒抑扬顿挫，引得旁听者的共鸣，但是，被审判长打断多次。

假如是在庭审发问、举证质证环节已经充分发表的辩论意见，在庭审辩论环节最好不要重复，否则不仅会被审判长打断，还会影响庭审效果。

二、偏离辩护思路的辩论意见

如果是做绝对的无罪辩护，那么就不要在发表辩论意见的时候，先做无罪辩护，再针对量刑部分发表辩护意见。由于司法实践中，无罪判决非常难，所以，辩护律师（包括我本人）往往会选择骑墙辩护，即在发表辩论意见时，针对定罪部分发表无罪辩护的意见之后，针对量刑部分发表刑轻的辩护意见。

如果辩护思路是罪轻辩护，就不要在做罪轻辩护的时候，又做无罪辩护。比如，在2019年8月份那个生产销售伪劣产品罪案件，大多数辩护律师做的就是罪轻辩护，无论是庭前会议，还是整个庭审过程，都没有提出排除非法证据申请，偏偏在发表罪轻的辩论意见之前，又发表了无罪辩护意见。

三、切忌将矛头指向办案人员

在庭审辩论时，应当切忌将矛头指向办案人员，特别是审判人员。如果真要针对办案人员，则应当申请回避，而不是只指出办案人员的不公平不公正。

结　语

　　这是一本关于刑事辩护实务类的书，所谓从实践中来，到实践中去。这本书源于实践，一招一式均来源于实践中总结出来的经验教训，具有较强的实践性。对于刚执业的律师，或者虽然具有一定经验，但没有系统提炼办案技能的律师来说，具有较高的参考价值。